HUMANITIES AND SOCIETY

自由与多元论

以赛亚·伯林思想研究

George Crowder

[英国] 乔治·克劳德 著 应奇 惠春寿 李哲罕 译

译林出版社

图书在版编目（CIP）数据

自由与多元论：以赛亚·伯林思想研究 /（英）乔治·克劳德（George Crowder）著；应奇，惠春寿，李哲罕译．—南京：译林出版社，2018.8（2023.2 重印）
（人文与社会译丛 / 刘东主编）
书名原文：Isaiah Berlin: Liberty and Pluralism
ISBN 978-7-5447-7389-8

Ⅰ.①自… Ⅱ.①乔… ②应… ③惠…④李… Ⅲ.①伯林（Berlin, Isaiah 1909—1997）－哲学思想－研究 Ⅳ.①B561.59

中国版本图书馆 CIP 数据核字（2018）第 112553 号

著作权合同登记号　图字：10-2011-573 号

自由与多元论：以赛亚·伯林思想研究　［英国］乔治·克劳德 / 著
应奇　惠春寿　李哲罕 / 译

责任编辑　张海波
装帧设计　胡　苨
校　　对　孙玉兰
责任印制　单　莉

原文出版　Polity Press, 2004
出版发行　译林出版社
地　　址　南京市湖南路 1 号 A 楼
邮　　箱　yilin@yilin.com
网　　址　www.yilin.com
市场热线　025-86633278
排　　版　南京展望文化发展有限公司
印　　刷　江苏凤凰通达印刷有限公司
开　　本　880 毫米 ×1230 毫米　1/32
印　　张　8.5
插　　页　2
版　　次　2018 年 8 月第 1 版
印　　次　2023 年 2 月第 3 次印刷
书　　号　ISBN 978-7-5447-7389-8
定　　价　58.00 元

主 编 的 话

刘 东

总算不负几年来的苦心——该为这套书写篇短序了。

此项翻译工程的缘起,先要追溯到自己内心的某些变化。虽说越来越惯于乡间的生活,每天只打一两通电话,但这种离群索居并不意味着我已修炼到了出家遁世的地步。毋宁说,坚守沉默少语的状态,倒是为了咬定问题不放,而且在当下的世道中,若还有哪路学说能引我出神,就不能只是玄妙得叫人着魔,还要有助于思入所属的社群。如此嘈嘈切切鼓荡难平的心气,或不免受了世事的恶刺激,不过也恰是这道底线,帮我部分摆脱了中西“精神分裂症”——至少我可以倚仗着中国文化的本根,去参验外缘的社会学说了,既然儒学作为一种本真的心向,正是要从对现世生活的终极肯定出发,把人间问题当成全部灵感的源头。

不宁惟是,这种从人文思入社会的诉求,还同国际学界的发展不期相合。擅长把捉非确定性问题的哲学,看来有点走出自我囿闭的低潮,而这又跟它把焦点对准了社会不无关系。现行通则的加速崩解和相互证伪,使得就算今后仍有普适的基准可言,也要有待于更加透辟的思力,正是在文明的此一根基处,批判的事业又有了用武之地。由此就决定了,尽管同在关注世俗的事务与规则,但跟既定框架内的策论不同,真正体现出人文关怀的社会学说,决不会是医头医脚式的小修小补,而必须以激进亢奋的姿态,去怀疑、颠覆和重估全部的价值预设。有意思的是,也许再没有哪个时代,会有这么多书生想要焕发制度智慧,这既凸显了文明的深层危机,又表达了超越的不竭潜力。

于是自然就想到翻译——把这些制度智慧引进汉语世界来。需要说明的是，尽管此类翻译向称严肃的学业，无论编者、译者还是读者，都会因其理论色彩和语言风格而备尝艰涩，但该工程却绝非寻常意义上的“纯学术”。此中辩谈的话题和学理，将会贴近我们的伦常日用，渗入我们的表象世界，改铸我们的公民文化，根本不容任何学院人垄断。同样，尽管这些选题大多分量厚重，且多为国外学府指定的必读书，也不必将其标榜为“新经典”。此类方生方成的思想实验，仍要应付尖刻的批判围攻，保持着知识创化时的紧张度，尚没有资格被当成享受保护的“老残遗产”。所以说白了：除非来此对话者早已功力尽失，这里就只有激活思想的马刺。

主持此类工程之烦难，足以让任何聪明人望而却步，大约也惟有愚钝如我者，才会在十年苦熬之余再作冯妇。然则晨钟暮鼓黄卷青灯中，毕竟尚有历代的高僧暗中相伴，他们和我声应气求，不甘心被宿命贬低为人类的亚种，遂把逡译工作当成了日常功课，要以艰难的咀嚼咬穿文化的篱笆。师法着这些先烈，当初酝酿这套丛书时，我曾在哈佛费正清中心放胆讲道：“在作者、编者和读者间初步形成的这种‘良性循环’景象，作为整个社会多元分化进程的缩影，偏巧正跟我们的国运连在一起，如果我们至少眼下尚无理由否认，今后中国历史的主要变因之一，仍然在于大陆知识阶层的一念之中，那么我们就总还有权想象，在孔老夫子的故乡，中华民族其实就靠这么写着读着，而默默修持着自己的心念，而默默挑战着自身的极限！”惟愿认同此道者日众，则华夏一族虽历经劫难，终不致因我辈而沦为文化小国。

一九九九年六月于京郊溪翁庄

谨以此书献给RDA,MG和LO

目　录

序　言

本书有两个主要目标。一个目标是，我试图通俗易懂地介绍以赛亚·伯林的思想，特别是他的政治思想，以及他的思想所引出的批判性文献；第二个目标是，我旨在捍卫对伯林之工作的一种特定解释，也就是对那种工作之长处和弱点的一种特定评价，以及对怎样发展伯林的工作并把它应用到当前关心之问题上的一种特定阐释。

正因为本书有双重目标，读者会注意到，当我从我希望是差堪公允的评注转向批判性的论证时，发生了某种目标上的变化。实际上，我希望读者们真的注意到这些变化，因为我的另一个目标就是避免我认为在对伯林的某些先前的批判工作中存在的一个问题，即未能恰当地把他的思想与他的批评者的思想分离开来。自始至终，我都牢记亨利·哈代给我的忠告：要小心地把伯林所说的，他所蕴含着的以及他应该说的区分开来。相应地，只要有可能，我都努力以伯林自己所说的为准，在有必要的地方做出解释，而当所引出的问题被证明与伯林实际上提供的观点相反的或相互补充的论证是有根据的时，我要么与他的观点分道扬镳，要么发展他的观点。我希望，自己什么时候在做哪一种工作，这一点是清清楚楚的。尤其是，在那些我走到伯林之外的地方（特别是第七章和第八章），我都努力表明伯林停止在哪里，我开始在哪里，

ix 并把任何此类论证保持在伯林的一般立场的精神范围之内。

对亨利·哈代，我要感谢的远不止上面提到过的。实际上，伯林著作的任何研究者都欠亨利一份特殊的恩情，因为他是伯林的编辑和文字保管人之一。伯林对发表他的著作非常慎重，如果没有亨利的精心工作，那么他的许多著述就将会四散各处。亨利还建立了一个"以赛亚·伯林电子图书馆"，这是仅次于文本本身的研究伯林最有用的工具。它包含伯林和关于伯林的著述的一个完备目录，还有许多别的资料。此外，我还要表达个人对于亨利的感谢，他经年累月地支持我的工作，而且阅读和评论了整部书稿，帮我免除了许多错误。

戴维·米勒和Polity出版社的一位匿名评审人也阅读了全部书稿，他们都提出了许多有益的建议。阅读部分书稿并提出建议的同事和朋友还包括Rick De Angelis, Martin Griffiths, Anthony Langlois, Lionel Orchard, Norman Wintrop和Peter Woolcock。Jerry Cohen, Michael Freeden, Mark Philp和Alan Ryan在交谈中给予我很多有用的信息和洞见。我也感谢Polity出版社的John Thompson, Reitha Pattison和Elizabeth Molonari，以及本书的编辑Helen Gray和Jean van Altena。本书的研究得到弗兰德斯大学的校外研究项目和小型补助项目的支持。如同往常一样，我最要感谢的是我的妻子Sue Thiele。

书稿的部分内容曾以"刺猬与狐狸"为题发表在《澳大利亚政治科学杂志》第38期（2003，333—339）上，我感谢出版方允许再次使用这些材料。我也衷心感谢代表以赛亚·伯林文字保管方的布朗恩集团允许
x 我广泛地引用伯林的《自由论》。

文献缩写表

伯林著作:

AC	*Against the Current*（1979）
CC	*Concepts and Categories*（1978）
CTH	*The Crooked Timber of Humanity*（1990）
FIB	*Freedom and its Betrayal*（2002）
KM	*Karl Marx,* 1st edn（1939）
L	*Liberty*（2002）
PI	*Personal Impressions,* 2nd edn（1998）
POI	*The Power of Ideas*（2000）
PSM	*The Proper Study of Mankind*（1997）
RR	*The Roots of Romanticism*（1999）
RT	*Russian Thinkers*（1978）
SM	*The Soviet Mind*（2004）
SR	*The Sense of Reality*（1996）
TCE	*Three Critics of the Enlightenment*（2000）

相关访谈:

Conv.	*Conversations with Isaiah Berlin*（with Ramin Jahanbegloo）（1992）
Sal.	*Salmagundi interview*（with Steven Lukes）（1998）
TCN	"Two Concepts of Nationalism"（with Nathan Gardels）（1991）

参考文献:

Life	Michael Ignatieff, *Isaiah Berlin: A Life*（1998）

第一章

刺猬与狐狸

在其最著名的一篇文章中，以赛亚·伯林引用了希腊诗人阿基洛科斯的一句诗："狐狸多方，而刺猬只一招。"（*RT*，22）对伯林来说，这句话提示了两种艺术家或思想家之间的一种深刻的区别。一方面，有像刺猬那样的类型，他们"把每样事物都与一个单一的核心图景联系起来，这个体系或多或少是自圆其说的或头头是道的，他们就用这种图景来理解、思考和感知"。另一方面有狐狸那种类型，"他们追求的许多目标常常是不相关的甚至是矛盾的"，他们的思考"在许多层次上展开，在力图抓住变化万千的独立存在的经验和对象之本质的同时，并不有意识地或无意识地试图把它们适配到任何一成不变的、无所不包的，有时候是自相矛盾的和不完备的，常常是狂热的内在图景中去"（*RT*，22）。根据伯林的判断，但丁、柏拉图、卢克莱修、帕斯卡尔、黑格尔等属于刺猬，莎士比亚、希罗多德、亚里士多德和蒙田属于狐狸。

那么伯林自己是刺猬还是狐狸？他说刺猬的统一图景有可能成为"狂热的"，这暗示了伯林的正式立场：跟着狐狸走更为安全；要警惕刺猬。刺猬与狐狸的对比是对伯林思想深处的关键区分的一种隐喻，这种区分就是道德与政治哲学中的一元论与多元论之间的区分：一元论的观点认为有一种回答所有的道德或政治问题的唯一正确的方式，

1 而多元论的观点则认为基本的人类善是多种多样的，相互冲突和不可通约的。伯林相信，一元论包含着多元论试图避免的危险。作为多元论者，伯林倾向于把自己呈现为一只狐狸，而且他确实博识多闻。正如他的传记作家伊格纳季耶夫所指出的："在20世纪英美知识界的主要人物中，还没有其他人对如此宽泛的学科领域做出这样的贡献：分析哲学、马克思主义学说史、启蒙运动、反启蒙运动，以及自由主义政治理论。"[1]

虽然如此，伯林也是刺猬，而且这可能是在更深层次上说的。他的皇皇著述，不管其即时的焦点如何变化，都可以说是专注于一个唯一的压倒性的计划，也就是针对20世纪的极权主义的一种自由主义的抗争。伯林显然是站在冷战中的自由民主一方的。他对于那个事业的贡献就是把极权主义病症的起源追溯到其智识根源上，他认为前者完全不是源于20世纪独有的任何全新的观点，而是源于深深地植根于西方思想史中的自由和道德观念。他所开出的药方是一种更坚定的也更现实的

---

1 Ignatieff, "On Isaiah Berlin", 10.伯林的大致情况可以在*PSM*中看到，后者收入了"The Pursuit of the Ideal"一文（亦收入*CTH*），伯林在那里勾勒了他自己思想的一般轮廓。"My Intellectual Path"（*POI; First and Last*）和"Epilogue: The Three Strands in My Life"也是对伯林的总体立场及其发展的有用指南。其书信的第一卷现在已经出版了，里面包括了许多重要采访：*Flourishing*, in the USA entitled *Letter 1928—1946*。关于伯林的二手文献增长迅速，迄今还包括三本专书：Kocis, *A Critical Appraisal of Sir Isaiah Berlin's Political Philosophy*; Galipeau, *Isaiah Berlin's Liberalism*; 以及John Gray, *Isaiah Berlin*。伊格纳季耶夫的《伯林传》非常优秀。有关伯林的文章的重要选集包括Ryan, ed., *The Idea of Freedom*; E. and A. Margalit, eds, *Isaiah Berlin: A Celebration*; Dworkin, Lilla and Silvers, eds, *The Legacy of Isaiah Berlin*; Mali and Wokler, eds, *Isaiah Berlin's Counter-Enlightenment*。最近的综述包括Harris, "Isaiah Berlin: *Two Concepts of Liberty*"; idem, "Berlin and His Critics"; Lessnoff, *Political Philosophers of the Twentieth Century*, ch. 8; Kenny, "Isaiah Berlin's Contribution to Modern Political Theory"; D. Kelly, "The Political Thought of Isaiah Berlin"; Ryan, "Isaiah Berlin: Political Theory and Liberal Culture"; Cracraft, "A Berlin for Historians"。伯林所撰以及有关伯林的著述的一个详尽目录见*The Isaiah Berlin Virtual Library*，这个网站是由伯林的编辑和文献保管人亨利·哈代建立的。

自由主义，这种自由主义纠正了18和19世纪在他看来是志满意得的预期，它不是致力于一种世界主义的乌托邦，而是要捍卫与人类境况不可分离的艰难选择的人道安排。伯林的确不能说是一位单维度的思想家，也不是兴趣狭隘的人。虽然如此，他的思想也远不能说是没有联系的主张和洞见的一个无谓的系列。他的工作有一个清晰的轮廓，有一个独特的中心，而且其发展遵循着一种可理解的轨迹。

三大论题

在伯林对自由主义与极权主义的冲突这一首要关注之内，有三个主要的论题出现在他的工作中。这三个论题都包含着对比和冲突：自由的消极观念与积极观念之间，启蒙运动与反启蒙运动之间，以及对道德的一元论理解与多元论理解之间的对比和冲突。

首先，伯林最直接地在他所谓“自由的背叛”中发现了极权主义思维的根源。这种观念并不只是对自由的单纯拒斥，而且是对真正的自
由的一种全面曲解。消极自由，也就是不存在强制性的干涉，它与积极 2
自由形成对照，后者是自我控制的自由，在这种状态下，一个人不是受任意的欲望所支配的，而是由“真实的”或本真的自我所支配的。虽然消极的自由观念和积极的自由观念表征着自由的真实和重要的方面，历史却表明积极的自由观念是特别容易被滥用的。这是因为它造成了以下这种可能性，一个人的真正愿望或许会被等同于某个外在的权威，例如国家或政党的命令。自由于是就被定义为服从，而且实际上被歪曲成了它的对立面。伯林并不完全拒斥积极自由，但他对于这种被扭曲的可能性提出了警告。他把消极自由推举为更安全的选项，认为它是更为典型的自由主义的自由观念。

伯林的第二个论题是启蒙运动与反启蒙运动或浪漫主义之间的冲突。伯林原创性地把消极自由和积极自由区分为“自由主义的”自由

和“浪漫主义的”自由。[2]就其强调个人本真性而言，积极自由观念的一个来源是在对启蒙运动的普遍主义的反动中，对于个人和整个文化的独特性的浪漫主义强调。浪漫主义是现代民族主义和非理性主义的摇篮，这两者结合在伯林时代的右翼极权主义之中。然而，根据伯林的观点，启蒙运动对于20世纪的病症也难辞其咎。作为一个自由主义者，伯林把自己看作是相信理性、个人自由和宽容的启蒙运动的捍卫者。但是，启蒙运动思想的某些流派把理性和科学的要求提升到乌托邦式的极端高度，而这些因素在左翼极权主义的滋生中发挥了重要的作用，而后者恰恰是伯林的主要靶子。对伯林来说，斯大林主义可以追溯到马克思，并由他追溯到像爱尔维修、霍尔巴赫和孔多塞这样好名声的18世纪哲人的极度乐观的科学主义。而且，启蒙运动的科学主义流派得到了浪漫派的反启蒙运动先辈的有效抵抗。尤其是，维柯、赫尔德和哈曼，对于自然科学的客观方法之于独特地理解人类行为的恰当性提出了深刻的质疑。于是，伯林开始从反启蒙运动中寻找法西斯主义的起源。极权主义的灾难既植根于启蒙运动，也植根于其批评者，但每一方
3 也提供了反对另一方的暴行之武器。

伯林的第三个论题是最为深刻的，这就是一元论的与多元论的道德观之间的对立。启蒙运动的科学主义和乌托邦的面向，确实是最为整体的西方思想中一种更为根深蒂固的倾向的一个现代示例。这就是要假定，在某种程度上，在某个层次上，所有真正的道德价值都必须被整合到一个唯一融贯的体系中，对于任何道德问题，这个体系都能够产生唯一正确的答案。这是道德“一元论”。其政治含义就是乌托邦：真正的道德体系，一旦被我们掌握，就将使我们能够消除所有的政治冲突，并将使得一个完美的社会成为可能，在这个社会中，将会就一种唯一的生活方式达成普遍的同意。伯林认为，这种观点没有公正地对待

2 Berlin, “Political Ideas in the Romantic Age”.

人类道德经验中冲突的深度和顽固性。那种经验告诉我们，我们时常会面对相互竞争的善之间的选择，从简单的一元论规则中并不能得出对这种选择的清晰答案。而且，一元论的观点确实有其危险性。假定道德和政治的完美即使在原则上也是可能的，这就会引发这样的想法：这种完美的实现将使得运用任何有效的手段成为正当。伯林相信，通过乌托邦主义，道德一元论与政治极权主义之间有一种历史上可以觉察的联系。

对于道德之深刻本性的更为真实和稳妥的观点是"价值多元论"的观点。有许多人类之善，我们可以客观地了解这些善，而它们之中有些是普遍的。但它们有时候是"不可通约的"，这意味着，它们彼此是如此不同，每一个都有它独特的性质和效力，无法用任何其他的方式加以转译。就像经常发生的那样，当它们开始冲突时，在它们之间的选择是一种艰难的选择，这部分是因为选择一种善必定会放弃另一种善，也是因为我们无法运用任何简单的规则把对立的善还原到一个共同的公分母，或者把它们安排进一个在所有情形中都适用的唯一的等级体系。例如，根据伯林的观点，自由和平等就是不可通约的。每一个都是本身就有价值的；任何数量的另一个都无法完全补偿这一个。当它们在特定的情形中发生冲突时，我们常常面对艰难的，有时是悲剧性的选择。那些选择无法通过诸如功利主义这样简单的决策程序得到解决，因为不管怎样理解"功利"，它都是与自由和平等处于潜在竞争状态的另一种不可通约的善。这并不是说在不可通约的善之间的选择就一定是非理性的，也不是说没有任何一种选择会比另一种更能够得到辩护。这一点我会在稍后加以论证。它确实意味着多元论的选择常常是复杂和 4
痛苦的。

那么，价值多元论有何政治含义？伯林相信多元论把我们引向自由主义。对他来说，多元论意味着人类经验中选择的无可逃避性，他据此为选择的自由做论证。正如已经提到的，多元论也意味着道德和政治完美的不可能性，以及分歧与冲突的不可避免性。一种人道的和有活力的政治因此就要承认关于善的根本分歧，并试图包容和调和而不是超越那种分歧。这就是自由主义与各种乌托邦学说的对立之处。从根本上说，道德一元论使之成为可能的乌托邦思想会诱发这样的想法，通过参照一种从定义上说是最终的和绝对可欲的目的来证明任何手段的正当性。价值多元论观点否认有任何这种最终的目的，而是坚持认为有需要加以平衡的相对不同的目的，并且告诫在实现那种平衡时必须小心谨慎。多元论因此把自由主义推举为政治领域中对于人类的不完美与分歧的一种人道的反应。说伯林是一只刺猬，唯一潜在的含义就是（具有反讽意味地）他是一只价值多元论的刺猬："警惕刺猬；冒充狐狸。"

生平和时代

对伯林来说，自由主义审慎的论据不仅仅是学术上的，而且是个体经验和信念的产物。他近距离地经历了20世纪某些重要的事件和人物。伯林1909年生于里加（现属立陶宛，那时是俄罗斯帝国的一部分）的一个中产阶级的俄国犹太人家庭。他的父亲是一位成功的木材批发商，家庭条件优裕。然而，1916年，伯林一家人迁移到彼得格勒（现在和更早时候称圣彼得堡），并于次年在那里现场目击了二月和十月革命。当以赛亚看到一个"面无人色并拼命挣扎的"沙皇警察被一群人拖着并显然导致其死亡的场景时，他只有七岁（*Conv.,* 4）。这个画面终身留在他的脑海里，使他对于革命暴力和一般的政治极端主义经久不变的恐惧具体化了。

随着布尔什维克掌权，伯林一家离开俄国，并于1921年最终定居在
5 英国。伯林在伦敦的圣保罗学校受教育，最后获得奖学金并于1928年进入牛津。除了战争年代，牛津成为他毕生之家。他先是念古典学，但

是必修课程中的哲学部分马上就迷住了他，而且他加入了以艾耶尔为首的被逻辑实证主义吸引的年轻哲学家的一个活跃圈子。伯林最初被逻辑实证主义者简单直接的经验主义所吸引，但逐渐对他们对于哲学的抽象和非历史的进路感到沮丧。当他被选为万灵学院的研究员（他是学院的第一个犹太成员）之后，他对这种思想路线的偏离就立刻加速了，1933年，他接受了一份为“家庭大学丛书”撰写马克思小传的合约。他为写这本书所进行的研究不但把他引向了马克思的著述，而且把他引向了构成马克思的部分智识背景的18世纪法国哲人的那些著述。随着伯林阅读面的展开，他变得愈来愈疏离于“牛津哲学”的那种枯燥的严密性，并愈来愈被观念史和政治理论这种历史和社会含义更加丰富的领域所吸引。

在第二次世界大战期间，伯林作为英国官员先是在纽约为情报部门工作，后来在华盛顿服务于外交部。他的主要工作是撰写关于美国公共舆论的周报，这最初是说服美国站在英国一边参战之努力的组成部分。伯林的报告为他赢得了一个敏锐生动的政治观察家的名声，而靠近权力中枢的经验也有助于他的成熟和自信。1945年，他被直接从华盛顿调到苏联（他还能够流利地说俄语），在那里他开始与持不同政见的苏联作家接触，其中最著名的是鲍里斯·帕斯捷尔纳克和安娜·阿赫玛托娃。这些会见既影响了他对于苏联共产主义体制下个体命运的感知，也影响了他自己的认同中的俄国成分。

伯林在战后回到牛津教哲学，但他很快就成为从智识层面对正在进行的冷战发表有影响的评论的那种更具有公共性的人物。在整个1950年代早期，他发表了大量文章、演讲和广播讲话，提出了他关于自由之现代背叛的核心论题。这个过程在他1957年被任命为牛津大学的齐切利社会和政治理论教授时达到顶峰，1966年之前，他一直担任这个教席。他在1958年发表的就职演讲就是著名的《两种自由概念》，这依然是他最有影响的文章，而且必定是20世纪政治哲学中得到最广泛引 6

用的一篇文章。在他活跃生涯的后半阶段，他是沃尔夫森学院的创院院长，这是牛津的一个研究生新学院，他从1966年到1975年担任该院院长。他在1957年被选为英国学术院院士，并在1974年到1978年担任院长。到他退休时，他已经成为英国最有声望的公共知识分子和具有国际影响的人物。他认识他那个时代许多最有名的人物，例如温斯顿·丘吉尔、富兰克林·罗斯福、约翰·肯尼迪和哈伊姆·魏茨曼（首任以色列总统）。他获得的众多荣誉包括1957年封爵，1971年授勋，1979年的耶路撒冷奖，1983年的伊拉斯谟奖以及1988年的阿涅利国际伦理学奖。

伯林：赞成与反对

无论按照制度的认可还是大众的赞扬，伯林都无疑是他那个世纪一位主要的知识分子。当他1997年去世时，大量讣告纷至沓来，其中许多是出现在流行刊物中的，那些刊物很少发表关于政治哲学家去世的消息。而且，绝大多数讣告的内容和语调都证明了伯林被广泛承认的极高声誉和影响力。例如，伯纳德·克里克在《卫报周刊》上把伯林称作“战后最著名的英国学院知识分子，出类拔萃的演讲家，无与伦比的交谈者和绝世无双的作家”。[3]在大西洋的另一边，《时代杂志》宣称，伯林之死乃是“本世纪最辉煌的智识冒险活动”之终结。[4]政治理论家阿兰·瑞安以“成千上万人感到怅然若失”来形容伯林之逝去。[5]伯林被颂扬不只是因为他引人注目的知识广度，而且还因为他那种“入乎其内”地理解和解释观念的能力，就好像他能够进入它们的鼓吹者的心灵

3 Crick, “Most Intellectual of Academics”.

4 P. Gray, “The Foxy Philosopher”.

5 Ryan, “Wise Man”, 29.

世界。罗伯特·沃克尔写道:“伯林超出于他同时代几乎所有人的地方在于,他让无论过去还是当下人物的观念和人格都鲜明生动而且有说服力,而这是因为他以独特的方式进入他们自己的观念并传递出他们的思想。”[6]即使(而且尤其是)对那些与他自己的观念最为相异和矛盾的观念,诸如哈曼和迈斯特这样反启蒙运动人物的论证,他也有对这些 7
观点达成同情之理解的本领。

伯林的著作之所以具有这种得到广泛仰慕的生动和多彩,不但是因为其博览群书,而且是因为一种具有高度独特性的探究观念的一般进路。英美哲学家和政治理论家总体上倾向于运用一种冷静的非个人化的技术,把焦点集中在语言分析和对论证的抽象链条的仔细考察上。正如在其早期生涯中关于逻辑实证主义的工作所表明的,伯林谙于此道。但是他更具天赋和更有个人特质的风格所强调的是综合而非分析,而且其著作以大胆的描述著称,对众多思想家及其观点的同异极穷形尽相之能事。他所追踪的是人类思想表面的多样性背后更深层次的潮流,以及激发特定文化或历史时期的一般精神。也许他主要感兴趣的是一个思想家与其人格之间的相互作用,例如揭示出马克思的体系与其权威主义人格之间的联系,屠格涅夫的人格矛盾与其小说中的人物的内在冲突之间的联系。他进入他笔下的人物之人格以及用他们的眼睛看问题的天赋,已经是人们耳熟能详的了。

伯林对思想的个人化的和自由挥洒的探究也反映在其文学化和具有个人风格的文体中。他的写作充斥着冗长华丽的句子,饱含从句、引语和旁白,这些都迫使读者跟上作者思想的快速节奏。这是在所难免的,因为伯林的许多著述都是口述的,而他是以滔滔不绝出名的。T. S.艾略特形容伯林在正式演讲和电台广播中的“滔滔雄辩”就好像在社交场合那样难以抑制,而迈克尔·欧克肖特曾经把伯林称作“演讲台

6　Wokler, “A Modern Candide”, 8.

上的帕格尼尼”（*FIB*, X）。伊格纳季耶夫写道：“那些（在牛津）听过他演讲的人都永志不忘那种经验……倾听就像是一种‘空中历险’，伯林把听众带到过去的智识风景之上一个出其不意的高度，最后让他们‘有些茫然地’鱼贯而出在高街上，脚不沾地，飘飘欲仙。”（*Life*, 225）

当然，伯林也有其贬损者。例如，他的独特的探究方法并不能使人人满意。分析哲学家们有时候认为他对历史人物与时期的兴趣是在逃避真理与辩护这些困难的问题；观念史家们抱怨他对于广义的观念模
8 式的重视，模糊或忽视了许多重要的历史细节。但是伯林似乎并未被这些批评所困扰。不一致和忽视细节显然是为了传达他认为观念最重要的方面（亦即它们在实际人类生活中的有力呈现和影响）而愿意付出的一种代价。不管伯林的进路中的长处和弱点怎样得到精确的衡量（我将在第八章中回到这个问题上来），他的辩护者都可以对他的批评者说，有成千上万的读者，包括许多非专业人士，他们对政治思想和观念史的兴趣是被伯林吸引和激发起来的。

伯林也有政治上的贬损者。在左派眼中，伯林一直被看作为美国服务的死心塌地的冷战勇士，越战的辩护者，资本主义现状的自满的支持者，与其说是要向当权者说出真相，还不如说是要向后者谄媚的高桌旁的食客。[7]在右派看来，他一直被贬斥为一个道德相对主义者，不能或不愿利用他作为著名公共知识分子的声望，去抵御从1960年代开始的社会上和学术圈内的文明标准的销蚀。[8]无论从左派的角度还是右派的立场，他在以色列和巴勒斯坦这个令人担忧的问题上的沉默也一直遭到批评：从左派的角度，是因为直到生命终结，他都拒绝公开谴责更有侵略性的犹太复国主义运动，并拒绝支持巴勒斯坦人的自治主张；从右派的立场，又因为他未能全心全意地支持那些同样的犹太复国主义

7 Hitchens, “Moderation or Death”.

8 Podhoretz, “A Dissent on Isaiah Berlin”.

政策。[9]

在许多这些抱怨背后，是更为个人化的指控：伯林未能运用他的公共权威去支持他声称主张的原则。关于道德懦弱的指控是他敏锐地感受到的，而且似乎曾经在若干场合承认其中有真实的成分（*Life*，188，193，293）。也许他这种明显的失误源于犹太局外人想要被保守的英国当局承认的愿望；犹太人为承认而斗争的心理学是被伯林本人有洞察力地讨论过的。[10]也许他太努力地取悦于他人，而使他成为一个好伙伴的那种天赋有时也使他丧失了信念的勇气。但也许，批评者之所以对伯林失望，也是因为他们并不总是理解他真正的观点是什么，或者因为他们想要劫持伯林为他们所用。伊格纳季耶夫正确地指出，伯林出版物的总体内容和特质很难吻合“一个不惜任何代价热切地取悦于人的人”这样一副形象（*Life*，257）。当如此多的西方学者和学生狂热地被反自由主义的左翼观念所吸引时，伯林坚定地捍卫消极自由、价值多元 9
论以及更为一般意义上的自由主义。而且，他对观念史的投入以及他写作那个主题的那种综合风格，是与他那个时代牛津的哲学风尚完全针锋相对的。不过，伯林终身都困扰于一种观点，即他被高估了，担心他的工作缺乏融贯性、方向感和原创性：“我是一辆观念出租车，有人拦车我就停，给我目的地我就走。”（*Life*，7）正如伊格纳季耶夫指出的，许多这类自我贬低可能一直就是一种防御机制，是为了预防真正有敌意的批评者；但看起来，伯林确实存在真正的自我怀疑。

心理学上的猜测到此为止。我所关心的是作为思想家的伯林，我的焦点将集中在他已经出版的著作中的证据上。在这里，也有艰难的问题要提出。与例如约翰·罗尔斯的《正义论》相比较，伯林从未用一

9　来自左翼的批评见Hitchens, “Moderation or Death”, 9—10;来自右翼的批评见Podhoretz, “A Dissent on Isaiah Berlin”。

10　特别参见“Jewish Slavery and Emancipation”（*POI*）；以及“Benjamin Disraeli, Karl Marx and the Search for Identity”（*AC*）。

本书的篇幅来陈述他的主张。据伊格纳季耶夫报道，伯林晚年曾想把他关于浪漫主义的思想用这种方式整理出来，却发现这超出了他力所能及的范围（*Life*，275—276）。伯林喜欢的方式是论文，他的得到最广泛阅读的著作就是四篇论文的结集：1969年的《自由四论》，现在被纳入2002年扩展版的《自由论》中。其中许多篇什属于政治理论和观念史中最有刺激性的论文。但是，伯林未能进一步发展他的观点，被有些人当作“他没有能力进行宏伟的综合”（*Life*，276）甚或是无法从事持久的系统性思考之证据。正如我将要表明的，更进一步的问题在于伯林之自由论的优点，他的观念史的精确性以及他对于政治观念的整个移情方法之有效性。

更为根本的问题仍然在于伯林怎样把他的自由主义与其多元论联系在一起。我相信这些观念之间有一种巨大的张力，正如伯林自己所描述的，这就为他的整个事业打上了一个问号。一方面，他前进的步伐就像一个针对极权主义威胁的自由主义的辩护者，他采取了这样一种立场，自由主义价值在这种立场中显然被推举为普遍的，是一个体面的人类社会根本的前提条件。另一方面，伯林的多元论有时候似乎会滑向相对主义，意味着在一组根本价值与另一组根本价值之间并没有
10 一种唯一的选择能够被表明是比另一种更有根据的。面对多元论，为什么自由主义的价值要排在前面，甚至是在极权主义的那些价值前面呢？一个人要么是一个自由主义的普遍主义者，要么是一个价值多元论者，而不可能同时是两者，这难道不是真的吗？

我将要论证，伯林从未提供对这个核心问题的一种令人满意的回答，但他确实为我们提供了构造这种回答的必要素材。的确，对于自由主义与多元论之间的张力，他不但未能恰当地处理，甚至很少承认。在这方面，他的晚期著作与他的早期著作相比确实没有多少推进。在其博学优雅阶段的一篇又一篇文章中，他只是重复他既相信自由主义又相信多元论，当他处理两者之间的关系时，他的论证要么是有缺陷的，

要么就是在范围上极度有限的。在不同时候，他肯定对自由主义的信奉是与承认多元论相容的，甚至说多元论蕴含着自由主义的论据，但无论对于哪一种主张，他都没有提供一致的或有说服力的辩护。更为糟糕的是，伯林对多元论及其伦理含义的某些表述还打开了表达对这种观念的反自由主义解释的方便之门，约翰·格雷就是一个这样的例子（参见第七章）。尽管如此，我也将论证，在其实际所言中，他确实为我们提供了对自由主义的一种实质上是多元论的辩护所需要的工具，而这种辩护是与他的整个观点唇齿相依的。在他的著述中，各处都散布着线索，由此出发，我们能够基于多元论根据发展出对自由主义的一种比他实际提供的更为一贯和更有说服力的辩护。

伯林的重要性并非那么依赖于他的论证的力量，而是依赖于他生动的评注和富于成果的暗示，这在哲学家中间是不同寻常的。更为特殊的是，我们要从伯林那里找出他对于价值多元论这个观念的表达方式，他提供历史研究对这个观念的深化，他开启了多元论的道德和政治含义问题，他随后向自由主义者提出的用多元论的方式重新思考自由主义的挑战，以及他关于怎样做到这一点的各种暗示。伯林作为一个政治思想家最深层次的原创性和重要性就体现在这些成就中。

概　观

本书的组织兼顾论题和松散的编年序列。在第二章，我讨论了伯林直到1950年代中期的早期工作，把他的哲学观中正在出现的论题与 11
他复杂认同中的三个主要的源流——英国人、俄国人和犹太人——联系起来。在1950年代，伯林探讨了后启蒙运动思想中的自由观念及其在20世纪的命运。这是第三章的主题，这一章把伯林对自由问题的探讨放在冷战的语境中，并继续考察他关于自由意志与历史决定论以及现代政治思想中“人类自由之敌人”的论文。第四章聚焦于伯林的名文《两种自由概念》，分析其论证，并评价其所遭遇到的几条主要的批评思路。在第五章中，我将追溯伯林从1950年代到1970年代日渐深化的探究，这些探究的主题是启蒙运动与其批评者之间的争论，以及那种争论之于现代观念史与政治思想的更广泛含义。第六章处理道德一元论与多元论之间的关键差异，并提出了伯林的多元论承诺与自由主义信条之间的张力问题。这个核心问题将在第七章中继续得到探讨，在那里考察了基于多元论—自由主义这个枢纽对伯林立场的某些相互竞争的解释和扩展。第八章把伯林放到现代政治思想的传统中，考察他
12 的观念对于社会正义和文化权利的含义，并评估其总体成就。

第二章

三条主线

为了公正地对待作为思想家的伯林，我们有必要把他自己的移情理解的方法运用到他身上。正如阿兰·瑞安指出的："正因为伯林以一种高度个人化的和富有想象力的方式从事观念史研究，他的分析的学习者也是他的敏感性的学习者。"[1]尤其是，他对于多样、冲突和不可通约的人类价值的感知反映了他自己的内在分裂和冲突的经验。

对伯林个人经验之于其思想的影响的一个有用说明，是由他自己在《我生命中的三条主线》中所扼要勾勒出来的。在回顾他的生涯时，他同意他的一位访问者所说的，"我是由三个传统所塑造的，俄国的传统、英国的传统和犹太的传统"。本章将追溯认同的这三个部分对伯林早期工作的影响。我从1930年代他的英国背景开始讨论：他的基本的经验论，他对于牛津分析哲学的密闭圈子的投入，他与逻辑实证主义的冲突，以及随着《卡尔·马克思》(1939)的撰著开始转向观念史的研究。伯林的俄国认同是通过他1945年与帕斯捷尔纳克和阿赫玛托娃的会晤而复苏的，并且表达在他战后对于19世纪伟大的俄国作家的研究中。在那个研究中，他提炼出了许多典型的政治观点。他的犹太传统

1 Ryan, "Isaiah Berlin", 345—346.

随着以色列1948年的建国开始走到中心，后者强化了他对于人类需要文化归属的感知。这三条主线都对伯林的观点做出了独特的贡献，它
13 们合在一起有助于说明他独特的心灵模型。统而观之，它们提供了进入他的所有主要论题的通道。

牛津与哲学

伯林并不是土生土长的英国人，但他热爱他所归化的家园，并在某种意义上把自己看作一个典型的英国思想家。他的基本哲学平台是英国经验论。在《三条主线》中，他坦承：

> 对英国的偏爱。我在英国受教育，而且从1921年之后就一直住在那里；我的所是、所为和所思永远是英国的。我无法不偏不倚地评价英国的价值，因为它们乃是我的组成部分：我将此称作最大的智识上和政治上的好运。这些价值是我信念的基础：对他人的体面尊重和对异见的宽容要胜过傲慢和一种国家的使命感；自由也许是与太多的效率不相容的，而且胜于后者；对那些珍视自由的人来说，多元论和多样性要比严格地强加无所不包的体系来得好——不管这种体系怎样合理和公正，或者要比不再有上诉渠道的多数至上规则来得好。所有这些在根子上说都具有独特的英国特色，我坦率地承认自己浸润于其中，并且是我的信念所系，在一个这些价值不被大多数人视作当然的社会中，我就无法自由地呼吸。（*PI*，257）

当伯林在1930年代开始他在牛津的哲学生涯时，那些价值似乎受到了左右两方面的致命威胁，一方面是德国和意大利法西斯主义的兴起，另一方面是苏联共产主义的表面许诺。不过，在这些成长年代，伯林的主

导兴趣并不是政治哲学或观念史，而是诸如“所有天鹅都是白的”这类命题的意义。这又是为什么呢？

这并不是因为伯林或他的朋友无视当时的政治问题；这些问题几乎是无法回避的。伯林孩提时代在俄国的经历已经使他意识到并且警戒苏联共产主义。作为犹太人，他对纳粹德国不抱任何幻想，在与他的朋友斯蒂芬·斯彭德一起访问德国时，他对此有了第一手的认识。这也并不是说牛津的一般智识氛围是非政治的，特别是在1931年之后，大萧条甚至已经开始影响相对条件较好的大学生的家庭（*Conv.*，7—9）。
伯林在这个时期自称是广义的“自由派”，是反法西斯主义事业的直觉 14
上的同情者，他们抱团拥护西班牙的共和政府。他的许多朋友，例如艾耶尔和斯图尔特·汉普希尔，持一种“左翼的”或“进步的”政治观点。但是，伯林最早期的哲学著述中，政治关切基本上是缺席的。在某种程度上，这种沉默也是他个性的表现。作为犹太局外人，他并不愿意因为过分坦率的政治忠诚宣言而成为批判的目标。然而更为重要的是这个时期“牛津哲学”的特质：抽象，非历史，在某些情况下不但脱离，而且正面贬斥道德和政治主张。即使如此，伯林早年与牛津哲学的遭遇仍然对其成熟的政治思想具有至关重要的影响。

在伯林看来，1930年代牛津哲学的支配形式是由乔治·爱德华·莫尔和伯特兰·罗素所激发的“哲学实在论”，后者将其先祖追溯到17和18世纪的英国经验论者，洛克、贝克莱和休谟（*Conv.*，13）。[2]伯林把这种实在论描述为这样的主张：“外在世界是能够被直接觉察到或者被误察为可能的情形的物质实在。”（*POI*，3）它把第一次世界大战前在英国智识界很有影响的黑格尔式的观念论作为批判目标，“这种观点认为我们的世界完全是由人类的官能——理性、想象，以及诸如此类的

2　也参见Berlin, “J. L. Austin and the Early Beginnings of Oxford Philosophy”（*PI*）以及“My Intellectual Path”（*POI; First and Last*）中他在这一时期的观点。

东西——所创造的”(*POI*, 3)。成长于居于支配地位的实在论(或经验论)的氛围中，伯林坚定地反对与黑格尔和诸如费希特和谢林这样的德国观念论者联系在一起的形而上学思辨和体系。

牛津哲学中流行的经验论最有力的和富有创新精神的形式是“逻辑实证主义”，它立即对伯林产生了强大的影响。逻辑实证主义是维也纳学派(卡尔纳普、石里克、魏斯曼，等等)的学说，1933年之后，伯林杰出的年轻朋友和竞争者艾耶尔把这种学说在英国推广开来。[3]维也纳学派的总体目标是要清除哲学中的含混思辨和混乱，并在与自然科学同样的方法论基础上重建哲学。哲学方法从今以后就是科学的方法，
15 也就是根据“可证实性”标准检验知识主张的方法。真正的知识只能是有意义的命题知识，而只有那些有意义的命题才能通过证实的检验。证实只有两种方式：经验的观察或逻辑的推理(例如数学证明)。由此得出，只有两种命题是有意义的：要么是关于经验事实的主张，要么是关于逻辑推理的陈述。这种主张的效果就是要扫除所有“形而上学”主张的领地，后者不但包括像上帝这样臭名昭著的无法证实的实体，也同样包括所有道德和政治的判断。艾耶尔的一个著名观点是认为所有道德判断都仅仅是情感的表达，不是赞成就是反对，但因为既不同于经验命题，也不同于逻辑命题，因此不可能有意义。在艾耶尔看来，说“X是道德上错误的”，仅仅相当于说“我有一种不赞成X的感觉”，或者更为精炼地说：“X：嘘！”根据这种观点，哲学的人物仅仅是科学的侍女或看门人。

伯林对逻辑实证主义抱有兴趣，但从一开始他就有某种保留，随着时间的推移，他的保留加深了。在个人的层面上，他在逻辑实证主义中认识了那一代人当中杰出的哲学家，他自然希望在同伴中检验自己。从哲学上说，他认为他们相对于黑格尔式的含混，正确地选择了概念上

3 Ayer, *Language, Truth and Logic*.

的明晰性。另一方面，他从一开始就怀疑“证实标准”。从1930年代中期到1950年，伯林主要的哲学论文在煞费苦心地解剖逻辑实证主义，提出了这样一个核心观点：有没有可能存在虽然不可证实但仍然有意义的命题或言说？例如，“天鹅都是白的”这个句子是不可能完全证实的，因为无论我们看到多少只白天鹅，总有进一步的观察有可能发现一只黑天鹅；但是，这样一个句子显然是有意义的（*CC*，18；*POI*，2）。伯林耐心地举出一连串这样的例子，无论怎样定义证实标准，都无法恰当地解释这些例子。事实上，他的结论是，证实标准，以及逻辑实证主义，在其意义观以及知识的恰当对象的观点上，都过于狭隘了。伯林依然是一个经验论者，但是他的经验论相较于逻辑实证主义采取了一种更宽松的形式。

伯林在1930年代与牛津哲学家的论辩中所达致的对逻辑实证主义的最终拒斥，可以被看作不过是类似对古文物研究的兴趣，但是事实上，逻辑实证主义仍然是他此后的一个核心参照点。 16

> 我从未离开我那时持有的观点，而且仍然相信，虽然经验论的经验是语词所能表达的一切——这就是说现实只有一个，可证实性仍然并非知识、信念或假设的唯一标准，或实际上最合理的标准。在我的余生中仍然持有这个观点，而且它为我所思考的每一件事打上了烙印。（*POI*，2—3）

实际上，总体来说，与逻辑实证主义的竞争是伯林对于哲学的作用与特质之独特理解的出发点，也是他的伦理理论之总体方向的出发点。他从逻辑实证主义者那里保留了他们对于明晰性的信奉，以及对于含混性、思辨和宏大体系建构的不信任。终其一生，黑格尔这个名字对伯林来说都是反面人物的代表：“黑格尔的体系在我看来就是一个黑暗的波吕斐摩斯的深洞，正如拉丁诗人所云，所有的脚步都迈向同一个方向。”

(*Conv.*, 30)他拒斥逻辑实证主义者关于自然科学方法是唯一的理解途径的实证主义或科学主义假设。对伯林来说，这是一个关键的论题，他多次回到这个问题上来。实际上，在他的成熟的政治理论中，这一点甚至表现得更为强烈，在那里，科学主义不但被呈现为是错误的，而且是有现实危害的。伯林开始相信，启蒙运动的科学主义产生了乌托邦主义的一个最有力的支流，它已经导致了20世纪的极权主义恐怖。

伯林的反科学主义倾向表达在后来得到广泛阅读的《政治理论还存在吗？》(1961)和《哲学的目的》(1962)中。在那里，他把哲学的领域精确地界定为**既非**经验的**也非**严格演绎的探究领域。毋宁说，它处理的是像“什么是时间”之类的“古怪问题”，这种问题既不能通过经验观察来回答，也不能通过逻辑演绎来回答(*CC*, 2)。正是在这些情形中，当我们并不清楚到哪里或怎样去寻找问题的答案时，我们知道自己遇到了一个哲学问题。大多数人带着迷茫和怀疑看待这种情形，而伯林相信，自然的倾向是把它们与能够用经验的或形式的方法解决的问题联系起来。思想史就是“一长串的弑父故事”，在这个序列中，新的“科学的”学科杀死了哲学的母题(*CC*, 5)。这一直是18世纪启蒙运动的大部分梦想：把自然科学的方法推广到人类行为和制度的研究中去，
17 用“社会科学”的井然有序的数据和法则去取代哲学的无法回答的问题(*CC*,5—6,161—162)。但是“这个计划是注定要失败的”，因为它误解了它试图去回答的问题的性质(*CC*, 7)。科学对哲学的弑父行为是绝无可能完成的，因为总是会有科学无法包括的难对付的问题。例如价值的问题，特别是与人类的“终极目标”有关的问题，也就是什么样的善本身就是值得欲求的这样的问题(*CC*, 147)。按伯林的论证，这就是虽然政治理论在进入20世纪中叶以后了无生气，却仍然不可能消失的理由所在(*CC*, 172)。作为哲学的一个分支，政治理论所处理的是永远无法用自然科学或形式科学的方法得到令人满意的解答的问题。

更为准确地说，对伯林而言，哲学的独特主题“在很大程度上并不

是经验的项目，而是看待这些项目的方式，是对经验进行理解或分类的永恒的或准永恒的范畴”(*CC*, 9)。他一开始就想到了康德的如下观念：我们关于世界的知识是不可避免地以像时间和空间这样与生俱来的精神“范畴”为条件的，我们通过这样的过滤器或框架理解经验，而它们本身却超出于经验观察或逻辑证明之外(*CC*, 7, 165)。但是对于伯林来说，一个关键的想法是，除了这些“与生俱来的”或“永恒”的范畴，我们也通过道德的、政治的和文化的范畴看世界。我们的“范畴—眼镜”还包括作为特定文化或文明之典型特征的信念与价值模式。当然，这些文化透镜比康德所指的与生俱来的精神设备更容易发生变化。即使在时间中存留了很长时期，它们也只能是“准永恒的”。

文化范畴的这种准永恒性是与伯林观点的一个核心特征相联系的，这就是他关于哲学思想之**历史性**的观点。他对于逻辑实证主义者不满的一个最深层次的根源就是他们的进路的抽象性，就是他们缺少对观念之历史语境的兴趣。对伯林来说，历史才是关键。

> 如果你对观念有兴趣，如果它们对你有意义，那么你就必须对这些观念的历史感兴趣，因为观念并不是单子，它们不是在真空中产生的，它们与其他的观念、信念、生活形式、世界观相联系——世界观是从所谓“观念氛围”中流溢出来的，而且是后者的组成部分，它就像物质事实和历史变迁一样塑造着人们以及他们的行为和情感。(*CC*, 24—25) 18

历史语境对于哲学家必定具有头等的重要性，这是因为正是历史语境塑造了文化的范畴—眼镜，我们是通过后者理解和评价我们的世界的，而那些文化范畴—眼镜正是哲学的独特主题的组成部分。而且，正因为与生俱来的康德式的范畴本身乃是通过我们的文化透镜才能达及的，那么根据伯林的观点，当我们说历史和文化语境的研究是哲学的首要任务时，就并不能算是离题万里。正是基于这个理由，伯林众所周知地强调了努力从内部去理解观念和论证（不管它们如何相异于我们）的必要性。

> 观念史是关于我们确信是人们所思所感的东西的历史，而这些人是现实的人，而不只是雕像或属性的集合。某种通过想象进入这些思想的思想者心灵和世界观的努力是必不可少的，不管多么危险、困难和不确定，达致移情的努力都是不可避免的。（*Conv.*，28）

对历史性的强调提出了伯林思想中经常出现的一个重要问题：他的立场是某种形式的相对主义吗？从刚才所说的这些来看，伯林可能确实是一个相对主义者。如果他所说的是信念和价值完全是由它们的历史和文化语境决定的，而且并没有一个普遍的或非相对的视角来理解和判断这一切，那么他就是一个文化或历史相对主义者，而且必须被看作拒斥任何概念或价值具有普遍的有效性。在那种情况下，他的伦理观点就显然与他对自由主义价值和制度的普遍有效性的政治承诺相冲突。伯林确实曾经被解释成是持有政治混乱立场的。[4]

相对主义的指控是否或者在何种程度上是真正应得的，这是一个困难的和关键性的问题，我现在暂时放过。有必要直截了当地指出的是，伯林显然并不**意欲**让他的观点成为一种完全相对主义的观点。他的确强调了人类思想与评价的历史和文化的情境性，并由此强调了感知和价值上的历史和文化的多样性。而且（这一点我将稍后在与价值

4　参见以下例子：Strauss, “Relativism”; Sandel, “Introduction”; Anderson, “The Pluralism of Isaiah Berlin”; Kateb, “Can Cultures be Judged?”; Sandall, “The Book of Isaiah”。我在第五章中探讨了伯林的所谓相对主义问题。

多元论的关联中进一步讨论）他也坚持认为，价值上的许多这类变化并 19
不仅仅是信念的作用，而且是道德上正当的，就是说，许多不同的价值、世界观和生活形式是伦理上有效的。然而，他也总是补充说，道德世界观的可接受范围是有一个限度的。在伯林的著作中，这个限度究竟在哪里的问题有不同的回答，而且其确切轮廓是不清楚的。尽管如此，大致说来，这个限度是由伯林的人性概念标记出来的，或者更为暂时性地说，是由他的如下信念标记出来的：为了理解这个世界，我们必须具有某种这样的人性观念。人的范畴包括对于人类共有的某些基本目标或价值的概念。伯林相信，这个想法得到了不同文化和历史时期的人并非全然不能相互理解这个事实的证明（*L*, 152; *CTH*, 80—90）。跨历史或跨文化的理解预设了某种共通的语言。伯林自己对于反启蒙运动的思想家的理解就是这种共通根据的证据。因此，历史性虽然是头等重要的，但依然有其限度；行为、理解和评价都有某些潜在普遍的东西。至少，伯林会说，如果我们要理解"人"这个范畴，就必须有某种这样的限度，不管要精确地把这种限度表达出来有多么困难（*CTH*,80）。

伯林的哲学观，以及伦理和政治观，可以看作是他在1930年代生涯开端期在牛津遭遇的对立倾向之间寻求平衡的一种努力。一方面是逻辑实证主义者所代表的抽象和科学的普遍主义，另一方面是黑格尔所代表的一种根深叶茂的历史相对主义。考虑到伯林时常表达的反黑格尔主义，提到后者的名字，就正如谈论他对于伯林的任何正面影响，似乎是不合时宜的。不过，黑格尔的历史主义方面确实与伯林提到过的，提醒了他，或者说证实了他对于观念的历史性的感知的若干思想家的世界观具有亲和性。那些历史主义思想家最著名的包括维柯和赫尔德，但也包括马克思。就马克思（我们接下来就要讨论）而言，黑格尔当然被承认为一种关键性的影响（*KM*, ch. 3）。

另一方面，伯林把逻辑实证主义对语言明晰性的探求，也许还有更为宽泛的英国经验论者的普遍主义，看作是对黑格尔主义的极度含混

20 性，以及某些黑格尔的观念论和浪漫主义后继者的极端相对主义的反平衡。哲学本身是永恒的，因为它所处理的是人类经验的永恒和普遍范畴所提出的问题，但是哲学也是历史的，因为那些问题所采取的形式以及所提出的回答是它们的时空所独有的。伯林所寻求的普遍性与相对主义，抽象与具体之间的平衡，是其思想的一个关键性前提，在许多时候不断地浮现出来。他在达致那种平衡上取得了多大的成功，这是一个我将在适当时候讨论的问题（特别参见第五至第七章）。

卡尔·马克思

伯林对于观念之历史维度的关心不但根源于他对牛津哲学的回应，而且根源于他对马克思的研究。出版于1939年的《卡尔·马克思：生平和环境》现在已经出到了第四版，而且依然是已经出版的关于马克思的介绍读物中最好读的，并得到广泛阅读的作品。伯林最初接受这个稿约是为了进行自我教育，他承认他对马克思了解很少，但认为“马克思主义正在变得越来越重要和有影响，而不是相反”（*Conv.*，11）。在伊格纳季耶夫看来，吸引伯林加入这个计划的是这样一个机会：

> 加入其时代主要的意识形态潮流的游动，以便衡量它对他自己刚开始的自由主义忠诚所提出的挑战。使他感到着迷的是马克思对他所仰慕的文明的憎恶。这确立了他余生的工作模式：通过研究势不两立的敌人，从而为自己的信念提供辩护。（*Life*，70—71）

对伯林来说，关于马克思的这本书代表了一个转折点，因为正是在那里，伯林开始遇到那个时代的自由主义最主要的观念对手，也是因为它标志着伯林开始从一个分析哲学家转向政治哲学家和观念史家。除了与马克思本人的交涉，伯林还被带入后来抓住他的注意力的大多数人物的关联中，首先是马克思的先驱、启蒙运动的哲人，然后是启蒙运动的批评者。《卡尔·马克思》以萌芽的形式展现了将会成为其成熟期著 21
作之典型特征的诸多态度和论题。

伯林的方法中处于核心地位的是他对于马克思的"环境"的注意，这已经由此书的副标题表明了。与逻辑实证主义者脱离实际的推理形成对照，伯林完全地把他所讨论的观念放在马克思的个人生活以及19世纪的观念、社会和政治土壤中加以对待。实际上，这部著作是伯林那种从内部解释一位思想家的能力的一个早期例子。"当我研究马克思时，我就努力去理解马克思在柏林、巴黎、布鲁塞尔和伦敦究竟是怎么回事，并根据他的概念、范畴，他的德语词汇来思考。对维柯和赫尔德、赫尔岑、托尔斯泰、索雷尔，不管是谁，也都是如此。"（*Conv.*，28）结果就是对马克思的一种精细和均衡的处理，其程度远超人们对一位冷战斗士（这是伯林后来获得的名声）的预期。虽然他远不是非批判的，他的主要关切仍然是让马克思的思想得到公正的倾听，从而说明其影响的来源和力量。伯林的评注，不管是责备还是赞扬，都是简要和均衡的，甚至是温和的，而且限于在讨论的结尾处提出。

事实上，在许多方面，伯林令人惊讶地对马克思抱有同情。这种同情更多地仅仅是间接地表达出来的，而且我们在阅读《卡尔·马克思》时还存在一种误读的危险，那就是用伯林直到后来才持有的观点来理解该书的文本。[5]但是至少可以说，在本书中出现的若干马克思的论题显著地重新出现在伯林自己得到了发展的思想中。首先是对像伏尔泰和孔多塞这样的启蒙哲人所鼓吹的乐观主义的理性主义的鄙视，这种理性主义在19世纪被像蒲鲁东这样的激进改革派，和像马克思的父亲那样的自由派人士继承了下来。根据这种观点，只要有足够的时间，与道德信念结合在一起的人类理性的力量足以击败压迫人性的邪

5　基于这个理由，所引证的*KM*的页码是第一版的页码。

恶。社会和政治问题只是暂时的障碍，由理性教育的能动性所推动的真理和正义的进步将不可避免地扫除这一切问题。伯林写道："对马克思来说，这是所有理想主义的谬误中最古老、最为人熟知和最经久的一种……他自己的父亲和同时代人所相信的理性和道德上的善最终必定会胜出的理论，已经由于法国大革命之后的黑暗时期所发生的事件而信誉扫地了。"（*KM*, 128）虽然伯林并没有说得这么直接，但他谈到马
22 克思这一方面时的语调，表明了他的态度不仅仅是一种赞成——例如在谈到启蒙运动的激进主义的当代后裔（"形形色色的民主派"）时，他认为他们甚至比他们的先祖还缺乏说服力（*KM*, 48）。以一种类似的语调，伯林后来为社会和政治变革的前景描摹了一幅灰暗的图像。虽然他的图景与马克思不同，是一种自由主义的图景，但它是这样一种图景，自由主义的价值和制度永远是严阵以待的，它针对永远不会消失的非理性主义、不公正和冲突，捍卫文明的底线（参见第八章）。理性和美德自身就将导致道德进步，这种18和19世纪自由主义典型的自信，在伯林看来就如同在马克思看来一样，乃是一种乌托邦之梦。

于是，伯林和马克思一样相信观念和价值的历史性。他似乎接受马克思的这个观点：空谈人的权利并不足以作为进步的手段，因为观念和价值只有当实现它们的历史条件已经成熟之时才具有现实的力量。马克思要求我们在研究历史时抛开道德的教条，伯林在某种程度上追随这种观点。当然，马克思的历史主义的背景是黑格尔，正如已经指出的，伯林对之具有有限的同情。在《卡尔·马克思》中，伯林高度强调马克思的黑格尔式框架，讨论了黑格尔关于人类制度必然被它们的历史阶段和文化语境塑造的观点。伯林认为，这简直是人类思想中的革命，其影响"巨大到无法估量"（*KM*, 48）。伯林也相信观念和价值只有放到它们的历史和文化语境中才能得到充分的理解。

另一个得到伯林有限同情的黑格尔式的论题是"辩证法"：历史的进步并不是线性的，而是由一系列冲突开辟道路的，冲突的解决导致新

的和更高层次的冲突（*KM*，57—59）。这并不是说伯林接受了黑格尔和马克思的历史规律意义上的辩证法；他高度怀疑把类似规律的模式加于历史之上的任何企图。辩证法的概念中他所接受的部分是它对于人类事务中冲突之作用的强调。实际上，他比这个走得更远，相对于黑格尔和马克思还为创造历史的冲突设置了一个终极目标，伯林把根源于根本的价值冲突的人类冲突看作是无法根除的。虽然他可能已经从马克思那里得到了暗示，后者（在反对蒲鲁东时）坚持认为辩证法并不是“善恶之间的简单斗争”，因为“对于人类社会的发展来说，两方面都是 23
同样必不可少的”（*KM*，113）。辩证法指示了善与善之间的一种冲突。当我们说这一点预示了伯林的成熟的价值多元论时，应该并没有走得太远。

最后，令马克思与黑格尔的人类历史模式分道扬镳的独特的唯物主义倒转，是至少在某种程度上伯林默默赞成的另一个马克思的论题。马克思坚持物质条件决定生活方式及其文化表达，这被伯林理解为是对黑格尔那种“把所希望的任何事物归属于不可捉摸的世界实体的无法被观察到的活动”（*KM*，119）之倾向的一种必要的矫正。伯林在若干场合以一种心照不宣的口吻把马克思的世界观描述为经验论的（*KM*，13—14，87，88，119—120）。马克思把黑格尔的历史观与法国社会学家和英国经济学家的经验主义结合在一起的尝试，预示了伯林自己在历史与经验论以及事实与价值之间试图达到的平衡。

尽管如此，最终说来，伯林对马克思的总体判断，不管如何间接，基本还是有所质疑的。马克思对历史的关注是对启蒙运动的科学主义抽象性的一种值得欢迎的矫正，而他的经验主义则是对黑格尔的形而上学的一种必要的解毒剂。但是无论在哪个方面，他都走得太远了。马克思的经验主义变成了狭隘的唯物主义，这把价值和理想的作用几乎降至于零。经济要素不但被理解为发挥着核心作用，而且是社会结构和变迁“唯一起作用的原因”（*KM*，123）。于是，马克思的历史主义就产生了它自身的科学主义，经济发展的规律被看作是决定所有人类活动，并因此预示了抛开了道德论证的正在到来的革命——伯林写道："因此，马克思后来的著作几乎完全没有对最终原则的讨论，也完全没有为他与资产阶级之对立进行任何辩护。"（*KM*, 15—16）马克思的立场倾心于回避甚至是贬低道德辩护的语言（*KM*, 8, 9）。这是为了与他的体系的逻辑保持一致，根据后者，价值与理想仅仅是基础物质原因的上层建筑表达。这样做的危险在于，伦理关切会因为对于被看作是历史运动所"给予"的任何目标的排他性的、坚定的信奉而被牺牲，而目标
24 本身却不会被质疑。

伯林对马克思的批评说服力如何？如果他的观点只是说马克思的体系是完全非道德的，那么就非常没有说服力。针对这种解读，G. A. 柯亨指出了马克思那里存在伦理关切的证据，当然，这种关切是蕴含在剥削和异化这样的概念中的。[6]但是伯林完全意识到了马克思的伦理维度；他的攻击要更为深刻。首先，即使承认马克思的确具有深层次的道德关切，它们也基本上是被他的"唯物主义"经济基础所淹没的，伦理价值只是上层建筑。这给那些想要更进一步，把伦理考量完全从政治决策中排除出去的人打开了方便之门。

其次，而且更为重要的是，即使在其早期著述中，伯林也暗示了他后来将要分析"道德一元论"标签背后的问题。马克思的更深层次的问题并不在于他的体系是非道德的，而是在于这种体系所浸润其中的是一种特定的道德，这种道德旨在实现一种凌驾于或包含着所有其他目标的一个唯一的目标。更为直接的实际目标就是无产阶级革命。为了说明这一点，伯林引用了马克思在第一国际成立大会上的就职演说："工人阶级的经济解放因此就是伟大的目标，相对于这种目标，每一种政治运动都只是隶属的手段。"（*KM*, 198）这背后就是关于历史趋向于

6 G. A. Cohen, "Isaiah's Marx, and Mine", 121—122.

一个特定目标的黑格尔式观念，其细节无法在这里讨论了，但是这种目标的最终实现是由历史规律来保证的。在这种意义上，对马克思来说，历史的终结必定不只是编年学意义上的终结，而且是道德意义上的终结：尽管有辩证法的上升和下降，历史的模式最终是在进步的轨道上的，因此螺旋式上升的终点必定是一种改善的状态。的确，伯林相信马克思的目标不仅仅是改善，而且是完美，是人性潜能的完全实现。后来，在《两种自由概念》中，伯林暗示马克思属于这样的人，他们“持有古代的信念……人类所信奉的所有的正面价值最终必定是相容的，而且也许甚至是彼此蕴含的”，而且他们梦想“一种最终的和谐，在那里，所有的冲突都被解决了，所有的矛盾都被调和了”（*L*，213）。对伯林来说，马克思的体系是由一种乌托邦的道德所浸润的，它预计这样一个新社会的诞生，在其中，所有正当的人类目标都将最终得到实现。

根本的结果在于，如果这样理解的话，马克思的目标必然会凌驾于所有其他的考量之上，并从而使得以它的名义做出的任何牺牲正当化。
将消灭资本主义并引领新社会的最终革命的目标根据定义就是最高目 25
标，而且必然会使所有牺牲正当化。伯林于是认为，从马克思的观点中能够得出：

> 只有在如下一种意义上才有可能表明某事是好是坏、是对是错：那就是证明它符合还是不符合历史过程，帮助它还是阻碍它，会生存下来还是会不可避免地消亡。所有永久地失败的事业都是由于那个事实而成为坏的和错的，而这些术语的意义也的确是这样形成的。（*KM*，134）

只要是逆着历史的纹理，那么做什么都是错的，只要是顺着历史的纹理，那么做什么都是对的。只要一个人是顺历史潮流而动的，那么做什么都是正当的。

G. A. 柯亨提出异议说，这幅图像假定了马克思的历史终结论中实际上并不存在的某种乌托邦主义。柯亨论证说，马克思并未预期所有人类抱负的和谐一致，这是由如下事实所表明的：马克思并未预期所有人类冲突的终结，而只是预期了“特定阶级冲突的终结……毕竟还是会有‘个人的（非阶级的）冲突’，并因此也会有‘人类的痛苦’甚至‘悲剧’持续存在的空间”。[7]但是，当伯林援引马克思把自然权利贬斥为“资产阶级对私有财产之神圣不可侵犯性的理想态度”（*KM*, 133），他就给了我们很好的理由从这方面去怀疑马克思。这句格言开创了一种马克思主义传统，按照这种传统，人权典型地被看作由于资本主义的异化和剥削而使之成为必要的仅仅是暂时的矫正，言下之意就是，在一个后资本主义社会，它们就不再有必要了。但是，这只有当后资本主义社会的确是某种程度上人类经验中从未认识到的一个和谐的领域时，才有可能是真的。最低限度，伯林可以论证说，马克思明确的学说是有可能遭到恶意解释的。它是命运的人质，但是在20世纪，这种人质却常常被虐待。

在伯林看来，马克思对历史和道德的理解最终成为他后来所谓“一元论”的模式。在他的这第一本著作中，他已经暂时确定了敌人：对那种任何其他事物都必须屈从的一种唯一的优先目标的信念。伯林把马克思的一元论部分地看作马克思的人格的体现：一种专横独断的本性，
26 不能容忍来自别人的任何异议，并把妥协视作软弱。在一个令人难忘的段落中，伯林如是概括马克思的性格和基本倾向：

> 19世纪产生了许多卓越的社会批评家和革命家，他们并不比马克思更少原创性、更少狂暴和更少独断，但是没有一个人如此全心全意地把他生命中的一言一行都投入到为一个独一无二的、直

7 G. A. Cohen, “Isaiah’s Marx, and Mine”, 122—123.

> 接的实践目标服务的事业中去，相对于这个目标，什么都没有神圣性可言，都是可以牺牲的……他对于与过去完全决裂之必要性、创造一个全新的社会体系之必要性的坚定信念，本身就能够让个人（如果他自己有任何东西的话）尽弃所有，心悦诚服于新信仰的伟大的权威性创始人们，这种无情的颠覆者和发明者根据一种独特的、明确的、被狂热地坚持的原则（这种原则贬斥和毁灭所有与它相冲突的东西）解释整个世界。（*KM*，25—26）

这些倾向恰巧就是伯林的对立面：马克思是伯林的典型批判目标。但是，既然引文中说到“伟大的权威性创始人们”用的是复数，那就已经有证据表明马克思并不是伯林唯一的靶子，一元论的问题并不是马克思独有的，而是更深刻地存在于西方思想的历史中。实际上，伯林明确指出，在这些方面，马克思“体现了一种最古老的欧洲传统”（*KM*，25）。对这种传统的追溯是伯林成熟时期的核心任务。

俄国思想家

伯林写道：“我认为我对观念的与生俱来的兴趣要归属于我的俄国渊源。俄国的现代史是抽象观念之巨大力量的一个直观教学舞台。”（*PI*，255）伯林的母语是俄语，他还是诸如托尔斯泰、陀思妥耶夫斯基、普希金、屠格涅夫、契诃夫这样伟大的19世纪俄国作家的贪婪读者。这个背景也有助于他1945年从驻华盛顿的英国大使馆借调到驻莫斯科的大使馆。伯林这段短期回到俄国的经历是他生命中一个关键的时期。在那里他得以与许多俄国作家和艺术家接触，其中包括鲍里斯·帕斯捷尔纳克和安娜·阿赫玛托娃。伯林与他们的相遇，以及他所观察到的他们在斯大林统治下被迫忍受的受压迫状态，给他留下了深刻的印象。帕斯捷尔纳克眼见他的大多数朋友在1930年代的大清洗中被清算 27

或被遣送到劳改营，而他自己也只是通过伪装出支持现政权的屈辱的样子才幸存下来。阿赫玛托娃的丈夫已经被处决，她的儿子被逮捕，而她从1925年之后被禁止发表任何东西。据伯林多年后的回忆：

> 我所认识到的他们生活和工作的状况，以及他们所得到的屈辱的对待，几乎无法描述。而我被允许和他们私下接触，事实上和他们建立的友谊，深刻地影响了我并永久地改变了我的世界观。（*PI*，252）

伯林与帕斯捷尔纳克和阿赫玛托娃的会见从两个方面影响了他。更为明显的是，他亲眼看到了极权主义制度对他深切关心的活生生的个体的影响。伯林从来不是苏联的仰慕者，但他对苏联共产主义的那种预定的敌意是从战后的这个时期开始的。其次，对俄国的访问使他看到一种极权主义制度不但可以对一般的个人做什么，而且可以对艺术家，并通过艺术家，对整个文化做什么。伯林把帕斯捷尔纳克和阿赫玛托娃看作前革命文化传统的最后代表，这种传统把本真的俄国气质与西方文明中最好的部分结合在一起。正如帕斯捷尔纳克所说，从1920年代之后，自从俄国与欧洲的其余部分相切割之后，这个传统就已经被颠覆了（*PI*，216）。在1940年代晚期和1950年代，重新发现这个已经失去的文化声音是伯林的核心要务之一。

在最终结集为《俄国思想家》（1978）的文章中，伯林探讨了一系列俄国作家，特别是托尔斯泰、别林斯基、赫尔岑和屠格涅夫。他的目标是多重的，而且以他所特有的迂回的方式追求其目标。一个目标已经被提及，即重现19世纪俄国自由派的亲西方的声音。此外，伯林也确实在寻找（虽然他自己并未明确这样说）苏联共产主义的观念根源，而且在此过程中提供了对当时的苏联专政一种含蓄的批评。一方面是对与沙皇独裁针锋相对的19世纪自由派与激进派的描述，另一方面是对苏联时期政治异议者的声援，这两者之间的相似性是不言而喻的。而且，伯林也部分地写到他自己尝试了一系列世界观，试图发出他自己作为 28 一个政治理论家的声音。在这个过程中，他最终离开了牛津风格的分析哲学，并献身于作为一个观念史家的志业。

那么苏联灾难的观念根源到底何在？整个1950年代和1960年代，西方的苏联研究给出的正统答案把布尔什维克革命置于19世纪俄国知识分子的极端主义之上加以指责。[8]根据这种观点，19世纪中叶俄国有影响力的作家和思想家都倾向于从西方攫取最有戏剧性的观念，并在不考虑对于现实的人民和制度之后果的情况下将其逻辑推至极端。伯林在某种程度上同意这种正统的解释，但他也加入了重要的限定。1840年代的那辈人，包括别林斯基、赫尔岑和屠格涅夫的确表现出了激情和信念，但他们也有一种有疑问的、矛盾的面向，也就是在1917年被颠覆的温和自由主义的面向。

在伯林研究1840年代英雄们的系列文章《辉煌的十年》中，正统和异议杂然并存。他们的共同背景在头两篇文章《俄国知识阶层之诞生》和《彼得堡与莫斯科的德国浪漫主义》中得到了考察。伯林在那里铺陈了19世纪中期的社会和政治语境：经济上和社会上的落后，政治上的权威主义，由受过教育的精英与无知的大众和贫穷的农民（他们当中不少还保持着中世纪的农奴身份，是地主的“合法财产”）之间的巨大鸿沟所造成的分裂（*RT*，265）。那些精英中对社会制度抱批评态度的更为年轻的成员被压倒性的政治审查制度阻碍，从而无法公开推行改革。用屠格涅夫的话来说，他们成了“多余人”，无法为自己在他们既不能变革也不能接受的社会中找到自己的位置（*RT*，187—188，265；也可参见*L*，343n）。对于许多年轻的知识分子来说，受挫的政治能量于是就宣泄在文学和文学理论这种表面上非政治的领域中：根据这种观点，俄国

8　A. Kelly, *Toward Another Shore*, 1—2.

文学的巨大繁荣在某种程度上要归功于沙皇的审查制度。但是，正如伯林指出的，结果就是一种富于这种论题的文学，而且在许多情况下，这种文学还成了激进的政治抗议的手段。“因此，一个臭名昭著的事实是，在俄国，社会和政治思想家化身为诗人和小说家，而有创造力的作家成了公众人物。在一种绝对的专制制度下，任何针对制度的抗议本
29 身就是一种政治行动。”（*RT*, 265）一个人无须对伯林的含义穿凿过深，就可以把他理解为是在指20世纪的俄国，正如他所指的是19世纪的俄国。

沙皇统治的另一个后果，是在年轻一代的自由派和激进派中间出现了一种独特的智识氛围。这在某种程度上可以说是从德国浪漫主义那里借鉴来的，或者也可以说是对后者的回应，但无论是哪种方式，它都以一种伯林眼中典型的俄国方式被强化了。由于其启蒙运动的遗产，巴黎被沙皇政府宣布为禁入地，希望去海外学习的俄国学生倾向于去德国。在那里他们开始接触更具煽动性的观念，也就是那些反启蒙运动的浪漫主义观念。由于浪漫主义强调情感和真实意志的力量和价值，它就有可能被给予极端的政治解释，无论是激进的还是反动的，而启蒙运动更为冷静的理性主义的学说则可以避免这一点。这并不是要否定伯林关于与其把苏联共产主义追溯到浪漫主义，还不如追溯到启蒙运动的成熟观点。在《辉煌的十年》中，浪漫主义的作用在于它通过把俄国人的爱好引向极端，从而为后来的发展设置了场景。伯林相信，这些极端易于对19世纪那些被他称作“夸张的西方人”（*RT*, 125）的俄国知识分子产生吸引力。由于缺乏与西方的常规和正常的接触，这个时期俄国的思想家容易带着激情去了解更为激进的西方概念。这种倾向一方面在那些受影响的人中间产生了一种格外充满生气的智识氛围，其标志就是在西方并不常见的反应，它们强烈、真诚且充满新鲜感。另一方面，同样的特质有可能会导致狂热的观点和行动，对于分寸和活生生的后果的一种现实感就消失不见了。伯林暗示这里就是布尔什维

克革命的观念根源之所在。

伯林认为，这种典型俄国式的把智识上的热情与道德上的献身倾向爆发式地结合在一起的最有戏剧性的例子就是维萨利昂·别林斯基。对伯林来说，别林斯基是1840年代知识分子的坚定良心，是屠格涅夫、陀思妥耶夫斯基和契诃夫小说和戏剧中类似的性格类型的源头。这是一个具有献身精神的年轻的激进改革者：理想主义、热情洋溢，具有一种深刻的内在尊严和对目标的坚定性（*RT*, 150—152）。对于别林斯基来说，文学作品不应该仅仅是用来消遣的，而是应当开掘它所体现的观念，其中最重要的是它的道德价值。艺术家有义务不仅仅从审美 30
上满足听众，而且要告诉他们真理，特别是道德真理。马克思主义批评家后来把这种"社会批判"学说看作是预示了他们自己关于文学的作用根本上说是意识形态的观点。但是别林斯基的主张并不是说艺术家应当成为自觉的吹鼓手，而是说道德启迪应当从他们对于经验的真诚解释中自动地浮现出来。真诚和对真理的信念是别林斯基的口号，而这使得他既成为一代人的道德领袖，又成为后一代全心全意的清教徒式的革命家的楷模，这种传统在列宁和布尔什维克那里达到顶峰（*RT*, 181）。

尽管如此，苏联的残酷无情之根源并不是伯林在他的俄国论文中追寻的唯一目标。他也试图与俄国思想中不那么全心全意的，更为自由主义的源流重新建立联系。在从1840年代那代人当中寻找苏联狂热之开端的正统派观点只有一部分是正确的；他们那代人还有另一个面向。就别林斯基而言，极端主义的倾向也受到他在真理要求时修改自己（即使是最根本的）信念（就像他在两次进出保守的阶段时所做的那样）的意愿的制约（*RT*, 166—169）。对伯林来说，别林斯基那种独特的俄国式知识和道德热情还是值得仰慕的，但是哪怕这种仰慕最热烈，当其他的观点更有说服力时，他的诚实意愿也会让他承认它们的力量，并相应地改变他的观点。

正是这种面对复杂性和矛盾时类似的诚实把伯林吸引到他的俄国论文的其他重要人物上去。托尔斯泰就是其中之一，他是《刺猬与狐狸》这篇名文的主要焦点，本书第一章即以此命名。[9]从其天性而言，托尔斯泰是生活的具体细节及其精确轮廓与机理的大师级观察家：正是这种狐狸的特质让他成为伟大的小说家。但是我们也看到，托尔斯泰努力从他的观察中抽取出一种潜在的历史哲学，这尤其体现在《战争与和平》中。的确，托尔斯泰认为，如果人类生活要被看作不是完全随机的和无意义的，在事件的变动和混乱之下必须有某种可以辨别出来的模式。但是，他的智识上的诚实又迫使他承认即使有这种潜在的秩序，他也不能说它是什么。与刺猬那种全面的野心相反，狐狸对人类生活多样性和复杂性的敏感性又重申了这一点。结果就是，托尔斯泰痛
31 苦的、反科学的历史观中蕴含着**某种**仍然是无法表达的深度模式。智慧要求了一种顺从这种可感觉到的但又是无法言喻的力量的态度。这听上去像是一种最终的和解，但是伯林并不认为就是如此。他坚持认为，托尔斯泰从未完全满意于他这种顺从命运的正规学说，而且直到他生命的最终仍然纠结于对体系的渴望和这种体系是暧昧难明的两者之间。

托尔斯泰对于伯林的吸引力在于他深刻的智识上和情感上的诚实，这防止了他去否认他的思想和情感所产生的冲突和矛盾。虽然最终来说，托尔斯泰过于像是一个愤怒的先知，一个权威的传道者，而不是一个真正伯林式的人物。更接近于伯林内心的是另一个强有力的矛盾型思想家，亚历山大·赫尔岑。作为反对俄国独裁统治的个人自由的斗士，伟大的革命性的公众人物，赫尔岑是伯林心目中"俄国的伏尔泰"(*RT*, 189)。但他也是一个为对于革命的人性成本之疑惧所困扰的

9 以类似的效果，托尔斯泰的思想也得到了考察，见"Tolstoy and Enlightenment"(1960), in *RT*。

革命家。例如，赫尔岑对其时代的激进和民族主义圈子中流行的“牺牲”保持高度的警戒，这种牺牲是以正义、民族或人性的名义对个人提出的要求（*RT*，197）。这种谈论实际上注意的是为了纯粹的抽象物牺牲现实的、活生生的人类：正如伯林所说，是“程式的专制”（*RT*，200）。伯林引用赫尔岑的话：“唯当用解放自己去代替解放人性，他们才能对人的解放贡献更多。”（*RT*，200）这种“现实感”（*RT*，111，207），一种对于观念之于现实人们的现实世界之影响的关切，成了伯林一个恒久的主题。人们可以在这背后觉察到被他与帕斯捷尔纳克和阿赫玛托娃的会见所唤醒的情感，对他们的迫害是由苏联的抽象而遥远的目标批准的。伯林的世界观中已经有一种对抽象化的厌恶，这是由他与逻辑实证主义的遭遇所唤醒的。这现在又在内在的层次上被他关于俄国道德与政治的思考所强化。

伯林在托尔斯泰和赫尔岑那里发现的矛盾心理在伊万·屠格涅夫那里表现得更为显著，在所有俄国思想家中，无论在政治上还是在气质上，与伯林最为接近的是屠格涅夫。实际上，伯林在《父与子：屠格涅夫与自由派的困境》中所提供的其实是一幅自画像。根据伯林的描述，流俗的观点把屠格涅夫看作根本上是一位非政治的艺术家，他只是不情愿地被卷入公众辩论的。伯林不同意这种看法，他认为屠格涅夫核
心关切的政治性丝毫不亚于他的朋友别林斯基和赫尔岑，而且屠格涅 32
夫对沙皇统治的反抗从一开始就贯穿在他的写作中。和伯林一样，屠格涅夫心头时常萦绕着一幅暴力的画面，那就是他的继母杀死了一名农奴（*RT*，267—268）。但是，那幅画面对革命者之暴力的谴责几乎不亚于对现存政权之暴力的谴责，而这就使得屠格涅夫比赫尔岑对于彻底革命是俄国问题的解决办法更缺少信心。别林斯基的激进后裔，亦即屠格涅夫《父与子》中的巴扎罗夫的性格类型所体现的纯粹主义价值，承诺不但要从俄国根除沙皇独裁统治令人窒息的杂草，而且要根除西方文明纤弱的嫩苗。

《父与子：屠格涅夫与自由派的困境》不但是对于屠格涅夫的精微讨论，而且是伯林自己的自由主义的关键宣言。屠格涅夫被刻画成陷入在他所痛恨的权威主义秩序与有比疾病本身更糟糕之虞的革命疗救之间。更年轻一代的革命家是在御风而行，这有可能把人道价值连同其他东西一道毁灭。这就是伯林的副标题中“自由派的困境”之所指，而且他明确地把问题从屠格涅夫的时空扩展到他自己的场景：“西方价值信奉者令人痛苦的困境，这种曾经被认为是俄国特有的困境，现在到处都是司空见惯了。”(*RT*, 302)就伯林的情形，在1970年代，与其说自由主义陷身于独裁与革命之间，不如说是陷身于管理上的官僚国家与新左派激进主义之激烈的但却是误导的抵制之间。自由主义那种典型的中间地带的立场，依然同样被撕扯在毁灭生活的权威主义与不恰当地设想的激进选项所引发的合理恐惧之间。

屠格涅夫的若干其他论题也是伯林的核心关切。与在赫尔岑那里一样，伴随着对于抽象化的一种类似的不信任，“现实感”也是屠格涅夫的一个特征(*RT*,269,294)。在伯林看来，屠格涅夫的小说是具体、敏锐和细致的观察的典范。与托尔斯泰和陀思妥耶夫斯基的怒喝式和宣教式形成对照，这些小说也机智、讽刺和反讽地表现出了对严肃问题的一种轻松感觉，而这是伯林所努力效法的(*RT*,263)。而且，在理解和同情不同的理想和人格——包括那些其观点与他自己的观点相冲突的保守派以及(特别是)激进派的理想和人格——这一点上，屠格涅夫甚至超
33 过了赫尔岑(*RT*,263)。结果，他还遭到了来自两个极端的激烈批评，认为他半心半意、胆小怕事、犹豫不决、过于超脱而且缺乏更鲜明地亮出自己立场的勇气。伯林认为这种批评实际上是不公平的，因为屠格涅夫就是站在宽容、妥协和温和的中间地带的。这是一种被它自己深刻的价值信念强化的立场，而且它并不缺乏在艰难时刻捍卫自己的勇气。

所有这些作为对伯林自己立场的描述和辩护都同样成立，而且同样的判断也适用于他对于托克维尔的渐进改良主义的解释。激进政治

的大动作和引人注目的态度会让我们跃入一种得不偿失的、不可知的未来。相反，“只有教育、渐进的方法，(用屠格涅夫自己的话来说)‘勤奋、耐心、自我牺牲，没有哗众取宠和华而不实的科学和文化的水到渠成’才能改善人类的生活”(*RT*, 295)。这是作为自由派的伯林的信条的重要部分。我们的目标应当是温和的目标，也就是按照建立一个“体面社会”的要求满足基本的需要和消除具体的不公正：

> 与革命派光彩夺目的前景和绝对的确定性相比，这些目标不那么富于魅力，不那么激动人心；它们对于理想主义的年轻人较少吸引力，后者偏爱邪恶与美德之间的一种更为尖锐的对立，真理与错误之间、黑与白之间的选择，在善和公正之祭台上的一种英雄般的牺牲的可能性——为这些更为节制和人道的目标努力的结果却会导致一个更仁爱和文明的社会。(*RT*,257)

伯林对这些19世纪俄国思想家的探究，不但在他自己作为观念史家的工作中具有核心的重要性，而且在他广义的政治思想中也是如此。因为正是在这里，他提出或确认了他的某些最为重要的论题：“观念的力量”，特别是道德观念在塑造人们的善恶人生时的力量；合乎逻辑地要求认真对待那些观念并估量它们的智识和道德影响；努力做到真正去同情地理解在一个问题上所有重要的而不只是一个人自己的观点的价值；结果就是倾向于对特定的世界观保持一种批判的，也许是反讽的超离，而不是全心全意地投入其中；最后就是一并拒斥反动和革命，支持改良主义，以及这样一种观念：自由主义的谨慎、节制和妥协不应当 34
被看作政治中的软弱，而是一种力量，不应被看作放弃，而应被看作一种信念。

不必要认为伯林是在坚持认为所有这些观念只是“俄国的”。毕竟，伯林最频繁地当作典型“俄国的”倾向似乎是导向与自由主义的节制相反方向的。俄国的智识激情以及彻底追随一种观点的逻辑而不顾其后果的冲动，这与其说是与自由主义，还不如说与布尔什维克主义有更多共同之处。而且，他所关注的是处于特定历史时期和环境下的一群独特的俄国思想家。这种做法的后果是使得反动、革命以及一种广义的自由派的中间道路这三者之间一种普遍的政治选择具体化和戏剧化了。典型的情况是，伯林是通过特定思想家的生活而不是抽象推理的模式呈现这种选择的。就此而言，伯林的俄国思想家就是他自己的思想的媒介，就正如他自己是他们的产儿。

犹太认同

伯林的自由主义一个不同寻常且最引人瞩目的特征是他对于文化认同之地位和价值的明确关注。这种关注的主要来源是他的犹太人身份。

> 至于我的犹太根源，它们是如此深厚，对我来说是如此纯朴，以至于要去确认它们都是无意义的，更不要说分析它们了。但这是我能够谈论的。虽然我长期信奉个人自由，但我绝不与以个人自由为名拒斥对特定民族、社群、文化和传统之依附的那些人为伍——正是大量不可分析的部分把人们联结成可识别的群体。（*PI*，258）

伯林的犹太背景使他尖锐地意识到当人类对于文化认同的需要被否定时所遭到的伤害。“犹太人两千年的历史就是一种独特的返乡的渴望，停止成为异乡的陌生人的渴望。”（*PI*，258）他尤其强调了民族认同的地位。针对他所谓启蒙传统的轻率的世界主义，伯林坚持民族认同在现代是不能根除的。民族主义运动的持久力量，以及其主张在其

范围内的正当性，必须被任何现实主义的自由主义所承认。同样，这 35
是一种植根于个人经验的思想，在这里就是植根于他的犹太复国主义。但是伯林对于犹太国家的支持，尽管是持久和热烈的，却更多是被基于普遍主义而非特殊主义的根据所证明的，而且受到自由主义限定的制约。一如既往，他的观点是复杂矛盾的，反映了他自己内在的冲突。

伯林的犹太认同是世俗的和文化的，而非宗教的。他的父母是部分同化的欧洲犹太人，属于犹太商人中相对有特权的阶层，可以到强加在俄罗斯帝国内俄国和波兰犹太人身上的传统定居点之外的地方生活和旅游。伯林并未被以宗教的方式培养，而且他终其一生在信仰事务上都是一个怀疑论者。不过，他对其犹太根源有深刻的认同，这是他从未否认或隐瞒的。伯林令人愉快地把个人在信仰上的怀疑主义，与坚持主要节日常规仪式的犹太教和其他宗教的礼仪结合在一起（*Life*, 293—294）。

伯林的犹太身份的政治表达就是他的犹太复国主义。[10]他毕生都坚持关于犹太人家园和国家的主张。但是，对伯林来说，那种信念常常是内在骚动的根源，因为它常常与他的认同中的其他成分发生冲突，特别是他作为被接纳的英国人的身份。在1934年和1947年访问巴勒斯坦时，他发现自己被撕扯于他对于自己的英国朋友和同事的忠诚与他的犹太亲戚和犹太复国主义同志之间——伊扎克·萨德是他的亲戚，是那些支持对英国当局采取暴力抵抗的人的领袖。在这个时期，英国从第一次世界大战以来就开始实施的巴勒斯坦政策基本上致力于约束犹太复国主义者的野心，后者被认为对巴勒斯坦阿拉伯人的正当权益

10　对伯林的犹太复国主义的讨论见Galipeau, *Isaiah Berlin's Liberalism*, ch.7；以及Avishai Margalit, Richard Wollheim and Michael Walzer in Dworkin, Lilla and Silvers, eds, *Legacy of Isaiah Berlin*, part Ⅲ。

构成了威胁。从19世纪以来，在第一代领袖西奥多·赫茨尔和第二代领袖哈伊姆·魏茨曼的领导下，犹太复国主义事业方兴未艾。尤其是后者，代表了犹太复国主义的更为自由主义的渐进主义的一翼，与像萨德和梅纳赫姆·别京这样的领袖领导的时代所信奉的暴力的、革命的倾向形成鲜明的对比。伯林站在渐进主义的一边，他在1939年会见了魏茨曼并成为其亲密的朋友和支持者。第二次世界大战期间，他甚至利用从官方渠道获得的信息向魏茨曼（匿名地）透露了谴责犹太复国主
36 义的英美联合宣言。

1948年以色列建国，魏茨曼成为首任总统，他为伯林提供了一个政府顾问的职位，伯林谢绝了。部分而言，这可能是出于他对个人安全的考虑，但是他的决定也反映了，首先，他对新国家中的实际权力被更具军方色彩的领袖所把持感到气馁；其次，作为自由派的西方人，他在新以色列人中间感到格格不入，他们当中大多数是“中东人，说希伯来语，而且从根子上就是反英的”（*Life*, 179）。这些关切表明了伯林独特的犹太复国主义观念的主要特征：他颂扬犹太认同的生命力和价值，但是这种颂扬又受制于他承认做一个犹太人的正当方式是多种多样的，也受制于他坚持一种自由主义的约束的必要性。

所有这些论题都出现在伯林处理犹太人问题的那篇主要文章《犹太人之被奴役与被解放》（1951）之中。伯林写道，自古代移民社群以来，不安全一直是犹太认同的核心问题。如伯林所说，“犹太人问题”就是犹太人怎样在现代世界找到自己家园的问题，以及现代世界怎样善待犹太人的问题。有一种可能性是必须立即被拒斥的，这就是让犹太人的生活方式保持一成不变：在一个不可逆转地被启蒙运动所转化的世界，这绝非一种现实主义的选择（*POI*, 163）。然而，伯林也不认为完全的同化是一种现实的选项。在伯林看来，犹太人就像是参观一种外来文化的一个陌生人的群体。为了生存下来，他们成了文化的熟练解释者，还常常比土生土长者更熟悉他们的文化方式。但是他们从没有

完全的**归属感**，也从没有被当地人承认有完全的归属。[11]在一种不同寻常的想象中，伯林把犹太人的不同同化方式与不同的驼背相比较。有些人根本否认他们有驼背，有些人为他们的驼背感到自豪，有些人试图无视他们的驼背，或者伪装起来，或者"用各种膏药"减轻驼背（*POI*，175—176）。然而最终有其他的驼背提议彻底切除驼背。这就是犹太复国主义的解决方案：生活在一个具有它自己的政治权威的独立社群中，个人认同不再被任何人看作是一种缺陷。"以色列的犹太人，当然是那些最近出生的人，不管他们有什么其他的特征和缺陷，都是腰板笔直的"——他们相处融洽，他们不再是陌生人了（*POI*，176）。[12]

然而，能够由此得出，对犹太人来说，一种令人满意的生活只有作为以色列的公民或居民才是可能的吗？在答复阿瑟·凯斯特勒时，伯林部分地回答了这个问题。凯斯特勒认为与他同类的犹太人必须要么 37
完全认同以色列，要么完全被他们所置身的当地的多数文化所同化。[13]伯林答复道，这种非黑即白、非此即彼的解决方案必须被摒弃。首先，人们不可能随心所欲地同化：真正的同化一定不能是被迫的而是自愿的。而且（"陌生人"的类比就包含这个想法）对于归属的承认不是单向的，只有通过与他人的协商才能达到。[14]其次，通过以色列建国向犹太人提供的解放并不取决于身体的迁移。不管他们身处何地，以色列

11　关于犹太人在外来文化中对归属感的追求，参见"Benjamin Disraeli, Karl Marx and the Search for Identity"（in *AC*）。关于拒斥同化，参见"The Life and Opinions of Moses Hess"（in *AC*）。

12　关于这种想象在犹太笑话中的可能起源，参见*Life*, 185。伯林后来开始后悔使用驼背这个隐喻，因为它暗示做一个犹太人就是要成为畸形的，而且在有生之年拒绝让此文再版。

13　Koestler, "Interview"；也参见 idem, "Judah at the Crossroads"，在那里他答复了伯林。

14　类似地，参见查尔斯·泰勒对认同的"对话"性质的讨论："The Politics of Recognition", 32。

的存在都解放了犹太人，因为它给了他们一种选择："他们关于是走是留，是同化还是保留在一种居间状态，现在是一个纯粹个人的问题，每个犹太人可以按照他的选择去解决这个问题，他对此所承担的责任不是作为一个民族的成员的责任，而是作为个人的责任。"（*POI*, 179）在以色列建国之前，"犹太人的悲剧"（以及他们的"奴役"的根源）在于"对他们来说并没有真正的选择可言"（*POI*, 179）。以色列给予犹太人的解放不是像凯斯特勒以为的那样，使得活出一种独特的本真的犹太认同成为可能，而是使他们得到人类水准上的自由，赋予他们作为每个人的权利的选择自由："像他所选择的那样生活的权利，除非他因此而给世界带来过多的痛苦或不公正。"（*POI*,179）

《犹太人之被奴役与被解放》并不只是伯林对于犹太人认同和犹太复国主义最有规模的处理，它也具有若干更广泛的含义。首先，它是伯林关于广义的文化认同之地位、价值与生命力之观点的最清晰的陈述。犹太人由于他们独特的历史境遇而特别强烈地感觉到归属和承认的需要，也就是解除其"驼背"的需要。但是这种需要本身是普遍的。例如，虽然别林斯基渴望西方的智识生活，但他只有在他的祖国俄罗斯才感到自在（*RT*, 179）。伯林自陈，只有在一个珍视宽容和自由的价值的社会中，他才能够"自如地呼吸"，而他把这种价值与英格兰联系在一起（*PI*, 257）。对伯林来说，文化归属的保护是一种人权。在这一点上，他与那些启蒙运动的思想家发生了争论，后者倾心于忽视或贬低特定文化纽带的重要性，相信这些纽带能够而且最终会通过在世界主义一种独特的以理性为基础的文化上的趋同而被取代。[15]

伯林的立场预期到了那些强调文化成员身份在为个人自由提供牢

15　参见"Nationalism: Past Neglect and Present Power", in *AC*, 339—341。伯林的民族主义在后面的第五章得到了讨论。

固基础上的重要性的最近的自由主义思想家。[16]但是，伯林并没有走到 38
为少数文化的成员鼓吹一种特殊权利的程度。那就是说，他并不鼓吹“多文化主义”，这种观点认为国家应当把官方的承认（其形式可以多种多样，从法律豁免到自决）扩展到其管辖范围内的少数文化。实际上，在《犹太人之被奴役与被解放》中，伯林明确地拒斥这些主张，至少在犹太人问题上是这样。伯林写道，犹太人不应当被赋予比人类的资格更多的东西，“除非他们前往以色列，他们也没有权利要得更多：例如要求国中之国这种甚至是更弱的版本，或者要求在非犹太人社群中要求任何地位和特权”（*POI*, 184）。伯林并没有解释他为什么采取这种观点，但是他可能认为对文化保护的一种特殊权利是完全不必要的。那是因为他倾向于根据犹太人认同的模式，把文化认同看作人类世界附属品的持久的、有弹性的组成部分，而不必要人为的翻新。伊格纳季耶夫写道：“他常常说，祖源是一个事实，是个彻底的句号；但这里没有任何可以自豪的东西。在这里采取自豪的态度就是向可疑的血统决定论投降。”（*Life*, 15）也许有人会异议说，这种观点所忽视的是这样的情形：一种文化是脆弱的、病态的或者处于少数地位，这使得它容易受到多数派强加的压力——例如许多土著文化就是这种情形。就此伯林也许会答复，与他关于传统犹太人的生活方式的看法保持一致，这种文化是不适应现代世界的，而要保持它们的努力则是徒劳无功的。

伯林拒斥刻意的文化保护政策的另一个理由，可能是由他的文化并不是内在统一的而是变化多端的这个观察所蕴含着的。由此继续论证，如果一种文化可以有许多不同的表达和解释，那么它就不能作为公共政策问题被还原成出于保护的目的所要求的公式。例如，做一个犹太人远不止一种方式：凯斯特勒错误地把犹太性唯一地等同于以色列

16 Raz, *The Morality of Freedom*; idem, “Multiculturalism: A Liberal Perspective” ; Kymlicka, *Liberalism, Community and Culture*; idem, *Multicultural Citizenship*.

的公民身份。类似地，伯林也与T. S.艾略特关于“无论多大数量的能自由思考的犹太人”存在于基督教的文明内部，都仍是“不受欢迎的”（因为它会同时削弱基督教和犹太教的文化整体性）这种观点发生了争论。[17]对伯林来说，凯斯特勒和艾略特都有一种消除现代社会所有复杂性，消灭差异性并因此而强加一种文化的统一性的愿望。在这样做时，他们暴露了自己“在这方面仍是这个新时代真正的孩子，这个时代凭借
39 着它的极权主义制度，已经试图在人类中间构筑出这样一种秩序，并整齐地对他们进行分类（各归其类），而且已经为了实现这个目标而不同程度地压制了公民自由”（*POI*, 181）。文化纯洁性的目标，就像更为晚近的“种族清洗”的目标，从根本上说是一种极权主义的计划。

这些论证合在一起，是否证明伯林拒斥多文化主义，这一点还是可疑的。文化“保护”的目标并不必然蕴含一种文化的“自由化”，更没有否认其成员的个人自由。归根结底，伯林乐于支持自由主义的民族主义，而无须假定相关的民族文化将会被保护这种文化的国家所冻结。（我将在第五章回到伯林的民族主义上来，在第八章处理多文化主义的争论。）在伯林对凯斯特勒和艾略特的攻击中出现的更有价值的是这样一个原则：文化认同虽然重要，但一般来说其价值要亚于选择的自由。做犹太人有不止一种正当的方式，因为在不同生活方式之间进行选择的个人自由，要比过任何一种特定的犹太人的生活方式更为重要。这是一个关键性的论点，它赋予伯林关于犹太性、犹太复国主义以及更广义的文化的观点以根本上是自由主义的轮廓。伯林对以色列的辩护不是基于犹太世界观对犹太人是权威性的这种特殊主义的（或相对主义的、社群主义的）观念，而是基于这种普遍主义的根据：以色列的存在向犹太人保证了他们选择如何生活的权利，而这种权利是所有人共同的

17 Eliot, *After Strange Gods*, 20. 伊格纳季耶夫在*Life*, 185—188中讨论了伯林与艾略特之间的争论。

权利。

布莱恩·巴利已经提出异议，认为这是对以色列的一种贫乏的辩护，因为对于在其他社会中有其利益和忠诚的移民社群中的许多犹太人来说，迁移到以色列并不是一种现实的和可欲的选择。[18]但是无可怀疑的是，以色列的存在确实给许多犹太人增加了选择，如果不是所有犹太人的话。而且，重要的不仅在于以色列的建立能够让犹太人生活在一个犹太国家中，而且在于犹太人有自由**不**选择生活在以色列。他们可以像伯林自己那样，认为除了犹太人的团结之外的其他考量对他们来说是同样甚至更为重要的。对于那些选择留在移民社群的人来说，社会的不适感依然存在，但至少这是他们选择的一种状况，而不是强加给他们的。正是在这个意义上，伯林说，以色列的诞生“不但为犹太人恢复了他们的尊严以及作为人类的地位，而且更为重要的是，恢复了他 40
们作为个人选择生活方式的自由——基本的选择自由，以自己的方式好死赖活的权利”（*POI*，182）。最后的这个观念，“以自己的方式好死赖活”的权利正是伯林的消极自由观念的核心，我将在稍后再加以讨论。

从伯林对于以色列之存在的普遍主义的、自由主义的辩护，可以得出对其使命和职责的一种普遍主义的、自由主义的说明。在《以色列的起源》一文中，他坚持认为以色列的新公民的任务就是像正常的人类那样生活，在经过数世纪的反常之后，这种状态是他们完全应该享有的。他把“常态”或幸福定义如下：

> 在我看来，人类的主要职责在于根据他们的灵光过他们的生活，在不伤害他们的邻人的情况下发展他们具有的无论何种功能，尽其自由地、多样地和丰富地在尽可能多的方向上实现自己，而不用过多地担心他们是否够得上他们自己过往历史的最高点，不用

18　Barry, “Isaiah, Israel and Tribal Realism”, 8.

> 焦虑地盯着看他们的成就是否得到了他们同时代的天才所得到的最高点，也不用去评判其他的民族，或者惶惑于他们是否正好按照其他民族预期的那样在发展。(*POI*, 157)

这个段落所强调的是个人自主和自我实现(以及对更为偏执的或进攻性的民族主义形式的敌意)，实际上是少数几个伯林在其中把人类幸福等同于那些独特的自由主义价值的场合。在其他地方，他通常满足于更为一般地谈论“人道”价值或一种“体面的”人类生活。具有反讽意味的是，他对于自由主义的普遍主义最明确的表达，恰恰是作为他对于以色列的特殊要求之辩护的组成部分而出现的。

在这个语境中，伯林的普遍主义仍然是有意义的，因为它蕴含着他对于犹太复国主义之辩护的限度。如果以色列的存在最终是通过个人自主和自我实现的人类价值来辩护的，那么那些同样的基本善也加固了那些流离失所的巴勒斯坦阿拉伯人的要求。伯林清楚地意识到他的论证的含义：以色列应当作为人权的工具，而不是文化和政治的支配以及排斥的工具。随着时间的推移，他越来越不满于这个国家的发展方式，特别是它与巴勒斯坦的关系。他去世前的最后一个行动就是对以色列政府发出一个公开的呼吁，要求通过为巴勒斯坦人安排一块最终
41 的、公正的居留地，来和平地解决与后者的分歧。[19]

总 结

直到1950年代为止，伯林的早期著述引入了他所有主要论题：他对于哲学广义的经验主义的，但却被历史主义浸润的探究路径，一方面与非历史的科学主义形成对照，另一方面与宏大理论的历史主义形成

19 Berlin, “Israel and the Palestinians”.

对比；他与马克思主义的对立，他认为后者把科学主义与历史主义、权威主义和一元论危险地结合在一起；他对于19世纪俄国思想家的挖掘，试图从中找出革命的极权主义及其温和的自由主义解毒剂之根源；以及被他的犹太认同所浸润的他对于文化归属的普遍作用和价值的坚持。所有这些关切的重要性贯穿伯林的整个生涯，但是随着1950年代的展开，以个人自由之名与马克思主义的冲突成为他最迫切的课题。 42

第三章

自由的背叛

在1950年代，伯林事业的中期，他直接关注的是苏联共产主义对自由民主制的威胁。[1]他认为苏联体系及其所依赖的马克思主义哲学在根本上对立于个人自由，这种观点现在已经深入人心，并且得到了令人难忘的表达。不过，那时候F. A.哈耶克、卡尔·波普尔和雅各布·塔尔蒙等许多人也分享了反共产主义的立场。[2]伯林的独创性是双重的。首先，他分析了马克思主义对自由的威胁不仅仅在于单纯地反对或贬低自由，而是改变了这一观念。问题不在于全盘否定自由，而在于政治领导人和知识分子更加阴险地背叛了自由的概念。其次，伯林暗示说，背叛的根基在比苏联模式粗糙的逻辑更深的地方，甚至比马克思更精致的体系还要深。事实上，伯林在现代政治思想的核心之处，在其浪漫主义和科学主义的洪流中同时发现了斯大林主义暴政的来源。

在这一章，我将分三个部分来讨论伯林在1950年代早期的工作。

---

1 参见D. Kelly, "Political Thought of Isaiah Berlin" 和Cherniss, "The Road to Liberty"。他们都很关注伯林思想发展的这个方面。

2 Hayek, *The Road to Serfdom*; Popper, *The Open Society and its Enemies*; Talmon, *The Origins of Totalitarian Democracy*. 伯林声称他被波普尔所影响，但是没有受到哈耶克的影响，并且他独立于塔尔蒙提出了他关于自由的论题（*Sal.*, 23）。

我首先检讨了他工作中明显是在冷战中完成的部分。第二个部分则追溯伯林在历史决定论这一更深层次中对苏联极权主义考古式的挖掘。在第三部分，我展示了他关于现代最主要的“人类自由的敌人”的论述，为下一章讨论“两种自由概念”准备了基础。 43

冷　战

伯林公开反对“极权主义”。然而，值得注意的是，尽管伯林有犹太人的身份，他关注的却经常是极权主义的苏联形式而非法西斯形式。或许，这部分是因为当他战后返回牛津，开始以著名政治思想家的身份出现时，法西斯主义已经在军事上被击败了，苏联共产主义取而代之成为自由的最大威胁。丘吉尔1946年的“铁幕演讲”宣布了在国际共产主义和资本主义自由民主制之间僵持的意识形态术语将在接下来的四十年中持续存在。在这种情形下，伯林（他的俄国背景，还有他战时被派遣到华盛顿时赢得的政治机敏的声誉）有条件成为一个卓越的政治评论家。

伯林地位上升的一个标志是他被邀请为享有盛誉的美国杂志《外交事务》撰稿，他为这本杂志写了两篇文章。其中一篇《最高统帅斯大林与统治术》（1952）为了保护伯林在俄国的亲属和朋友免受报复而以“O. Utis”的笔名发表，这篇文章明显属于他在冷战时期的代表作。[3]它分析了斯大林交替使用镇压运动与解放运动的经典模式，在这种模式中，即使（或者尤其是）是他的忠实信徒也总是处于紧张和恐惧的状态。在预测、适应“总路线”下一次转变中的失败将会导致致命的后果。伯

3　该文以《人为辩证法：最高统帅斯大林与统治术》（*The Artificial Dialectic: Generalissimo Stalin and the Art of Government*）为题出现于*SM*。哈代在前言中（*SM*, pp. xxvi—xxxii）描述了它的背景。关于伯林其他明确的冷战文章，见*SM*中的其他文章。

林在和帕斯捷尔纳克和阿赫玛托娃会面时，曾经身临其境地体会到了这种现象，他注意到这个问题对那些以发表公共言论为己业的作家和艺术家来说尤为痛苦（*SM*，103）。

伯林论证了这些出现于苏联官方主张中的突如其来的危险变化，不仅应该被归因于斯大林的奇思妙想或国家利益的要求，而且应该被归因于一种建立在新统治理论之上的深思熟虑的政策，他把这种理论称作“人为辩证法”（*SM*，107）。伯林解释说，任何革命性的政权都受到两种威胁：革命要么可能走得太远，动摇了所有制度和权威，对革命的领导者造成了伤害；要么可能在达到自己最初目标后失去动力，最终
44 回到自己原本试图改变的状态。另外一个马克思主义革命者所独有的问题是，根据他们的历史决定论，没有什么能够逃离“辩证的”进程，在这个进程中革命能量的高峰伴随着萧条的低谷。马克思主义的历史理论似乎要求服从这些高峰和低谷，但这样会导致行动过激或行动不足，它们都将摧毁革命和政权。对此，伯林论证说，斯大林的解决方案是控制辩证的过程，慎重地激发革命行动的高峰，即镇压反对派，并且同样慎重地判断什么时候应该减少压力，允许回归正常状态。这种人为辩证法是“斯大林最原创的发明，是他对统治术的主要贡献”（*SM*，114）。它使独裁者能够在毁灭自己的极端之间游刃有余，同样，它也解释了党的路线中明显武断的调整。这些变动对于维持“长期战时动员的前提——即不断地紧张，它本身能够确保人们承受不正常的生活方式”（*SM*，114）——来说是必要的。

《最高统帅斯大林》不仅是对斯大林主义的一系列分析，更是伯林黑色幽默天分的表达。它包含了一些重要的洞见，而不仅仅是对完全的历史决定论所蕴含的逻辑困难和实践困难的关注。但这些事情伯林在其他地方有过更充分的讨论，我会在本章的后面部分讨论它们。这篇文章最引人注目的特点是，它直接关注当下的政治实践。而在伯林更著名的作品中，他的进路在政治上更倾向于诉诸更深刻的精神资源

和更宽广的历史结论。

这种更具特色的进路的典范，是伯林在马萨诸塞州霍利约克山学院所做的“民主、共产主义和个体”（1949）的讲座，他那时是哈佛大学俄国研究中心的访问学者。伯林遗留下来的笔记概括或提示了他对苏联共产主义的分析的大部分核心主题。“18世纪的理性主义”同时是自由民主制和苏联共产主义的基石，因为后两者都吸收了这种观点：道德问题和政治问题可以通过科学的进路产生确切的结论。在自由民主制中，理性主义通过承认这一事实：诸如平等、自由这样的价值是不相容的，在特定情形中必须用一个来交换另一个，通过与个体的道德自主及其在不可让渡的人权观念中的政治表达的结合而有所缓和。但是， 45
苏联共产主义的观念却没有对理性主义的主张施加这样的限制。根据马克思主义的“科学”论断，理念和价值仅仅是阶级利益的表达，无情的历史法则已经注定了它们的成功或失败。专家们能够确切地知道这些法则，他们的科学公式为国家提供了绝对无误的指导。因此，那些不信奉国家指导的人“必然把自己置身于历史威力的对立面，也就是说，这是自杀式的行为，这证明了他们的非理性、盲目、疯狂、不值一听……应该作为历史进程的障碍被扫除”。[4]例如，在教育方面，苏联共产主义的目标不是鼓励自主的判断，而是鼓励个人适应权威所推行的社会计划。

在讲座的后面，伯林提出了对自由民主制的一个警告。尽管苏联共产主义以最极端的形式表达了极权主义的趋势，但它所依赖的普遍的“理性主义”观点也“超出今天俄国的界限，得到了广泛传播”。[5]伯林认为，在西方，个体自由也同样遭受着理性主义计划的威胁。不同之

4　“Democracy, Communism and the Individual”, 4.

5　Ibid., 5.

处在于，苏联共产主义把社会看作“少管所和多特男童学校[6]混杂的矫正机构”，西方福利国家“更仁慈的观点”却是“社会是一个巨大的医院，所有人都是病友，都经受着程度或大或小的不适，教育的责任是治疗这些毛病，或至少使它变得可以忍受”。[7]

霍利约克山讲座在某种程度上不仅是当时反对苏联共产主义的典范，而且也暗示了伯林后来更宽广的主题。在面对极权主义国家时诉诸个体自由，这诚然是自由主义作品的主要内容。哈耶克《通往奴役之路》（1944）和乔治·奥威尔《1984》（1949）就表达了对西方社会民主制不能免疫于极权主义的担忧。但是，当伯林找到苏联共产主义和自由民主制在启蒙理性主义中的共同根源时，当他对比这两种制度对于价值冲突的态度时，他比自由主义者的一般观点思考得更深。这也预示了他后来对启蒙主义与浪漫主义之间的关系和价值多元论与一元论之间的对立的探索。

伯林的知识网络在他为《外交事务》写的第二篇文章《20世纪的
46 政治观念》（1950）中扩展得更宽了。在那里他处理了这一问题：20世纪政治思想的独特之处是什么？他简短的回答是：它的非理性主义。19世纪的许多意识形态，自由主义和共产主义，在许多方面都是相互对立的，但在理性主义的乐观主义方面却是统一的，这种乐观主义是他们从启蒙运动那里继承而来的。按照这种观点，人类的所有重大问题都可以被理性地规划和（至少原则上）理性地解决。在根本的人性善的帮助下，人类理智的大军最终会获胜。然而，伯林论证说，随着19世纪的消逝，理性主义者的改革受到既有制度和既得利益的持续抵制，面对这种情形，出现了更加激进的社会变革。马克思显然是联系这两种变

6　多特男童学校（Dotheboys Hall）：狄更斯小说《尼古拉斯·尼克贝》中以虐待儿童而闻名的寄宿制学校。——译者注

7　“Democracy, Communism and the Individual”.

革的关键人物，他以信念和价值只是更根本的阶级利益（阶级利益反过来是被社会的经济结构决定的）的反映为基础，反驳了启蒙运动对于理性论辩的信念。我们需要的不是公正的理性，而是革命的觉悟。列宁进一步推动了这种思路。公正的探索对于革命是有害的，因为它分裂了知识分子，并通过他们分裂了人民，浪费了革命的能量。对于列宁来说，只有在消息灵通的领导精英规训大众无条件地接受他的权威时，革命才能成功。革命的目标依然是启蒙运动关于理性社会的梦想，但追求这种目标的手段不再是不可靠的大众的理性判断，而是对党和领导人的绝对忠诚。

斯大林的方法同时也是法西斯的方法：它们的目的都在于“训练个体在思考”给国家带来麻烦的“问题方面的无能”（*L*, 77）。这种问题被看作是神经病的征兆，应当被治疗而不是回答。它甚至不会被经受了恰当考验的人提出，这些考验不是教育，而是通过行政机构，谎言和普遍的顺从文化而进行的心理适应。这个过程可能会使用原有的术语，但它们将获得符合政权要求的新意义——这一点预示了伯林后来关于极权主义扭曲自由观念的讨论。极权主义国家的普遍氛围是仇视技术性问题之外的其他问题，只关心实现目标的手段。伯林指出，这是专家与管理者的时代。艺术家们不会得到信任，因为他们试图提出搅 47
局的问题，并且幻想其他的可能性。

同样是在霍利约克山讲座上，伯林把潜存于极权主义社会中的思想模式也看作当代自由民主制的问题。公开为非理性欢欣鼓舞的法西斯主义极端仇恨关于目的的问题，苏联共产主义虽然崇拜“科学”，但却认为它只能给党严格推行的目标提供技术手段。相同的基本思想模式在西方也有，尽管表现得没那么赤裸裸，在那里，经济繁荣是不容争议的目标，公共论辩大部分都局限于如何更有效地实现经济繁荣（*L*, 83）。“西方伟大的仁慈事业”的确与促进人类幸福有关，但它“几乎完全是以治疗的语言”来认识人类幸福的，即，把它看作人类行为与既定规范（这些规范本身就是需要被尊重的）之间的和谐一致（L，87）。再一次地，如果说极权主义的社会图景是一座监狱或管教所，那么资本主义的图景则是一所医院。监狱和医院尽管存在巨大差异，但也有确定的共同之处，即否认个体的人有能力为自己判断什么是事关己者，以及应当如何生活。"这些倾向——它们都发源于一个共同的根基——仇视作为创造性的自我引导的存在者的人的发展。"（L，88）即便是罗斯福新政和欧洲社会民主制温和的家长主义也会损害个体的自由，因为它们倾向于缩小个体的选择领域，而后者包括了"旨在摸索、尝试"的自由（L，91）。

削弱个人的选择能力在伯林思考的某些片段中变成了一种类似超级恶的东西。在给乔治·凯南的信中，他写道：

> 不存在任何一种功利主义的天堂，也不存在任何一种未来的、巨大的有机整体的永恒诺言，能使我们接受把人仅仅作为手段加以使用——愚弄他们直到他们做应该做的事情，不是为了他们自己的目标，不是为了实现不论如何愚蠢或无望但至少是他们自己的希望，而是为了只有我们，操纵者——为了我们的目的而玩弄他
> 48 们——能够理解的理由。（L，339）

但这里有一个问题，它涉及伯林自由主义与价值多元论之间的关系。正如我稍后将更详细展示的那样，伯林的价值多元论包括不存在凌驾于其他善之上的唯一人类善的观念。然而，如果没有超级善，就不存在超级恶。[8]一种融贯的价值多元论不能排除在某些情形中，我们有好的理由去为了某些其他善（比如社会正义）而交换或减损个人选择的可能。在1951年，伯林还没有做出对价值多元论的承诺。但概念上的问

8 Kekes, "Cruelty and Liberalism".

题已经隐藏于其中了。伯林对康德主义尊重人的理念的自由主义式的忠诚，与他思想中正在成长起来（并且随后明确皈依）的价值多元论是不是有冲突的呢？

伯林思想中自由主义和多元论之间的张力要求得到进一步的探索（第六和第七章），但他对这个问题的大概回答在《政治观念》中已经很明确了。个人选择是自由主义者必须认真对待的价值，但这并不意味着他们必须把它尊奉为绝对价值。鉴于这样的理由，伯林拒绝简单地以个人自由的名义谴责计划国家。对个人自由的减损或许在我们乐于享有其他重要的善（比如避免社会失序和经济危机）时是一个必须付出的代价。伯林的结论值得大段引用：

> 这一两难在逻辑上是无法解决的：我们既不能牺牲自由和捍卫它所需的机构，也不能牺牲最小标准的福利。解决之道因此必须是某些逻辑上凌乱的、灵活的甚至含混的妥协。每一种情境都要求它自己的特殊政策，因为正如康德所言，“在扭曲的人性之材上做不出正直之事”。时代所要求的不是（像我们经常被告知的那样）更坚定、强大的领导或更科学的组织。恰恰相反，是它的反面，更少的救世主式的激情，更开明的怀疑主义，更宽容的氛围，更多为了在可见的将来达成目标而采取的临时措施，确保那些其品味和信念在大多数人那里得不到什么回应的少数群体或少数人完成私人目标所需的更大空间（它们的品味和信念是否正确是不相干的）。所需要的是普遍原理更少机械化、狂热的应用，不论它是多么理性或正确；是已接受的——科学地检验过的——普遍方案在应用于未经检验的个人情形时更谨慎，更不那么无所顾忌。（*L*,92） 49

伯林在这里暗示了我后面将会提出的一种调和多元论与自由主义的策略。在多元论中，不仅自由主义的价值可以是绝对的，而且多元论所推介的那种克制也是与自由主义的情感同根共源的。然而，伯林的评论同时打开了另外一个问题。如果诸如自由、安全等基本的人类价值是多元的、不可通约的，那么在它们冲突时我们该如何理性地进行选择呢？他在这里提出的“逻辑上凌乱的、灵活的甚至含混的妥协”对一些人来说可能是诚实的和现实的，但对另一些人来说却是模糊的和智力上懒惰的。我将在第六章回到这个问题。

《政治观念》一文提出的另外一个问题与启蒙运动和反启蒙运动对极权主义的影响有关。当伯林用“非理性主义”来定义20世纪时，看起来他似乎把当代极权主义全部归属于和反启蒙运动的特定思潮相关的反理性思潮。这种观点与他在《卡尔·马克思》中表述的恰恰相反，在那里他倾向于把极权主义的观点看作是18世纪理性主义乐观主义的腐化：马克思在那里被描述为科学的仰慕者（尽管是以历史主义的形式），而不是浪漫主义。

这种对立并没有表现得那么严峻。一开始，伯林《政治观念》中的“非理性主义”表达的并不是某些反启蒙运动的思想家们对理性的全盘拒斥，而是把理性窄化为纯粹工具性的功能，在“非理性主义”中遭到遗弃的不是工具理性，而是像追问手段一样追问目标的理性。在这种意义上，“非理性主义”并不是反启蒙运动的典型产物，而是倾向于技术专家治国论的启蒙运动的科学主义分支的产物。换句话说，《政治观念》与伯林一贯强调的20世纪的放纵根源于启蒙运动的程度令人惊奇的一致，与反启蒙运动和浪漫主义矫正这种放纵的潜力也是令人惊奇的一致。然而，这并不意味着伯林忽视了非理性主义在其更彻底的意义上的作用，以及它在反启蒙运动和浪漫主义中的作用，和在极权主义的法西斯形式的起源中扮演的角色。他的主要观点或许可以这样简单地总结一下：启蒙运动是极权主义的苏联共产主义形式的主要来源，而
50 反启蒙运动和浪漫主义是法西斯主义的主要来源。但这只是一个粗略的概括，在适当时刻还需要进一步澄清。

伯林《政治观念》的最基本观点与他正在成形的多元论是完全一致的：他所确定的自由和安全之间的，那种根本的价值冲突及其蕴含的所有困难都应该被看作是多元论的。这种冲突不应该被理性命运或历史目的或整个民族产物的修辞所忽视或隐瞒。极权主义的典型特点之一是禁止提出将会揭示这些困难的问题，而当代自由主义和社会民主制的特点却是回避这些问题。

在1950年代早期的那些文章中，伯林表明自己即将成为一名坚定、雄辩的冷战专家，但他并不为任何一方而战。他鞭辟入里地批判了斯大林主义，也警觉到民主阵营的一些不足。事实上，他论证了双方在某种程度上拥有类似的缺陷和知识根源。伯林的独特方案就是深入表面现象，探索这些根源。他在早期只是暗示了这种最深层面的存在。在斯大林下面是列宁，列宁下面是马克思。但是马克思最危险的观念依然植根于更深的土壤之中。

决定论与历史

潜存于马克思主义之中的一种更深的思想模式是关于历史的特定观念。这种观念的核心是决定论的观念，即，所有历史变化都被独立于个人意志的原因所决定的观念。对于马克思，历史变化的最终行动者不是个体的行动，甚至不是社会阶级的行动，尽管后者发挥了重要的中介作用。恰恰相反，历史是被在社会经济基础中运作的非人格机制所驱动的。这些机制根据能被观察和描述为一系列法则的规律运作。历史学，在马克思主义看来，是与自然科学类似的科学。这两种观念，历史是“被决定的”和历史学可被视作“科学”不唯马克思独有，但却在根本上支持着马克思的观点。伯林对这两种观点都有异议。

他在于1950、1960年代被广泛阅读的文章《历史的不可避免性》（1954）中追溯到决定论。决定论被定义为认为历史事件最终是由超越 51

个人控制的非人格力量引起的观念。不同的决定论分别把这些非人格力量定义为物理因素、环境、气候，或者“一些更大单位”的，诸如“一个种族、一个民族、一个阶级、一个生物族群……一种‘精神机制’，一种宗教，一种文明，一种黑格尔主义（或佛教）的世界精神”等等的革命（L，98）。这并不是说人类行动在事件的所有起因中都没有发挥作用，恰恰相反，人类行动者自身就是被这些先行的因素塑造的（L，7）。

伯林并没有直接论证决定论是错误的，而是说它与我们最基本的一些道德范畴是不能相容的。如果我们在生活中真的相信决定论，我们就必须以几乎难以想象的程度来彻底修正这些范畴。特别是，决定论与我们通常持有的自由选择的观念是不相容的，并因此与我们通常持有的道德责任的观念也不相容。如果我们的行动是被非人格的力量决定的，那么这些行动将最终超出我们的控制，被归因于非人格力量而不是我们自己的选择。如果这样，“个体的自由选择（在原因的意义上）”的观念“最终就是一个幻想，并且人类可以选择与他们所做事情不同的事情的观念就依赖于无知的事实”（L，110）。随后，个人能为他们的所作所为承担道德责任的观念也必须是一种错误，因为“不是个体，而是更大的存在者才是最终‘负责的’”（L，115）。“我们知道的越多，人类自由的领域就越遥远，他们能为之负责的领域就更狭隘”。（L，110）与道德责任相伴随的是诸如称赞或责难等概念将无法得到有意义的使用。“对于无所不能的存在者而言，他明白为什么事物不会是其他样子的，责任或愧疚，正当或错误的观念最终必然是空洞的；它们仅仅是无知和青春期幻想的表示，察觉到这一点是道德成熟和精神成熟的标志。”（L，110）

看来，如果我们真的生活在决定论为真的情形下，我们将不得不改变我们的道德语言和思考，使之在某种程度上对我们而言是不可能的。我们必须删去个人选择自由、道德责任、称赞、责备和同情的观念，以及所有各种令人想起这些观念的描述与判断。这一点并没有证明决定论

是错误的（L, 4, 122）。但是，伯林指出的这些困难显然使修改道德语言 52
和思考变得几乎不可接受：

> 这些范畴如此普遍、广泛地浸润到我们所有的思考和感觉中，以至于考虑把它们排除出去，认为我们可以在缺少它们或在与它们对立的框架中思考、感觉和谈论，在心理上极大地超出了我们的能力——如果不那么确定的话，也是将近的，就像假装我们生活于其中的世界的空间、时间或数字在规范意义上根本不存在一样行不通。（L, 121）

在实践中，决定论得到尊重的世界将会是一个对谋杀者的责难不过是对他凶器的责难的世界；塞缪尔·巴特勒的《埃瑞璜》一点儿不比我们自己的世界更缺乏理性，在那里犯罪是一种病，病是一种犯罪（L, 15）。伯林讨论的主要内涵是，决定论在逻辑上缺乏一致性。无论如何，对于任何可以被承认为人类社会的事物而言，决定论在心理上是不可能的。

伯林特别关注决定论对历史学家的意义。甚至那些公开支持决定论的历史学家们也不可能以与决定论一致的方式写作和思考。例如，他们经常催促自己的同事"避免偏见"（L, 117）。但除了避免使历史中的行动者屈服于不公正的判断（这意味着褒贬历史人物是相关的和合理的）之外，这种"避免偏见"还能意味着什么？伯林在他对这篇文章的1969年版本的介绍中详细论述了这一点，在那里他回应了E. H. 卡尔认为他的立场把历史道德化的反驳。[9]伯林回应说，自己的观点不是说历史学家应当离开自己的本行去做道德判断，而是说这种判断无法避免。"规范语言的使用不可避免地传达了作者关于共性或个性，决定性

9　Carr, *What is History?*, 40. 关于"历史必然性"的其他批判性讨论参见Geyl, "Historical Inevitability"; E. Nagel, "Determinism in History"。

的或琐碎的，令人兴奋的或令人压抑的观点。”（*L*，22）这对大多数不偏不倚的描述也是成立的。“超然本身就是一种道德立场。中立语言的使用（‘希姆莱导致许多人窒息’）传达出它自己的伦理腔调。”（*L*，22—23）

卡尔提出的更有效的反驳是，伯林在反对决定论时似乎“认为决定论是错误的，并反对每一事物都有其原因的公理”（*L*，20）。伯林否认这是他的观点，并重复道，他唯一的关切是展示决定论与日常道德概念之
53 间的冲突。但是，从他认为决定论完全是不可想象的来看，这是一个相当狭隘的辩护。如果决定论必须被舍弃，这看起来意味着自由意志的情形。然而伯林自己对自由意志概念的承认也是含混的：“就像无中生有一样，没有原因的选择观念必然是不完整的。”（*L*，29）尽管他暗示了在自由意志与决定论之间或许存在一些其他立场，他却不能告诉我们这些立场到底是什么样的，并且他再次回过头来说，自己只想让大家注意到决定论的全部内涵。

在关于自由意志还是决定论，或者更多的选项中哪一个更接近事实，伯林没有给我们以指导。但这是因为他对这种事情本身之真理的兴趣小于他对那些富有影响的信念的道德和政治含义，以及它们在观念史上的角色的兴趣。伯林更关心决定论为什么如此有影响。他认为，其中一个理由是它削弱了道德责任，解放了某些人。他们自由地

> 免于各种道德负担，这种负担是人们在愚昧时期习惯于和劳动、痛苦一起承担的……就像军队中的战士被强大到无法抵抗的武力所驱使一样，我们不再被发源于选择恐惧症的紧张所困扰。没有选择就没有焦虑，只有免于责任后的轻松。（*L*，60）

这里的荒谬是显然的：这不是自由而是去人化。伯林在这里呈现的观点是革命者的观点，对他们来说，任何事情都是被允许的，确切地说，

都是历史的逻辑所要求的。历史赦免了那些以历史名义施行的所有罪行。关于选择产生"紧张"的观点重复了《20世纪的政治观念》中的一个主题,即当代对道德冲突的压制或回避。决定论使人民委员和政府官僚不再受到这种事情的折磨,确保了他们清醒地完成必要的工作。

对决定论影响力的另外一个解释是科学主义的作用。自然科学的声誉使18世纪的理性主义者相信,与自然世界一样,人类社会也能通过一系列像法则那样的命题得到理解。如果人类行为是被法则掌控的,那么人类行为必须是被决定的,而不是自由的。由此导致了对历史 54
的"科学"解释的盛行,这些解释的雄心是公布掌控全部文明直至人类整体发展的法则。当然,这些方案中最宏大的一个就是马克思的方案。但伯林回应说,科学的历史学的梦想是基于"错误类比"(*L*, 142)的幻想。历史学和科学是两个非常不同的事物。

伯林在《科学历史学的概念》(1960)一文中阐释了这个观点。关于历史学是否能够成为一门科学的问题,他断然回答说不能。要求历史学成为一门科学"就是要求它忤逆自己的本质"(*CC*, 141)。这里的关键在于,历史学的探索与自然科学的研究在类别上有根本的不同。自然科学的任务是从我们对自然世界的观察中抽取出一系列法则,它们绝对无误,能够预见并"返测"(解释)世界中的事件。自然科学家的视角是从外部观察现象。他们的方法是逻辑演绎和经验归纳,产生出在原则上能被某些标准证实或证伪的命题。然而,历史学家的任务是解释人类行为,这必然是从"内部"解释,即从行动者自身的视角出发的。因为这种解释不仅必须包括对物理行为的解释,也必须包括行为的意义、目的、动机以及潜在的价值和信念。这种解释太复杂、太依赖于视角,不能像自然科学那样还原为一系列中立的、抽象的法则。相反,历史的解释要求理解。

这并不意味着历史研究是自然科学简陋的、不完美的形式;恰恰相反，它有自己的目标与方法，并且需要自己的技能与美德。除了关于内在视角的能力之外，好的历史学家还需要一种确定的“理解力”或“现实感”，一种对活生生的人类经验的一般形态的直觉欣赏（*CC*，141）。[10]“一个缺乏共通理智（例如，现实感）的人可以是一个天才的物理学家，却连一个平庸的历史学家都算不上。”（*CC*，141）在判断他们解释的好坏时，历史学家不能只是用一系列抽象法则来检验他们的观点。不同于演绎或归纳，历史学家的检验必须是更松散、更复杂的“融贯性”观念。历史学家必须判断他们提供的解释是否与“经验的普遍结构意
55 义上”的背景或“我们最普遍的预设，即常识之网”（*CC*，114，115）一致。这种背景意义不可能被完全明确地表达出来，因为“这种网络太过复杂”：即使我们关于自身的最直接主张也依赖无数深层次的预设，它们是我们不能同时去追问的。“接受在我生活的地球上，拿破仑皇帝一世曾经存在过这个命题的真正理由是，确认与之对立的主张就是摧毁太多我们所承认的关于过去和未来的东西。”（*CC*，114）历史主张以大量的预设网络为前提，像法则那样的简单命题无法捕捉到它们，并且该网络是判断这种主张是否充分的不可避免的试金石（*CC*，128）。

在其他的地方（关于赫尔岑的著作中），伯林用“现实感”来表达一个相当不同的观念：认识到观念在现实生活中的后果和对现实的人的行动的影响（*RT*，111，207）。在《科学历史学的概念》中，他暗示了这两种思想之间的联系。科学的历史学的支持者通过把“他们对特定模式的信仰”（*CC*，142）置于他们对具体人类复杂性的知识之前，在这两种意义上都丧失了对现实的感觉。一旦我们把自己对人类经验的理解强迫装进概念的牢笼之中，忽视我们行动的真实效果，强迫现实的人民进入牢笼之中就变得容易了。科学历史学的概念，就像它的同盟——决定论——一样，能够对人类的自由产生真实、可怕的后果。

10 同样见“The Sense of Reality”（in *SR*）。

自由的敌人

从自由意志或“原因”意义上的自由出发，伯林转到了社会和政治语境中的自由。后面这种自由的现代命运是他在玛丽·弗莱克斯纳讲座上发表的演讲“浪漫主义时代的政治观念”（1952年于明尼苏达的布莱恩·莫尔学院）的主题。弗莱克斯纳讲座的材料来自多年以前的打印本，伯林将它视为自己观念史著作的“素材”。[11]这份初稿是他大量阅读马克思主义相关著作的产物，它构成了伯林后来许多公开出版物的知识来源。

在这本素材中，伯林概述了后来成为他在许多领域中的成熟立场的观点，其中有三个尤为特殊：启蒙理性主义及其批评者复杂的政治遗 56
产；消极自由与积极自由的对立；积极自由腐化的倾向。在牛顿主义科学的鼓舞下，启蒙运动通过把既有的宗教、国家和习俗权威拖到理性面前，解放了人性。但是，由于雄心勃勃地把人类行为还原为一些自然法则，由此决定开明的政治社会的法律，它也有导致科学家和官僚的新暴政的危险。因此，维柯、赫尔德等批评者们所强调的，科学方法在理解人类行为和人类价值的文化、历史特殊性上的局限，就成了对启蒙科学主义的有益矫正。但浪漫主义对理性主义的反驳同样带来它们自己的问题，其中最重要的是对自由之本质的典型的浪漫主义理解。我们应当区分作为缺乏对个人想做任何事之干涉的前浪漫主义的“自由主义”自由观，和作为被“真实”自我指导的“浪漫主义”的自由观念。这是伯林区分“消极自由”和“积极自由”的最早表述。在这里，他也第一次提出了我所谓的“逆转的主题”：他论证了浪漫主义的自由观念是危险的，因为它非常可疑地扭曲为通常自由的反面含义。浪漫主义的

11　“Political Ideas in the Romantic Age”. 关于“素材”，见亨利·哈代的编者前言。

积极自由，不管它的教导是高尚的还是无辜的，都为20世纪的独裁者们提供了以自由名义证成他们的镇压性统治的模式。

这种自由观念的扭曲到底是如何发生的呢？伯林对这一过程的最著名解释是《两种自由概念》的主要叙事线索。然而，在谈到它之前，我将首先考虑伯林1952年在BBC广播中给出的与自由的逆转同样引人注目的表述，它们同样基于“素材”，并且现在作为《自由及其背叛：人类自由的六个敌人》出版了。标题中的“六个敌人”是指爱尔维修、卢梭、费希特、黑格尔、圣西门和迈斯特。这份清单非常醒目地没有包括马克思：伯林拓宽、加深了他的视野，尽管马克思依然幽灵般地出现在其中一些讲座中。但这六个思想家的共同之处在于，他们的思考、写作时期都在从1789年法国大革命发生的前三十年，到其后二十年这个时间段之内。对伯林而言，这意味着“这些人是最早用与我们直接类
57 似的语言说话的思想家”，并且“他们的相关情境……更有20世纪的特色，而非19世纪的”（*FIB*, 2, 3）。就像我们一样，他们是卷入到巨大的技术、社会和政治革命之中的思想家，在那里，各种关于人类本质和美好生活的主张都在进行剧烈地斗争。如果我们想理解我们当今时代主要的意识形态冲突，伯林说，我们应该检验这些冲突在他所讨论的思想家中的根源。特别是，如果我们想理解20世纪个人自由的威胁的话，我们应该研究这些思想家，无论如何，个人自由的“通常含义”就是消极自由，“是自由地按照自己的愿望塑造自己生活的权利，是人们在其中能够丰富而多样地——如果需要的话尽可能古怪地——发展自己本性的环境的产物”（*FIB*, 5）。伯林的六个思想家是20世纪极权主义精神上的先驱。他们都主张自己是人性的支持者，是自由的捍卫者；但最后都产生了高度摧毁通常消极意义上的自由的理论。

伯林所谓自由的敌人可以被分为三类。首先是那些公开反对个人自由的人，例如约瑟夫·德·迈斯特。对迈斯特而言，自由的确很危险，是导致法国大革命的18世纪启蒙运动的想法之一。1789年的运动

堕落为雅各宾恐怖展示了人们对自由的典型使用。与哲学家荒谬的乐观主义相反，人性本质上是黑暗的、堕落的、充满血腥的。自然从大的方面说是暴力争夺、杀戮的领域，在自然环境中，人类只不过是以自己的方式顺从自己的本能而已。文明存在的唯一希望最终依赖于对人类本质的约束或限制，而不是解放。由“社会的两根定海神针——宗教与奴隶”（迈斯特，引自*FIB*，144）所保障的社会秩序的存在能够实现文明。人类必须接受国家强制权力的奴役，公开执行死刑让迈斯特难以忘怀。刽子手通常被认为是非常可怕的人，但这正是关键所在。“所有的伟大，所有的权力，所有的社会秩序都依赖于刽子手；他是对人类社会的恐吓，是联结他们的纽带。从世界中取走这一不可思议的武力，社会就将被混乱征服，王权不再，社会消失。”（迈斯特，引自*FIB*，149）这一暴力的“不可思议”非常重要：绝对的暴力必须受到神秘性的支持。 58
宗教的作用就是给社会管理机构冠以神秘的光环，使之不被削弱这些机构的质疑所伤害。人类理性是虚弱的，它能服务于很多主人，但是当它直接反对权威的基础时就会具有侵蚀性。理性制度能通过理性方式得到支持，但也同样容易通过理性的方式被挑战，因此是不稳固的；持久的制度必须是非理性的，依赖于传统、武力和神秘。这就是迈斯特的信条：自由就是敌人；人类需要秩序、规训、王者和刽子手。无疑，有些人会说这些观点全是前现代的回光返照，可以被取缔。但伯林并不同意。迈斯特对自由的公开指控是“真正超现代化的”，构成了“我们时代反民主的言论”（*FIB*，132）。对人类本性的冷酷的观点，关注斗争与死亡，对国家的崇拜和非理性的狂热——所有这些主题都使迈斯特变成了“法西斯的先驱和鼓吹者”（*FIB*，153）。

第二类是那些仅仅忽视而非公开攻击个人自由的思想家。他们可能承认自由是一种有价值的东西，但是他们的思想却促进了其他更重要的价值。这种趋势的典型就是那些想要在科学范围内重构人类知识和社会的人，这种科学（或科学主义）观点的主要代表人物包括爱尔维修和圣西门。克劳德·阿德里安·爱尔维修是启蒙科学主义的典型代表，是把所有人类动机还原为单一法则——追求快乐、避免痛苦——的现代功利主义之父。按照这样的理解，由于传统立法者的恶意影响（他们基于自己的目标控制其他人），当前时期人们对幸福的理解是有限的。对此的解决之道是“一种社会保健学”，在其中当前的恶都会被清除掉，而幸福将对所有人都是可通达的（*FIB*，14）。至少一开始，这个目标无法通过教育和理性论辩实现，因为大多数人的理性已经受到理性生长于其中的非理性社会制度的玷污。所以，控制依然是必要的，但它将是对目标的控制，并且使用关于人类行为的享乐主义动机的新科学所确立的那些手段。在指导行为时，法律将会熟练地编排快乐和痛苦：“针对人类的胡萝卜大棒系统。”（*FIB*，16）“人权”和个人自由又是什么
59 呢？在爱尔维修的世界中，幸福就是目标，不存在自由。自由在它基本的消极意义上包括犯错误的自由，甚至“做邪恶之事”的自由；但这种意义的自由在功利主义的乌托邦中消失了，“因为现在所有人都被指导做好的事情”（*FIB*，22—23）。爱尔维修的世界是“一个技术独裁制”，它期待着20世纪极权主义技术性的维度（*FIB*，25—26）。

在亨利·德·圣西门那里，伯林发现了技术精英的另外一个先知。当圣西门用技术和发明来定义历史的动力时，他预示了马克思。如果人类当下的需要在任何给定时期被最大化地满足了，如果机会对最有天分的人而言是足够的，如果一个社会展现出统一与力量，如果创新和发明是繁荣的，那么进步就得到了实现。这只有当一个社会被恰当地组织起来，它的功能为了最好地使用自己的资源而被理性安排时才是可能的。这一计划的设计与执行必须交给合格的精英。圣西门并不使用“精英”来表示传统的贵族或军事领导，他们的时代过去了。恰恰相反，他指的是那些在新工业时代最能领导一个社会的人：像艺术家、研究者一样富有创造力的人，像科学家一样的研究者和检验者，像经理或银行家一样位居高层的组织者。这些阶层将会在一个集权国家中占据

指挥其他部分的主导地位。自由又是什么？自由对圣西门有一定程度的价值，但只有一种类似“攻城槌”的工具性作用，它对18世纪废除过时的封建主义有用，但对19世纪建设一个全新的社会无能为力（*FIB*，126）。不是自由，而是计划好的效率才是圣西门的根本价值。普通人想要的是皮靴，而不是自由。这一标语，一方面与美国罗斯福新政和欧洲社会民主制类似，另一方面又与法西斯等野蛮的专制主义有共同之处，伯林把它追寻到“绅士般人道主义的、高贵的圣西门”（*FIB*，130）。

最后，第三种类型包括因为最有魅力而最危险的自由的敌人。他们的确主张自由，甚至把它置于其他价值之上，但却把它重新定义为它的反面：“逆转主题”的作者。伯林以此来命名卢梭、费希特和黑格尔。卢梭为其他人创造了这种模式。对卢梭而言，自由是一种绝对价值：它永远不可能被合法地放弃或减损，因为对自由的拥有是人之为人的本质。但是其他价值，比如社会合作和对道德法则良心上的服从也是 60
绝对的。如何调和这几种命题呢？社会契约传统的标准观点是为了获得物理和道德上的安全，一定程度的自由必须被交易出去，但由于卢梭把这些善理解为绝对的，因此这对他来说是不可能的。他的办法是重新定义自由：自由就是社会合作和正当行动。原本作为消极无干涉的自由观念指的仅仅是与错误行动一致的非道德的、动物的自由。而错误行动违反了必然寻求善的“内在的、更好的、更真实的自我”的标准（*FIB*，46）。真正的人类自由蕴含着单单属于人类的自由，即一个人根据道德法则和“真实自我”的意志进行自我引导的能力。

在政治社会中，真实的自我被定义为国家：“国家就是你，以及别的和你一样都在寻找你们的共同善的人。”（*FIB*，44）因此政治自由就是对“公意”——构成共同善的主权者整体的意志——的服从。这就是在卢梭著名的——对伯林而言是臭名昭著的——段落中提到的有些人会被“强迫自由”（*FIB*，47）。国家比你更知道你的真实意志。在强迫你依据它的法律而行动时，它仅仅从你欲望中解放了你本己的道德意志。自由现在已经发生了实质的逆转，它只意味着对国家的服从。从卢梭“对绝对自由的定义”开始，伯林写道“我们最终达到了绝对专制的观念”（*FIB*，47）。其结果就是极权主义领导人有了用自由的名义为压迫辩护的通行证：“在西方，卢梭之后没有一个独裁者不使用这种荒谬的悖论来证成自己的行为。”（*FIB*，47）伯林总结道，卢梭“声称是有史以来对人类自由拥有最热烈最激情的爱的人”，但事实上，他也是“整个人类思想史上，自由最阴险最强大的敌人之一”（*FIB*，49）。

卢梭设定的这种反常类型被费希特和黑格尔在康德之后的德国哲学语境中进行了再次加工和进一步发展。康德自己就受到卢梭的影响，采纳了他关于真正的自由是与激情相对立的道德自我的自由这一观念。伯林论证道，费希特采纳了这个观念，并且最终给出了它集体的，最终是民族主义的扭曲形式。真实自我的命令认为某些事物的权
61 威比我们更大。这是什么呢？其中一个答案是康德的：普世的道德法则。另外一个是费希特的：德国人的民族声音——德意志民族。“伟大的赞歌随之开始，”伯林写道，“大国沙文主义开始狂吼。个体自我决定现在成了集体自我决定，民族，一个统一的共同体将会追求道德真理。”（*FIB*，69）伯林关于费希特的这场讲座以一系列对海涅的引用收尾，他警告法国人不要低估德国观念中的破坏力量。“武装的费希特主义将会到来，它的狂热意志既不畏惧也不自私……在德国，一场与法国革命相对立的戏剧将要上演。”（*FIB*，72）对伯林而言，这是“对即将来临的厄运的真正洞见”（*FIB*，72）。

在黑格尔那里，本已自我被定义为更广义的“世界精神”，它在人类历史的进程中逐渐得到了实现。由此看来，自由就成了对历史洪流的顺从，成了按照新的时代要求来调整意志和欲望。对伯林而言，这在根本上是一种“强权就是真理”的理论。历史中的胜利者必然是正确的。“唯一的坏事是对历史进程的抗拒。因为历史进程就是理性的化身。”（*FIB*，97）任何实然的东西都可以因为它对于历史决定论的模式来

说是必然的而得到证明。在这里，伯林对自由逆转的攻击与他对马克思主义和历史决定论的批判会合了。斯大林后面站着的是马克思，马克思后面则是黑格尔。

构成《自由及其背叛》的讲座是非常富有表现力的。[12]它们在很多方面都可能遭到批评，例如，卢梭和黑格尔比伯林所描述的更微妙，但不可否认这些描述是打动人的、栩栩如生的。不仅如此，他们的基本观点都被把握到了。在现代社会，由于法国大革命，人类自由收获了一场空前的庆典，但也面临空前的袭击——有些时候是来自最大声地说出它们名字的人。最危险（因为它最内在）的袭击来自那些把自由定义为本己自我的自由的人们。针对这种“浪漫主义”的理念，以及它发生逆转的潜能，伯林认定了他认为最普通、最基本的自由观念，这是他希望去捍卫的观念：

> 自由的本质一直在于根据你的意愿去选择的能力，因为你愿意像这样进行选择，不受强制，不受胁迫，没有被一个庞大的制度
> 所吞噬；为了你的信念而正确地抵制，不怕得罪人，挺身而出，做这 62
> 一切只因为它们是你的信念。这才是真正的自由，没有它，就没有任何种类的自由，甚至是自由的幻象。（*FIB*，103—104）

本己自我和未经审查的经验自我之间的对立是伯林区分消极自由和积极自由这一著名观念的基础。

总　结

在1950年代早期，伯林探索了自由概念在现代的兴衰变迁。在冷

12　Lilla, “Inside the Clockwork”.

战的语境中，他探索了斯大林主义在思想模式上深藏于西方知识传统中的根源。自法国大革命以来，伯林认为自由的理念获得了空前的颂扬，同时也面临着严峻的危险。最明显的威胁来自极端的反启蒙思想家，比如迈斯特，对他而言，政治自由完全是一种错误——这种观点预示了20世纪的法西斯主义。但是更大的威胁来自启蒙本身的科学主义思路，根据这种思路，人类行为能够被还原成由专家描述并实施的一系列法则。乐观主义者的科学主义和管理主义，还有爱尔维修、圣西门等好心的启蒙思想家已经预示了的马克思主义核心——历史决定论。最后，无情的一刀来自某些声称热爱自由，但把它的意义扭曲为服从国家的作者：比如卢梭、费希特和黑格尔等人。这种对自由观念的滥用是伯
63 林在他最著名的文章《两种自由概念》中将要发展的主题。

第四章

两种自由概念

1957年，伯林接受了牛津社会与政治理论的讲席，次年发表了他的就职演讲《两种自由概念》。[1]这是伯林的巅峰之作，达到了他在1950年代思考自由这一主题的顶峰。的确，《两种自由概念》是20世纪政治思想中最著名的著作之一。在当代政治理论中，伯林区分消极自由与积极自由这一富有创造力的构想依然是分析政治自由的标准起点。他对这个区分的历史内涵和概念内涵的解释，特别是他对积极自由的质疑，都产生了巨大影响。然而，正如所有经典的本质一样，伯林的论文也是富有争议的。有多少人把它视为是关于自由的主导权威，就可能有多少人把它看作是"有深刻缺陷的"。[2]面对这样的反驳，人们完全可以质疑伯林《两种自由概念》的重要性与地位是否被高估了。

总的来说，我将要论证伯林的文本确实配享它的经典地位。许多针对《两种自由概念》的反驳最终被证明是基于误解之上的，这种误解

1 伊格纳季耶夫（*Life*，参见15）描述了伯林讲座的缘起、演讲和后事，对其收录进*Four Essays on Liberty*的回顾见Hardy，"The Editor's Tale"（*L*，pp. ix—xxiv）。

2 T. Gray, *Freedom*, 8.

是通过一种类似传话游戏（Chinese whispers）的效应聚集起来的，每一次新的误解都建立在上一次误解之上，并巩固了上一次误解。因此，我的主要关切之一是找出对文本的几种误解，这些误解如此顽固以至于获得了神话般的地位。换言之，它们属于那种虽然并不是没有来由的，但却依旧是错误的或缺乏说服力的抱怨。这并不是说我为伯林的辩护
64 是无条件的或缺乏批判的。的确有一些批评击中了目标，即便没有击中靶心的话也至少击中了外圈。我会努力达到一种公平对待伯林及其批评者的均衡的观点。

更确切地说，我会论证，如果我们认识到伯林是按照他价值多元论的观念来看待自由的话，伯林的优势与弱点将会得到更好的理解。价值多元论是伯林对多元的、潜在冲突的和有些时候不可通约的根本道德价值的解释。我曾经指出这个重要观念在伯林早期著作中预留的一些伏笔，但是《两种自由概念》一文的最后部分包含了他最早的详细论述，并且这也是伯林第一次清楚地说明这一观念对他政治思想之整体的重要性。尽管消极自由—积极自由的关系在文章一发表就引起了广泛的争辩，但1990年代之前却几乎没有对伯林价值多元论的系统讨论。即便是现在，在对价值多元论及其对自由主义基础和本质的含义进行过大量考察之后，多元论的主题也很少与消极自由、积极自由一起被纳入更加完整的视角之中。本章的第二个目标就是提供这样一种完整的解释。在这里，我对多元论的处理还是不完整的，因为它提出了许多我不得不推迟到第五、第六和第七章讨论的话题。但无论如何，如果不尝试把多元论结合进来，我们将很难领会伯林对自由的理解。为了澄清伯林的意思，为了揭示他的某些批评者的错误之处，为了表明伯林自己的错误之处，这种结合都是根本性的。

我会首先论述伯林区别自由的消极意义和积极意义的主要思路，同时指出一些常见的误解。接着在第二部分，通过几个不同层面的分析与批判来关注伯林《两种自由概念》中的主要目的——他对积极概

念的批判。最后，我会特别结合价值多元论的影响来检验、讨论对伯林立场的主要反驳。

消极自由与积极自由

《两种自由概念》是对现代世界自由观念的全景式考察。伯林探索的最直接语境是冷战："两大观念体系之间的公开的战争。"（*L*，168）这 65
两种竞争的系统是由对政治权威的本质与限度，因此也是人类自由的本质与限度的不同回答而定义的。所以，在对积极的观念提出批评之前，伯林首先对比了自由的两种观点，它们分别与自由民主制和共产主义世界联系在一起，并以此开始了他的考察。

伯林并没有发明消极自由与积极自由的区分，但是他的论述得到了比其他人更频繁的引用。对伯林而言，消极自由包含了"一个人能够不受他人阻碍地行动的领域"（*L*，69）。更详细地说，当一个人在做自己想做的事情时，没有受到他人行动或不作为的阻挠，他在消极的意义上就是自由的。[3]自由在这种意义上的典型障碍是强制：暴力或者暴力的威胁。仅仅无能为力——例如，我不能"在空气中跳出十尺以上"——不是这种自由的障碍，因为它不涉及人类行动或不作为（*L*，169）。因此，消极自由与能力是不同的。然而，伯林承认，在某些情形中自由与能力的界限或许是可争议的。例如，消极自由可能包括也可能不包括免于贫困的自由，这取决于人们关于个体贫困之本质的理论：它是可以归属于其他行动者的呢，还是独属于个人自己能力的呢（*L*，169—170）。

3　这是伯林对消极自由最广义的定义。《两种自由概念》包含了几种不同并且不一致的论述：Miller, "Introduction" to Miller, ed., *Liberty*, 13。伯林观点中消极自由的范围与含义是我后面还会讨论的问题。

伯林把这种消极观念视作自由一词的“正常”含义（*L*, 169）。[4]他把它与“经典的英国政治哲学家”，例如霍布斯，甚至更宽泛地与英国、法国自由主义者，包括洛克、J. S. 密尔、贡斯当和托克维尔联系起来（*L*, 170, 171）。后面的这些思想者都认为消极自由的一个实质性的最小领域对人类幸福而言是根本性的。尽管伯林明显对这个主张非常感同身受，但他从来没有明确支持它。毋庸置疑，他把消极自由与自由主义的观点联系起来，并且就整体而言，他想要捍卫的正是消极自由。因此，他自己的立场注定是广义上的自由主义的。

积极自由不是缺少干涉的观念，而是控制自己生活的观念。它源自“个体成为自己主人的愿望”（*L*, 178），和成为他自己行动真正主宰的愿望。这里的关键在于，积极观念倾向于承认这种控制不仅能被其他人的干涉削减，而且也能被个体人格的内部障碍削减。这些障碍可
66 能包括无知、欲望或者情感等因素。因此，积极自由的经典形式是人们的理性控制自己激情这一“自我主宰”的传统观念，这种观念至少可以追溯到柏拉图。

确定了这些基本要素后，我们可以马上祛除两个堪称神话的对伯林消极—积极区分的长期误解。神话一是伯林的两个范畴旨在穷尽自由的所有意义这个被许多评论者一再重复的信念。[5]随之而来的反驳则认为，如果每一种自由都必须被理解为要么是积极的，要么是消极的，许多重要的差别、精微之处和可能性就会被丧失。作为对伯林的批评，这显然是文不对题的。在《两种自由概念》接近开头的地方，伯林明确表示“自由”这个词有“两百多种用法”，而他致力于“检查其中的两个”，尽管是两个重要的用法（*L*, 168）。或许是伯林的分析引起了批

4 也参见*FIB*, 5。伯林指的大概是现代性的正统，因为他也论证了对消极自由——与自我主宰或集体主权相对——的清楚的要求是现代社会所罕见的。

5 例如，参见MacCallum, “Negative and Positive Freedom”, 102; T. Gray, *Freedom*, 171; Swift, *Political Philosophy*, 54。

判的关注，这导致人们认为消极—积极的区分是穷尽性的，或者消极、积极是重要自由的唯二类型，但这些都不是伯林的观点。大体上，他所说的是存在许多有效的自由观念，每一种都捕捉到这一复杂观念的一个特定方面（这种解读也是有争议的，但是稍后我会对此做出辩护）。在这些观念中，消极和积极的观念，或者说观念族，在当代世界尤为重要。

另外一个持久的误解，神话二，是伯林的讨论混乱地把几种本应分离的不同观念置于“积极”的标签之下。[6]伯林把积极自由定义为控制一个人的生活（自我主宰或者真正的自我引导），但一些评论者声称他混淆了几种相当不同的概念。其中两个最常令人怀疑的是，第一，“实质”自由或作为行动能力的自由，第二，作为政治参与的自由。然而，尽管区分自由的这些不同意义（自我主宰、实质自由和政治参与）无疑是有用的，但伯林的确没有混淆它们。当然，他的讨论复杂而微妙，并不总是晶莹剔透的。但是说他曾经在任何阶段把形式自由—实质自由的区分表达为消极自由—积极自由的区分，这是不真实的。在伯林的讨论中，与形式—实质区分最接近的是消极自由与行使它的条件之间的对比，我后面还会回到这一对比。伯林从来没有把实质自由表述为“积极的”。积极自由经常与实质自由联系在一起，但这种联系可能来源于别的地方。[7]

至于所谓的混淆了积极自由与政治参与，伯林从来没有把这些观
念等同起来。当然，在《两种自由概念》的某些地方，他把积极自由与 67
集体自治或者主权联系在一起。但是，尽管这使它们的关系变得复杂
了，但却没有制造误会，因为在作为个人自主的积极自由与作为参与集

6　Macpherson, “Berlin’s Division of Liberty”, 95—96, 104—109; T. Gray, *Freedom*, 9—10; Hunt, “Freedom and its Conditions”; Swift, *Political Philosophy*, 55—68.

7　例如，参见 Green, “Liberal Legislation and Freedom of Contract”。

体自主的积极自由之间有一些重要的重合之处。[8]可以论证，控制自己的生活要求至少对自己生活于其中的政治体系拥有一些控制。集体主权的观念有时候走得更远，比如在费希特的观念中，这种自由的直接主体或承担者不是个人，而是整个政治社会或民族的集体人格。但是，这也同样可以被理解为积极自由的扩展，在那里集体人格取代了作为真正自我之所在的个体。或许还存在其他作为政治参与的“非积极”自由的观点，但是伯林的观点既没有排除它们，也没有把他关于参与自由的主张篡改为积极自由观的产物。考虑到这些因素，伯林的文本并没有以这种方式在积极自由的问题上误导人们。

总而言之，伯林对消极—积极的基本区分，是在消极无干涉与积极自我主宰或自主之间做出的。他并没有主张这些术语穷尽了自由的所有观念，也没有混淆积极自由与实质自由，尽管把积极自由与政治参与联系了起来，但他对这一联系的解释并不是误导性的。现在让我们看一下伯林是如何处理消极自由—积极自由的区分的。

对积极自由的批判

在《两种自由概念》一文中，伯林的主要目的是发起对积极自由的批评。这并不是说他完全敌视积极的观念，或者排他性地致力于自由的消极部分，而是说他显然更怀疑积极的观念。他的批评是通过三个不同的阶段或层面推进的，这些阶段或层面可以被看作是他研究的不断深入。

1. 逆转的主题

在第一个层面，最常被讨论的是对积极自由（至少以某种形式）倾

8　这一点被Swift, *Political Philosophy*, 64所承认。

向于支持政治专制主义的批评。这就是上一章曾经介绍过的伯林的 68
"逆转的主题"：积极的观念允许"自由"逆转为它的对立面。但是伯林的论证经常被误解。许多评论者认为他完全反对任何形式的积极自由，并因此把消极观念作为唯一有效的或值得追求的自由概念。[9]这种解释太简单了，应该被鉴定为神话三。

事实上，伯林承认许多关于基本的积极观念的不同视角或解释，并且他细心地提醒我们其中最著名的一些显然只能是个人主义的。它们包括古代斯多葛自我主宰的理念，据此，自由与摆脱使我们被命运所绑架的世俗追求是一致的。斯多葛的自由是控制一个人自己的欲望和情感以"退回到内在的城堡"(*L*, 181)。伯林并不真的赞成斯多葛的理念，他在其他地方把它描述为缺乏关于自由的真正的社会、政治维度，在本质上是"一种精致的酸葡萄"(*RR*, 37)。然而，不管斯多葛的自由在这方面如何不足，它都不是专制主义的：斯多葛试图直面政治压迫，而不是证成政治压迫。同样，康德的理念是一种内在自由，它与自我通过理性控制欲求是一致的。真正的自由是真正的自我控制，这只有当暂时、多变的欲望被我们立法的部分主宰时才是可能的(*L*, 181—183)。所以，这些自由的积极观念都强烈倾向于个人主义。它们的政治含义最坏也不过是保持沉默，它们甚至会像在康德的情形中那样，要求任何正当的政治体系都应当尊重个人自主的理念。

然而，仅仅声称伯林捍卫了积极自由的某些版本，攻击了其他版本，那也同样太简单了。[10]恰恰相反，在他的论述中有一股强烈的暗流：积极自由本身的逻辑就值得我们警惕。这股暗流尽管没有得到明确表述，但却非常明显。伯林论证道，在现代社会，自由的积极观念已经从

9　例如，参见Patterson, *Freedom*, 3; T. Gray, *Freedom*, 10; Coole, "Constructing and Deconstructing Liberty", 90; Knowles, *Political Philosophy*, 81。

10　Woolcock, *Power, Impartiality and Justice*, 59—60.

它们个人主义或自由主义的形式出发，向非自由主义和最终极权主义的方向发展了。发生这种情况在历史上是偶然的，它也可能不发生，但却不完全是意外。[11]积极观念，即便是斯多葛的和康德的，本身就包含了一种消极自由所没有的特点，它打开了向专制主义堕落的大门。这
69 就是人性被分裂为两个自我的观念：一方面是“高级的”、“真正的”或者本己的自我，它经常（尽管并非总是）与理性联系在一起；另一方面是“低级的”、“经验的”自我，它经常与欲望、情感联系在一起。伯林论证到，一旦做出这种区分，就打开了以人们“真实的”或“真正的”自我的名义压制他们实际欲望和愿望的大门。此外，这种对经验自我的压制能够因此被描述为不仅为了受害者好，而且为了解放他们，因为只有这样的人，即“真实的”自我，才能真正进行控制（*L*，179—180）。

这种转变的过程是通过两个额外预设中的任意一个促成的。第一，如果我们（或他们）假设独裁者比个体更明白真实自我的要求，那么这个假设帮助了独裁者。当然，我们可以拒绝这么做，但是如果增加第二个预设，拒绝它就会变得更加困难。例如，费希特认为真正的自我是集体自我：民族或某些普世的存在者，个体的人只是作为构成成分而参与其中。按照这种观点，作为更大整体的一个部分，个体将很难把自己的判断当作权威的要求来加以支持。我们同样可以在逻辑上拒绝这一点，并且主张个体可以在他本己身份的范围内成为唯一的权威。但是，伯林坚持认为，区别于经验、偶然欲望的“真实”自我的观念为自由的背叛打开了大门。分裂自我的学说并没有确保专制主义，但它为专制主义提供了帮助和便利。

消极自由则没那么容易发生这种变化，因为它意味着个人经验愿望的实现是自由行动的合适目标。自由在消极意义上仅仅是行动者想要做的不受干涉，是不管其他人如何考虑，一个人“能够以自己的方式

11 Con. T. Gray, *Freedom*, 8.

趋于好或坏”(*POI*, 182)的空间。积极的观念,以及它关于真实自我的学说对道德化的解释更为开放,在那里,真实自我是被一个人关于道德和良善生活的解释所定义的。如果自由就是道德的行动,如果其他人比我们更明白道德的要求,那么,用服从他人的命令来定义自由的大门就会打开。此时积极自由脱离了它个人主义的起源,扭曲成自由的“荒 70
谬假象”(*L*,180)。自由逆转成为服从。

2. 混淆的主题

逆转的主题事实上只是伯林关注的更一般问题中的一个例子,尽管是最引人注目的例子。这个更一般的问题是,现代政治讨论中通过模糊自由与其他价值的边界来贬低自由理念的趋势。我将把伯林讨论的第二个层面叫作“混淆的主题”。由于自由在现代世界中被普世地认为是肯定值得欲求的,因此各种派别的意识形态的政权都声称它们的政策是自由的。但是,伯林针对这种夸大自由的意义,使其变得空洞并因此失去价值的做法发出了警告。“自由就是自由,不是平等,不是公正,不是正义,不是文明,也不是人类幸福或者良心的平静。”(*L*,172)

依然是积极观念,而非消极观念,更倾向于以这种方式被夸大。伯林举了几个例子,自由与服从的混淆只是其中最臭名昭著的。另外一个例子是自由与知识或理智的混淆,它得到了自我主宰(自由就是被自我的理性部分掌控)这一传统观念的鼓舞。[12]这个思路在黑格尔和马克思那里产生了历史主义的歪曲(*L*, 187—191)。如果成为自由的就是成为理性的,成为理性的就是理解并接受历史必然性的法律,那么自由的就是适应任何当下占优势的历史浪潮的同义词。伯林坚持认为所有这些不可靠的等同都应该被反驳。自由就是自由,不是知识,也不是对历

12 在“From Hope and Fear Set Free”(*L*, 252—279)中伯林关注自由与知识之间的混淆。

史的服从。

有时候伯林被批评为太顽固地坚持概念的清晰性，要求严格遵循确定的边界，失去了更宽广、更一般的观点。[13]但是他并非像人们所认为的那样迂腐。有一个例子是他对自由与“地位”或身份的承认之间界限的讨论。在这种意义上，获得“承认”就是被作为拥有确定的尊严，包括自治的能力（不论是作为个人还是团队之成员），而得到尊重（*L*，203）。针对1950年代去殖民地化的背景，伯林观察到，原先被殖民
71 的人们能够体验到这种作为自由（解放）的承认：免于家长式统治和不受尊重的自由。但这与得到恰当理解的自由是一回事吗？

伯林在两种思路之间徘徊。起先，他倾向于坚持，尽管承认毫无疑问是非常重要的价值，但它与自由并不是一回事。被一个人自己的民族所统治在该统治是压迫性的时候就不是自由的。因此，承认“类似于自由，但其自身并不是自由……（它）与团结、友爱、相互理解有更紧密的联系”（*L*，204）。但是在反思时，他发现很难划出严格的界限：“我们不能把这个例子仅仅作为对自由观念与地位或团结，或友爱，或平等，或这些的联合的混淆而简单地打发掉。因为对地位的追求在确定方面与成为一个独立行动者的欲求非常接近。”（*L*，205）承认与消极自由、积极自由的因素（无干涉的领域和本己自我引导的能力）都有联系。最后，伯林认为，把承认当作“自由的混合形式”（*L*，206）不无道理。不仅如此，承认逐渐演变为人民主权的观念，而伯林明确允许把人民主权看作是积极自由的一个正当类型，它是集体而非个体的自我引导（*L*，208—212）。

即便承认和人民主权是一种真正的自由，伯林依然强调我们应当对它们与消极自由之间的对立保持清醒。确实，自由的这些意义不仅互相有别，而且潜在地相互冲突。单独的人民主权并不能造就一个真

13　参见下一章关于消极自由的界限与无支配自由的有效性的讨论。

正的“自由社会”，因为，正如密尔和19世纪其他自由主义者指出的那样，“人民主权能够轻易地摧毁个体主权”（*L*，208）。个人自由依赖于保护自由之“边界”的自由主义理论（它甚至被用来反对民主的政府），在这种边界之内，人们有消极的自由做自己喜欢做的事情（*L*，211）。

3. 一元论与多元论

到此为止，伯林把积极自由与专制主义（逆转的主题）和日常混乱的政治思想（混淆的主题）联系在了一起。在简短而又非常重要的最后部分，“一与多”，伯林进入了他批评积极自由的第三个，也是最后一个层面：自由的积极概念倾向于依赖关于“一元”本质的形而上学预设。对伯林而言，积极自由的决定性标记是“真实”或“真正”自我的构成性观念。每一个人（或民族，等等）都被认为具有一个真正的身份，它在自由的行动者那里得到了自由和实现。真实的自我被定义为追求与自身相适应的那种生活方式或自我发展模式的东西。这反过来预设了批准该生活模式的单一道德秩序的观念。积极自由预设了道德一元论。 72

鉴于现代专制主义体系依赖于自由的积极观念，因此，它们在更深的层面上依赖于积极自由所包含的道德一元论。积极自由不过是专制主义冰山上的一角，隐藏的基础通常是道德一元论。

> 与其他信念相比，有一种信念对个体在伟大历史的理念——正义，或进步，或下一代的幸福，或神圣的使命，或者民族、种族、阶级的解放，甚或是自由本身——的祭坛上被屠杀是负有责任的。它要求个体为了社会自由而牺牲自己。这种信念就是：在某个地方，在过去或未来，在神启或某个思想家的心里，在历史或科学的宣告中，或者在未腐化的善良人的单纯心灵中，存在着最终的解决方案。这个古老的信念依赖于确信人民信奉的所有的积极价值最终都是相容的，甚至有可能是相互蕴含的。（*L*，212）

道德一元论是专制主义观点典型的最终前提。

道德一元论，还有它的反面，多元论，并不是简单明了的观念，在接下来的章节中，我会更详细地考察它们。至于现在，弄清楚以下几点就足够了。伯林认为，支配西方的道德观念一直是一元的（*CTH*，7）。在广义上，道德一元论是这样一种观念：至少在原则上，所有道德问题都有一个单一正确答案，它可以从一个单一、普世有效的道德法则中读取出来。如果存在一个单一、普世有效的道德法则为所有伦理问题提供正确答案，那么就存在一个关于人类幸福或良善生活的单一、普世有效的观念，它遵循了那个道德法则。这种关于善的单一观念比所有可选项都更优越。如果存在一种优越的良善生活，那么原则上就可能形成一个关于完美的政治社会的蓝图和“终极解决方案”，这个社会将是实
73 现唯一的最好生活方式的社会。

这种“解决了所有谜题，调和了所有对立的最终和谐”的视角是“从柏拉图到黑格尔或马克思的最后学徒”（*L*，213）的专制主义思想家的梦想。被一元论信念鼓舞的乌托邦主义认为，为了实现完美社会的目标，牺牲什么（自由或其他价值）都是无所谓的。由于一元论的目标高于一切，它在定义上证成了自己应当被不惜任何代价去实施。这在即便一元论的理念是自由本身时也是真实的。在这里，通常被推荐的自由理念是积极自由，因为正是积极的观念使它更容易认同**真正**的自我，并因此认同那种唯一值得欲求的生活形式和政治乌托邦。乌托邦主义、专制主义和积极自由都有明显的联系，这一纽带的关键就是一元论。

然而，伯林论证道，道德一元论是错误的。人类善是深刻多元的，而不是统一的。“我们在日常经验中邂逅的世界，是我们在其中面临在同样终极的目的和同样绝对的主张之间进行选择的世界，其中一些的实现必然带来其他的牺牲。”（*L*，213—214）我们关于持久、棘手的道德冲突的经验应当告诉我们，之所以会产生这些冲突，是因为基本的人类

善（比如自由、平等和正义）不可能组合成一个单一完美的和谐体系或等级制。恰恰相反，许多这些善是“永久地彼此冲突的”，因此实现一个总是必然损失另一个（*L*, 216）。不仅如此，它们“并不完全是可通约的”（*L*,216）。也就是说，当它们发生冲突时，不存在衡量彼此的共同尺度。恰恰相反，每一个都是它自己的尺度，都是拥有自己独特分量与力量的内在善。自由就是自由，平等就是平等，一个的增长不能完全补偿另一个的损失。实际的结论是，当这些价值冲突时，我们面临着难以取舍的选择，这或许是痛苦的，甚至是悲剧性的。这种选择在两种意义上都是艰难的：首先，价值的某些方面必然会遭到牺牲；其次，不存在决定这一问题的单一、齐整、普世的公式。我们应该如何最好地回应这些选择，这是一个困难的问题。对伯林而言，这种“痛苦的选择”没有简单的答案（*L*, 214）。他认为我们最好接受“我们信奉的一般生活类型”的指引（*L*,47）。我会在第六章和第七章回到这个问题。

价值多元论的政治含义（如果有的话）是什么？伯林认为多元论使我们避开了乌托邦主义和专制主义，更一般地心仪温和的方式，并且特别钟情于自由主义。如果多元论是正确的，那么无论是在特殊情形中， 74
还是在一般情形中都存在许多排列不可通约善的不同方式，而它们可能是同样合理的：在评价善或者生活方式的竞争性排列时，不存在唯一正确的公式。关于一元论者认为存在这样一种公式的信念，我们所能发现的不过是它是错误的。因此，乌托邦的梦想必须被承认为幻想，并且在它们支持政治极端主义时是危险的幻想。不仅如此，由于相互冲突、不可通约的善之间的选择不可避免，选择自身将成为人类情境的中心阶段，成为必须被接受的元价值。作为能最大程度地包容在互相竞争的生活方式之间的合理分歧与自由选择的政治体系，自由主义就隐含在这些考虑之中。我会在第六章更详细地讨论这种情形及其优劣之处。

在这种语境中，自由的消极理念与积极理念无疑是伯林认为人类生存于其中的各个不同、潜在冲突、不可通约的价值的例子。自由作为一个整体是根本的善，它应当被看作是与其他善（比如平等）不可通约的善而得到区分。但是，自由也是包含不同成分或面向的复合善，这些成分或面向本身就是不可通约的，或彼此冲突的。消极观念和积极观念代表了自由的两种关键面向——无干涉与自我主宰，它们也处于这样一种多元关系之中。这样看来，逆转的主题和混淆的主题都有助于阐释价值多元论这个更深刻的主题和一元论的错误之处。通过坚持承诺各自不同的价值能够得到某个单一的、严密的体系的支持，一元论混淆了这些各自不同的价值。最终，通过允许用服从于真实自我的要求或民族的历史使命等定义自由，一元论促成了自由的逆转。

值得注意的是，如果消极自由和积极自由是基本但却不可通约的人类善，那么我们有更进一步的理由反对神话三，即伯林简单地贬低积极自由，支持消极自由。事实上，他明确承认积极自由是“一个有效的普世目标”（*L*, 39）。他清楚积极自由的一些视角刻画了人类幸福的真实、重要的面向，而消极自由没有表达这些面向，比如免于内在阻碍或心理阻碍的自由，或者免于外国政治统治的自由。伯林催促我们警惕积极观念被滥用，甚至被逆转的方式，但并没有把这个概念当作不一致
75 的或没有价值的来反对。

然而，对伯林而言同样正确的是，一种自由主义的政治秩序是与对消极自由的特殊关注联系在一起的。从多元论的角度看，积极自由是一种正当的善，但是消极自由在政治的语境中应当发挥更核心的作用。伯林总结道：“多元主义以及它所蕴含的‘消极的’自由标准，在我看来，比那些在纪律严明的专制主义结构中寻求阶级、人民或整个人类‘积极的’自我控制的人所追求的目标，显得更真实也更人道。”（*L*, 216）我们已经解释了为什么要强调这一点。一方面，伯林通过道德一元论的错误和危险把积极自由与乌托邦主义和专制主义的趋势联系在一起。另一方面，他把消极自由与选择的空间（这是与多元论一致的目标）联系起来。这些联系能够被维持多久，这是更进一步的问题，我将

在第六章和第七章回到这个问题。

我们可以总结一下伯林在《两种自由概念》中的论证路径，他对消极无干涉和积极自我主宰的政治含义的最基本区分可以通过三个逐渐深入的思想层次来把握。首先，伯林特别把这一区分应用于冷战的语境：消极自由是西方自由民主的指引性理念，积极自由是共产主义国家的理念。在某些人手里，积极的观念被扭曲为真实自由的反面，这是逆转的主题。其次，积极自由的逆转只是更大问题的一个特例，后者允许自由，特别是积极自由与其他本应相互区别的善混在一起，这是混淆的主题。这一点不仅适用于批判苏联共产主义，也适用于后殖民地的民族主义和其他政治立场。最后，逆转和混淆都例示了更深刻的问题，即拒绝价值多元论，这个问题在作为整体的西方政治思想中依然流行。正是道德一元论的倾向打开了自由在现代社会向极权主义逆转，以及和其他价值混淆的大门。

伯林的批评者

《两种自由概念》激发了大量批评性文献，在这里我只能讨论其中最突出的论证思路。[14]这些批评可以大致与以下理论视角或政治视角 76
相对应：分析哲学、社会主义、自由主义、共和主义、女权主义和后现代主义。在评价这些批评时，我将特别关注伯林论证中所包含的价值多元论的维度。这经常能澄清伯林的目的，并且平息一些反对意见（尽管也会增强另外一些反对意见）。

1. 消极—积极的区分是无效的吗？

一些哲学家曾经质疑伯林的消极—积极的区分是否有效或有用。

14　更进一步的参考是由哈里斯提出的，“Berlin and His Critics”（*L*，349—366）。

在这个方向上最著名的论证是小杰拉德·麦卡勒姆做出的，他认为伯林主张只存在“两种根本不同的自由种类”。[15]在一个地方他似乎认为伯林把这两个观念分别看作“免于……的自由”和“去做……的自由”。[16]而麦卡勒姆声称自由同时就是“免于……”和“去做……”。只有一个有效的自由概念，它总是采取一个**行动者免于**某些阻碍**去**自由地行动或不行动的“三位一体的”方式。关于自由本质的争论应该被理解为是关于这三个变量的恰当内容的争论。麦卡勒姆认为，这种模式比伯林更丰富地理解了自由，因为它确保我们能够解释许多不同的观点，而不是把所有观点强迫纳入两条路径之中。

对此，伯林可以这样回应，首先，麦卡勒姆是神话一的受害者或持有人，它假设伯林的区分是穷尽性的。但正是麦卡勒姆，而不是伯林，主张他的分析是穷尽性的，并可能被指控为把所有自由观念集中到一个不适用于所有情形的结构中去。[17]因此，在后来对麦卡勒姆的回应中，伯林简要地论证了自由可以是“免于……”而无须“去做……”：我们可以寻求从束缚中解脱出来，而不需要信奉任何将会使解脱成为可能的特殊目标（*L*, 36n.1）。但这或许不是伯林最好的回应。至少，它不必要地鼓励了另外一种对伯林分析的常见误解，即他消极—积极的区分可以简单地被标记为“免于……的自由”和“去做……的自由”。我们将此称作神话四。伯林的确使用过“免于/去做”的公式（*L*, 36n.1, 178），但这显然只是对他所考虑的无干涉与自我主宰之间复杂区分的
77 一个简略的缩写。

对麦卡勒姆的一个更有效的回应或许是，伯林的区分实际上与他三位一体的分析是一致的。在这个意义上，消极观念与积极观念可以

15 MacCallum, “Negative and Positive Freedom”, 102.

16 Ibid., 106.

17 J. Gray, “On Negative and Positive Liberty”, 326; Baldwin, “MacCallum and the Two Concepts of Freedom”; Skinner, “A Third Concept of Liberty”, 237.

被看作是关于我们应该如何填充麦卡勒姆的三个变量的两个宽泛的意见群。消极自由可以被理解为对“经验”自我之目标的人为干涉的空缺，不论这些目标是什么；积极自由可以被理解为对那些妨碍“真实”、本己自我之实现的障碍的有效控制。麦卡勒姆看起来的确是同意这种理解的。[18]这种解读的问题在于，伯林在他原先的论文和后来《自由四论》(1969)的导论中都认为，消极自由的主体既可以是经验的，也可以是本己的(*L*, 37, 181)。我认为这可以被看作是伯林的错误，因为它与他的中心论题：逆转的主题很不一致。《两种自由概念》通篇都把双重自我的观念表达为积极自由的例子，这使它区别于消极自由，使它易于以消极自由不会发生的方式发生逆转。

声称消极观念和积极观念可以被视作关于麦卡勒姆三位一体的内容的竞争性解释，就是把它们表达为一个单一的包罗万象的自由**概念**的可供选择的**观念**。[19]这种对伯林的解读是有争议的，因为一些追随麦卡勒姆的批评者们提出，伯林主张消极观念和积极观念截然不同。[20]对此，我们同样应该牢记伯林论证中多元论的维度。如果我们脱离伯林的多元论来探讨概念/观念的议题，他的立场将完全是不一致的，因为文本清楚地包含了两种观点的证据(比较*L*, 204和212)。但是如果我们重新回到多元论的背景中，我们就可以发现伯林为什么要坚持两种概念：无干涉与自我主宰是不可通约的价值。同时，我们可以发现，伯林在这里想要强调的那种区分并不需要完全排除两个观念之间有共同基础(一个无所不包的自由概念)的设想。不可通约性不仅可以在不同善之间(比如自由与平等)获得，也可以在单一善(如果它像自由那样复杂的话)的构成成分或面向之间获得。[21]这就是这里的情形。消

18 MacCallum, “Negative and Positive Freedom”, 108—110.

19 J. Gray, “On Negative and Positive Liberty”, 325.

20 Feinberg, *Social Philosophy*, 16; T. Gray, *Freedom*, 11.

21 J. Gray, *Isaiah Berlin*, 43.

极自由和积极自由是自由的不同形式或不同面向，尽管是涉及不可通
78 约的善的形式。它们的共同之处并不必然是单一的“本质”，也许是一种更加松散的“家族类似”。[22]这是一种以与麦卡勒姆保持一致的方式来理解伯林的合理路径。如果这样，伯林的消极—积极区分就是成立的。[23]

2. 伯林对消极自由的定义太狭隘了吗？

接下来的议题关注的是消极自由的界限与政治。伯林有时候被指控为对什么才算作消极自由的障碍，并因此对什么是消极意义上的自由采取了过分狭隘的观点。特别是，一些批评者抱怨，按照伯林的观点，一个人的消极自由只能被他人的蓄意干涉所阻碍。这看起来忽视了自由的另外两个强有力的障碍：首先是内在于个人的障碍，包括无知、恐惧和其他心理状态；其次是并非蓄意的外在干涉，比如贫困。

查尔斯·泰勒针对第一个争议领域进行了卓越的探究。[24]泰勒指控伯林接受了消极自由“极端的”或“粗糙的”观点，把它只当作行动者潜在行动的外在障碍（物理或法律的）之缺席。这种粗糙的观点最早是霍布斯和边沁主张的，他们反对与内在心理障碍之缺席有关的，作为自我实现的更复杂的自由观念。在伯林那里，鉴于自我的内在分裂有导向自由逆转的可能，为了封锁前面提到的那种论证，消极自由被限定为外在障碍的缺席。但是，泰勒论证了这种粗糙的消极观念是得不到辩护的。如果伯林是正确的，那么我在英国（这里无所不在的交通灯代表了对我潜在行动的许多外在阻碍）将会比在阿尔巴尼亚更缺少自由，

---

22 Wittgenstein, *Philosophical Investigations*, 65—67.

23 攻击消极自由—积极自由区分的另外一个思路参见Megone, “One Concept of Liberty”，该文论证了只有消极观念才是有效的。其观点在T. Gray, *Freedom*, 132中得到了讨论。

24 Taylor, “What's Wrong with Negative Liberty”.

那里禁止宗教礼拜但却有更少的交通灯。事实上，我的自由被阻止我选择做礼拜的法律，而不是被我必须遵循的交通指示所减损。真正的自由因此不仅仅涉及障碍的缺席，而且涉及对我“重要”目标的障碍的缺席，就像对我个人的外在阻碍一样，它们也可能是内在的。

泰勒的批评并不像乍看上去那样让人信服。首先，要知道与霍布斯、边沁不同，伯林并不反对作为免于内在障碍的自由观念。他 79
允许内在障碍的观念成为他积极自由观念的一个部分。同样，由于消极范畴和积极范畴并不是穷尽性的，他也为承认内在障碍的其他自由观念留有余地。尽管如此，在消极自由观念的范围内，伯林看上去的确否认了内在障碍的可能性。这种观点难道不过于狭隘了吗？无知、幻想、恐惧、精神疾病，所有这些都不仅阻止我们本己的行动（积极自由），而且更简单地说，阻止我们做我们本来有可能去做的事（消极自由）。为什么伯林不扩展消极自由，把免除内在约束也包括进来呢？

问题在于，如果要做出这种扩展，那么他需要求助于真实、本己自我的观念，由此将把消极自由坍塌为积极自由，并舍弃了消极观念的独特性。假设恐惧使我不能滑翔，我的恐惧使我不自由了吗？这只有当我的恐惧被恰当地视作一种**阻碍**时才是这样的。但是，是我的恐惧阻碍我去滑翔的愿望，还是我滑翔的雄心受到我平时审慎的约束？这些可能性的哪一种是真的，取决于我是被我个性中恐惧或审慎的部分所定义，还是被喜欢冒险滑翔的部分所定义。换句话说，谈论免于内在于个人的约束的自由将不可避免地涉及关于本己的判断，而这会进入积极自由的领域。事实上，泰勒的论证有把所有自由都解释为积极自由（本己自我的自由）的危险。伯林能够正确地回应道，这是错误的，因为它排除了消极观念所刻画的自由的真实含义，那种做任何我们可能想做的事情（不论它对于我们是不是本己的）的自由观念。

一个类似的主张能够反对泰勒观点的另外一个面向。即使我们接受他消极自由应当包括内在约束之缺席的主张，这些障碍（或者外在障碍）是否必须被设想为对“重要”目标的约束，依然是个更进一步的问题。思考这个问题就是要把“重要性”写入自由的定义中：自由因此就是在追求“重要”目标时畅通无阻，在追求被（谁？）视作不重要的目标时受到的阻碍根本没有减损自由。伯林正确地反对这一改变。追求琐碎或“不重要”目标的自由依然是自由。真正的自由必须包括“以一个人自己的方式追求好或坏”，“致力于犯错”，甚至“做邪恶之事”（*POI*，182；*L*，91；*FIB*，22）的自由。在某些或者甚至大多
80 数情形下，这种自由或许不像其他种类的自由那样有价值；可能经常存在好的理由把它与其他价值进行交易。但这都无损于自由之为自由。不仅如此，按照自己愿望去行动的自由（不论是好是坏）有它自身的价值，这与重要、本己行动的自由是不可通约的。为了描述自由的这个维度及其价值，消极观念依然是必要的，伯林正确地坚持了这一点。

泰勒的讨论提出的最后一个问题是，自由能否被**测量**，如果能的话应该如何**测量**。泰勒论证了伯林狭隘的消极自由使我们无法准确判断在几种可能的政治体系中我们自由的多少。从伯林消极自由的观点来看，重要的是对我们想做的事情的外在约束的缺席，我们可能被迫得出总体而言英国比阿尔巴尼亚更少自由这一反直觉的结论，因为英国的交通灯比阿尔巴尼亚的宗教禁令阻碍了更多的潜在行动。但是伯林的消极观念并不意味着这样的结论。“我（消极）自由的程度”不仅依赖于“有多少可能性向我开放”，而且依赖于其他因素，包括根据我自己的生活计划或“社会的一般意见”这些可能性“有多重要”（*L*，177n.；也可参见211）。也就是说，伯林可以同意泰勒自由的程度部分地与所关注自由的重要性有关，但是不同意（根据已经被给出的理由）对重要性的判断应该纳入消极自由的定义中。消极自由的归宿是一回事，它所容

纳的价值或分量又是另外一回事。[25]

关于消极自由之界限的第二个论题是由同情社会主义的批评者们提出的。他们抱怨，由于伯林认为只有蓄意的干涉行为才算是消极自由的障碍，他因此排除了作为障碍的贫困，并排除了作为免于贫困的消极自由的观念。[26]这一反驳与前面介绍过的形式—实质的区分有关。它声称，伯林消极自由的狭隘观点相当于只是形式的自由。这与实质的自由不同，根据后者，自由是一种基于个人欲望而行动的能力，是通过拥有所有必要资源使之成为可能的能力。如果自由只是形式的或消极的，那么旨在消除贫穷的政策就不能以自由的名义得到证成。相反，自由就是对人们生活的不干涉，这支持了赫伯特·斯宾塞、 81
哈耶克以及罗伯特·诺齐克等放任主义者或古典自由主义者倡导的最小政府干涉的政策。[27]他们认为，这种观点依赖于对自由的人为的狭隘理解，因为就像暴力或强制会减损自由一样，贫困也可以实质性地减损自由。

对于贫穷是否阻碍了自由的问题，伯林的论述是含混的，但从价值多元论的理论来看，他的答案可能是：不。当伯林承认贫困在作为慎思的人类行动之结果时是自由的障碍的时候，当伯林对这是否是理解贫困的最好方式保持沉默的时候，他文本中的含混性得到了解释（*L*，169—170）。然而，多元论的主题强烈表明，他想区分消极自由与免于贫困，因为伯林的多元论支持在不同善之间进行一般的区分，特别是自由与其他善。

然而，澄清伯林的立场是一回事，支持他又是另外一回事。如果他

25　对测量议题的近期讨论，见 Carter, *A Measure of Freedom*。

26　Macpherson, “Berlin’s Division of Liberty”, 97—104; T. Gray, *Freedom*, 9; Hunt, “Freedom and its Conditions”, 294—298; Swift, *Political Philosophy*, 56.

27　Spencer, *The Man Versus the State*; Hayek, *The Road to Serfdom*; idem, *The Constitution of Liberty*; Nozick, *Anarchy, State, and Utopia*.

的观点是消极自由排除了消灭贫困的可能，那么抱怨伯林的立场极端狭隘就是正当的。他承认，那些关于消极自由的约束应当包括贫穷的论证是“非常合理的”(*L*, 169)。这样一种合理的论证是由戴维·米勒做出的，他认为消极自由应当包括任何其他人需要为之承担道德责任的障碍的空缺。[28]事实上，伯林有时候看上去走得更远，他明确承认人类“安排”无意引起的后果也是消极自由的合法障碍(*L*, 170)。我们可以欣赏伯林想要尊重善在深层次的多元性，防止过分泛滥地谈论自由的动机，但是依然承认当他试图在自由与免于贫困之间划出清晰的界限时走得太远了。

然而，即便伯林消极自由的观念太狭隘，这种观念也并没有使他致力于自由放任的政策，并且，伯林也没有打算这样做过。社会主义者们认为伯林的自由观使他追随古典或放任的自由主义信念可以称作神话五。伯林对消极自由的关注并不意味着自由放任，理由有二。首先，假设免于贫困不是一种自由，它依然是一种重要的善，能够证成某些自由的牺牲(*L*, 172—173)。这同样与伯林的价值多元论是一致的：自由并
82 不是唯一的善，它并不总是凌驾于其他善之上。过分吹捧消极自由是自由放任的“不受限制的资本主义竞争”的错误之处(*L*, 38)。其次，拥有资源，如果并不等同于自由本身，那也无疑是行使自由的最重要“条件”之一(*L*, 38)。伯林承认，对没有手段利用自由的人而言，干涉的缺席本身几乎没有价值。不仅如此，他很清楚自由放任实际上摧毁了消极自由本身，因为不受限制的资本主义竞争在历史上导致了“对基本人权的野蛮侵犯”，比如言论自由和结社自由的权利(*L*,38)。

在这里，伯林的政治观点根本不是消极自由意味着放任主义。恰恰相反，他的政治观点是，如果正义要求我们用某种程度的自由交换安全或行动能力的增加，那么我们应该明白我们在干什么，并且不要假装

28 Miller, “Constraints on Freedom” .

我们在没有成本地增加自由。伯林或许在坚持自由与能力的过分严格的区分时出错了，但是他在谴责“经济个人主义血迹斑斑的故事”（*L*, 38）的失败时并不缺乏均衡或同情，也没有因为没看到国家在处理贫困问题时的角色而陷入政治的无知之中。在第八章中，我将更详细地讨论伯林对经济再分配的承诺。

3. 伯林过分仇视积极自由吗？

在伯林的《两种自由概念》中，论证的核心不是他区分消极自由—积极自由的视角，不是他对消极自由界限的辩护，而是他对积极观念的批评。另外一个对伯林的广为人知的反驳是，他的这一批评是错置的，或至少是夸大了的。这种反驳的最强形式是，伯林错误地反对了所有积极自由，或主张消极观念是唯一有效的自由观念。关于对伯林立场的这些解释，我已经在神话三的名义下进行了反驳。然而，伯林讨论的总体效果是传达对积极自由的警惕，这种警惕显然在面对消极自由时并不以相同程度出现。这里隐含的信息似乎是，我们最好尽可能地避开积极自由观念，特别是作为一种政治理念的积极自由。这是伯林倾向于把积极自由而非消极自由与专制主义，与混淆截然不同的观念，与 83
道德一元论联系起来的理由。这些联系在何种范围内是正确的？这是伯林想要展现的积极自由的缺陷吗，即使他并没有拒绝它？

许多评论者，包括许多分享伯林自由主义信念的人，都指出不论在历史上还是概念上，积极自由并不总是自身就是专制主义的。[29]例如，19世纪的无政府主义者经常持有一种积极自由的理念，但是却将它与

29 M. Cohen, “Berlin and the Liberal Tradition” ; Crowder, “Negative and Positive Liberty” ; Christman, “Liberalism and Individual Positive Freedom” ; Bellamy, “T. H. Green, J. S. Mill and Isaiah Berlin on the Nature of Liberty and Liberalism” ; West, “Spinoza on Positive Freedom” .

对政治权威的全盘反对联系在一起。[30]伯林自己也承认某些积极观念采取了独特的个人主义或自由主义的形式：斯多葛内在的个人自我主宰，还有在包括洛克、康德、J. S.密尔和T. H.格林在内的自由主义思想家中理性和道德的自我引导的观念。这些积极自由的非专制主义解释的共同之处在于，它们都坚持本己自我的最终权威是个体，而非任何外在权威或个体为其一部分的"更大"的自我。伯林对此的反驳是，这种坚持是"完美主义的建议"（*L*，199）。它太容易被独裁者回应说他的国民还不够理性，因此他才迫不及待地规训他们。一旦我们承认现实意志与"真实"意志之间的鸿沟，通往极权主义诱惑的大门就打开了。

伯林在这里的观点无疑太狭隘了。即使他并没有排斥所有的积极自由，他也倾向于夸大它更加个人主义的版本向更加集体主义和专制主义形式坍塌的容易程度。在承认过这一步"并不总是……逻辑如此"（*L*，179）之后，他应该更加愿意承认对积极自由的个人主义解读是足够稳定的。从斯多葛个人自我主宰到斯大林主义服从的过程事实上可以被许多逻辑漏洞打破。伯林倾向于通过从概念论证转向历史观察来弥补这些逻辑漏洞：不论有什么理由，正是积极的观念而非消极的"在事实上，并且作为历史的事实"被更频繁地误用（*L*，181）。但是，一个观念被滥用的事实本身并不足以证成对它的非难。积极自由的特定扭曲形式的历史案例不能证成伯林对积极自由的这种怀疑。分离的自我观念本身也没有危险到要承担起伯林那么多指责的地步。真正的或本己的个体并不总是导向政治压迫，事实上，有些时候就像斯多葛一样，它
84 是反抗的根据。总体而言，伯林对积极自由的立场太过悲观，就像某些人由于汽车会被用于错误的目的而支持废除它一样。

不仅如此，伯林从一个完全**自由主义者的**观点出发，展示了积极自由的缺点。他并没有充分认识到一种特定的积极自由，即个人自主，对

30 Crowder, *Classical Anarchism*.

于自由主义思想的重要性。自由主义者在自由主义传统的最根本价值上是有分歧的，但至少可以论证的是，在所有自由主义的善中，最重要的是个人自主，而不是消极自由或宽容。[31]对于许多自由主义者而言，消极自由尽管不可或缺，但却没有描绘出个人自由的全部。获得消极自由就是在做一个人可能碰巧想做的任何事情时没有障碍。但是这些欲望可能正好是外在影响的产物，不论它是蓄意造成的情境还是惯常的社会化。在这两种情形中，看到对于一个人生活的真正自由而言，他的行动必须在强意义上是"他自己的"，而不是像消极自由所允许的那样，这一点非常重要。他必须准备对自己的欲望采取批判性的观点，仅仅基于那些真正本己的欲望而行动。这就是个人自主的理想，例如，J. S.密尔把最充分意义上的自由看作包括个体制订自己生活计划的能力，这不仅要求干涉的缺席，也要求对日常要求的批判性反思。[32]即使个人自主不是自由主义的根本承诺，它也无疑处于当代自由主义的核心位置，并且的确使自由主义拥有了吸引力。[33]

个人自主属于积极自由而非消极自由的家族，但是它并没有专制主义的内涵。它之所以被看作自由的积极观念，是因为它诉诸本己自我，而非经验自我的观念。自主的行动者准备向自己的欲望发问，而非不经批判地基于它们而行动。但是，这里涉及的本己观念并不是那种"真实"自我的观念，那种人们为了被视作是充分觉醒的而必须遵循的唯一类型（人类本质或民族使命）。恰恰相反，自由主义的积极自由或自主体现为目标开放的本己过程，这种过程和许多有效的不同生活计

31　高尔斯顿阐述了基于宽容或多样性的自由主义与基于个人自主的自由主义之间的区别，他论证了"多样性"的解释（*Liberal Pluralism*, ch.2）。对于主张基于自主的自由主义的论述，见 Raz, *Morality of Freedom*; Kymlicka, *Multicultural Citizenship*, ch.8。在第七章我回到了这一讨论。

32　Mill, *On Liberty*, ch.3.

33　Taylor, "What's Wrong with Negative Liberty", 146.

划是相容的。[34]按照这种观点，自主的个人是一个回顾自己信念、价值和计划，批判性地审查它们是否值得支持的人。他在这个层面所支持的信念或价值恰恰就是他准备认同的。由此看来，本己的身份并没有
85 固定的内容，他的内容是通过批判性反思和协商的过程被创建的。

如果自由主义的积极自由是以这种方式向目标开放的，那么就足以承受伯林所关注的逆转和混淆的质疑，并且它也不是一元论的。真实自我不存在固定的观念可以使独裁者证成强制，它存在的只是必然内在于主体的过程。基于同样的理由，这种自主也不会与其他善轻易混淆，因为它并不把追求任何特定的善作为自己的目标。自由主义的自主或许需要免除贫困或积极参与政治的帮助，但是并不需要用其中的任何一个来定义自己。最后，就缺乏任何“真实”自我观念的含义而言，这种积极自由与道德一元论之间的纽带是断裂的。自由主义的自主与伯林的价值多元论是一致的，因为它没有预设任何单独有效的良善生活的观念，因此也不存在独立于个体自己语境判断的，对不可通约的价值的唯一正确的排列。相反，在自由主义看来，自主的个人是在许多不同且不可通约的选择中确定本己身份。事实上，约瑟夫·拉兹论证了这些选项的存在是个人自主的价值的应有之义：如果自主是有价值的，那么必须存在自主的行动者能选择的“充分范围”的不同选项。[35]更进一步说，或许可以论证作为自主的积极自由这一更高价值不仅与伯林价值多元论一致，而且事实上也是他所要求的。我将在第七章发展这一看法。[36]

总而言之，伯林对积极自由确实太过严苛了。他的确没有简单地拒绝这一观念，并且也正确地注意到积极自由的某些版本有专制主义

34 参见 Raz, *Morality of Freedom*, part V; Taylor, “What is Human Agency?” ; Benn, *A Theory of Freedom*; Macedo, *Liberal Virtues*, ch.6。

35 Raz, *Morality of Freedom*, ch.14.

36 也参见 Crowder, *Liberalism and Value Pluralism*, 198—211。

的潜力，但是他夸大了从斯多葛到斯大林转移的速度。然而，尽管这是他的论述中的一个重要缺陷，但放在他所强调的政治语境中却是可以理解的。同样，这对他的主要观点而言并非是致命的。声称伯林应当更加热情地对待个人自主，并不意味着反对他更深刻的承诺。事实上，我将在第七章为一种处于自由主义中心位置的个人自主的情形进行辩护，这种情形源自伯林最深刻的承诺，特别是他对多元论的承诺。 86

4. 伯林排除或贬低了作为无支配的自由吗？

另外一个批评的思路来自政治思想中"共和主义"的传统，后者强调人类幸福的中心是在公共领域中主动服务于共同善。基于这种背景，两位作者：昆廷·斯金纳和菲利普·佩迪特论证了伯林对自由的分析错误地忽视了一种独属于共和主义的自由观念。按照这种观念，自由不仅如消极观念那样被事实的干涉或强制所阻碍，而且也被潜在的干涉所阻碍。[37]一个奴隶即使在他主人不干涉他时依然还是奴隶。使他成为奴隶的是他主人有权力干涉他这一事实，即使这种权力并没有被行使过。我们不仅在其他人强制我们时是不自由的，而且当我们依赖其他人，生活在他人权力和仁慈之下时也是不自由的。因此，自由不仅仅是不受强制，而且是免于他人的支配或权力。我将遵循佩迪特，把这种观念称作"无支配"的自由。[38]佩迪特声称，伯林关注消极—积极区分的结果是"遮蔽"或"无视"了作为第三种合法选项的无支配。[39]斯金纳的抱怨很难讲清楚。在他早期的作品中，他指控伯林未经批判地接受了现代的正统说法，把消极无干涉当作唯一有效的自由观念，在

37　Skinner, *Liberty before Liberalism*, 36—41; idem, "A Third Concept of Liberty", 247—255; Pettit, *Republicanism*, 21—27.

38　Pettit, *Republicanism*, 21.

39　Ibid., 19, 21, 41.

定义上排除了更古老的共和主义或“新罗马主义”传统。[40]最近，斯金纳在一定程度上澄清了这一批评。他现在相信伯林意识到了共和主义的传统，但却依然认为他坚持“自由的本质”就是无干涉，并因此助长了“力图忽视”无支配自由的现代潮流。[41]

无支配应当被承认为自由的一个重要维度，但是共和主义对伯林的攻击找错了方向。佩迪特声称伯林对消极自由和积极自由的关注“排除”了其他可能，这再一次证明了神话一的顽固性。伯林并没有排除无支配自由的可能性。斯金纳早期的立场，以及现在的部分立场似乎依赖于神话三，与此相反，伯林并没有主张唯一正当的自由观念就是消极自由。伯林把消极自由描述为自由的“通常”含义，并且提醒我们
87 警惕积极的观念。但是，应该清楚的是，尽管质疑对积极自由的滥用，但他把积极自由视作自由的一种真实表达。因此，他并不坚持干涉、胁迫或强制是对自由的唯一约束。

事实上，伯林一贯承认无支配自由的有效性。当他写到消极自由不仅涉及强制的缺席，也涉及“免于强制的**安全**”（*L*, 201；着重字体为作者所加），以及“我的社会自由或政治自由的程度不仅在于我实际选择的障碍的缺席，而且在于我潜在选择的障碍的缺席”（*L*, 32）时，他事实上已经相当接近这种做法了。按照斯金纳的说法，在伯林“自信地”区分自由与“地位”、“承认”时，他否认了依赖可以成为自由的障碍。[42]但是，“地位”或“承认”在伯林那里并不等于无依赖在共和主义那里的用法。一个人或群体可以凭借拥有自我管理的能力而得到尊敬和承认，但其依然可以处于其他人或群体的实际权力之下。这正是伯林在声称去殖民地化并非总是自由的时候的观点。并且，即便无支配等于

40 Skinner, “The Idea of Negative Liberty”, 194; idem, *Liberty before Liberalism*, 113.

41 Skinner, “A Third Concept of Liberty”, 255—256, 262.

42 Ibid., 256.

承认，伯林也没有“自信地”区分承认和自由。恰恰相反，正如我早先在混淆的主题中指出的那样，他同意承认同时和消极自由、积极自由都有重叠，这样构成了“自由的一种混合形式”（*L*，205，206）。

我们的结论是，共和主义对伯林的这些攻击都失败了，但更积极地说，伯林的立场为接受作为自由的一种正当维度的共和主义无支配留下了相当大的空间。这或者可以通过扩展消极自由的观念使之包括依赖的缺席，或者可以通过把积极的观念解释为支持作为本己自我导向的维度之一的无支配，或者可以把无支配理解为另外一种不同的自由而实现。伯林的观点对所有这些选择都是开放的。

然而，佩迪特进一步主张无支配不仅是有效的，而且作为一种政治理念优越于消极自由。无支配的主要优势是它带来更大程度的确定或安全。[43]仅仅在消极意义上自由的人总是处于受到权力更大的人的干涉的危险之中，但是那些拥有无支配自由的人确实避免了这种可能。

存在许多种思路可以进行回应。首先，伯林可以提醒共和主义者，尽管无支配是有价值的，但消极自由也是有价值的。或者，换种方式，尽管依赖是自由的威胁，但武力和强制也是自由的威胁。[44]被解放的 88
奴隶不再处于他主人的合法权力之下，但是依然可能遭受私刑的袭击。相同条件的情况下，其中哪一个关切比另一个更重要是无法确定的。有些时候强制是更大的问题，有些时候依赖是。消极无干涉有时候更紧迫，而无支配在另外一些时候更紧急。这种观点得到了伯林价值多元论的支持。如果无干涉和无支配是截然不同的价值，那么它们可能被恰当地视为不可通约的。在这种情形中，它们不能屈服于任何绝对的排列，至少是抽象的排列。稍后（第六章）我将论证，特定的环境可能

43　Pettit, *Republicanism*, 85.

44　这为无支配最好不要按照佩迪特的观点被看作独立于消极自由，而是看作一种关注免于依赖而非强制的消极自由留下了余地，这看起来更接近斯金纳的立场。

产生把一种不可通约的善置于另外一种之上的理由，但是，即便如此，不同的环境也会证成不同的排列。在我们判断无支配总是或普遍优于无干涉之前，我们必须考察实际的情形。没有对这些情形的实际考察，我们最安全的说法是，如果价值多元论是真的，那么在某些情形中，无支配将会胜过无干涉，然而在其他情形中，相反的才是正确的。

总之，佩迪特坚持无支配自由优越于消极自由至少是得不到证明的。总体而言，共和主义对无支配的论述并不需要呈现为对伯林的批评，因为伯林可以赞同这一情形的本质。他能够接受无支配捕捉到了自由的一个有效的、重要的面向，免于依赖的自由一般并不比免于强制的自由更缺少价值。他并没有主张消极自由是绝对的、至高的理想，它最多不过是与积极自由相比更安全的政治选择。他承认，存在许多竞争的价值和原则将会证成牺牲或限制消极自由的情形。不论是把无支配作为自由的一个面向还是一种好的独立的自由，伯林都没有主张过这种相互竞争的价值不应该包括无支配。也就是说，不存在阻碍伯林承认无支配通过某些实质排列胜过或等同于消极自由的情形。他只要正确地补充：(1) 无支配并不总是高于无干涉；(2) 即使高于，我们也应当清楚相关交易的前提条件；(3) 如果社会被视为是"自由"的，必须至少存在无干涉的最小领域，某些不可逾越的"自由边界"(*L*, 171,
89 173, 209—211)。这些要求都不需要，并且也不会遭受共和主义者的争议。[45]

5. 伯林的自由概念对女性或其他团体有偏见吗？

更进一步的批评来自女权主义和后结构主义或后现代主义的视

45 基于Woolcock, *Power, Impartiality and Justice*, 47; Wall, "Freedom, Interference and Domination" 给出的不同理由，伯林的立场与共和主义的立场是相互补充而非对立的结论也形成了。

角。女权主义在伯林的文本中同时发现了支持与反对之处。一些人乐于把消极自由或积极自由或者两个同时看作有价值的理念。[46]例如，自由主义的女权主义者在要求女性免于歧视性法律和社会的约束时，会试图扩展消极自由。激进的女权主义则通过促进她们认为迄今为止被父权社会忽视的真正为女性认同的主张，论证了女性积极自由的好处。另外一种观点是，从女权主义的角度看，积极自由比消极自由更可取，因为积极自由用共同体来定义自我，进而与基于维持人际关系、共享和协商的价值的"关怀"这一独特的女性伦理联系起来。[47]

女权主义的一种更有敌意的回应是，自由的消极观念与积极观念都应该被反对，因为它们都包含了固有的男性主义偏见。例如，狄安娜·库利为此提供了两条理由。第一，强调消极无干涉就是增进对社会私人领域之标准的自由主义的承诺，在这种私人领域中，公共干涉是被禁止和阻拦的。但正是这种私人领域，包括家庭或广义的市民社会，有着压迫妇女的传统。[48]对此，伯林可以回应道，任何自由的社会都必须在公共与私人之间保持**某种**界限，任何这种社会都必须对国家能够合法对待公民的行为施加某些限制。缺乏这种限制恰好是极权主义的定义。在遵守宪法约束的条件下，一个国家可能为了保障任何人的幸福生活而合法地干涉市民社会或家庭。在这里，多元论再次提醒我们，消极自由并不是唯一的善。但是在所有情形中，消极自由都要求对个人而非家庭和社会的无干涉。足够明显的是，在这些领域中，国家干预或许会以消极自由的名义，为了保护个体（包括女性）免于强制和其他 90
相关的约束形式（正如我论证过的一样，包括贫穷）而被证成。

46　Farganis, "Liberty: Two Perspectives on the Women's Movement".

47　Hirschmann, "Toward a Feminist Theory of Freedom", 51. 从我前面的展示来看，积极自由与共同体和关爱的联盟的主张只有对于更集体主义而非个人主义视角的积极自由才是真的，这应该很清楚了。

48　Coole, "Constructing and Deconstructing Liberty", 84—85.

库利把伯林自由的消极观念、积极观念看作男性主义固有偏见的第二个理由与后结构主义和后现代主义有关。她的论证是，消极自由、积极自由都预设了关于自我或自由主体的特定观点，它们在本质上压迫女性和其他群体，因为它们特许了（男性的、白种人的）关于善的确定价值或观念，这些反过来加强了排斥或贬低女性等弱势社会群体的传统。特别是，伯林的消极自由依赖于现实的或潜在的理性的“关于自我的一种相当确定的、自由主义的、启蒙的观点”。[49]积极自由尽管与消极自由不同，但也分享了作为自由之恰当主体的理性自我的理念，在这种情形中，它不但反对外在约束，也反对内在的、心理的障碍，比如激情。[50]因此，自由的这两种观念都信奉理性，排斥或贬低与非理性相关的人类自我的其他方面：“它们是激情、情感、身体和梦幻；是疯狂、直觉、情感和幻想。”[51]与这些理性的阴影一样，这种观点排斥、贬低了那些传统上与它们相关的群体：狂人、变性人和女人。自由的消极观念和积极观念，远远没有指明人类自由的路径，而是与我们持续的非自由沆瀣一气。

这种反驳向伯林施加了一系列预设，它们不仅从伯林的观点看是荒谬的，并且事实上是他所反对的。伯林关于消极自由的观念并没有预设“理性”自我，而是预设了“经验”自我，它通过偶然发生的一系列信念、价值和欲望得到确定，而所有这些都可能是非理性的。在伯林最明确反对的积极自由的版本中，恰恰是用理性（和德性）来定义自由遭到了伯林的反对。他认为自由的观念必须为我们以非理性，甚至肉欲的方式行动留有余地（*POI*，182；*L*，91；*FIB*，22），尽管在特定情形中这种自由应当被如何评估是另外一回事。这一点同样适用于积极自由。

---

49 Coole, “Constructing and Deconstructing Liberty”, 87.

50 Ibid., 90—91.

51 Ibid., 93.

理性自我主宰的观念只是广义积极范畴的一种版本，它包括那种我早先在与自由主义的批评者中讨论过的，对多种目标开放的自主。 91

不仅如此，这些观点还得到了伯林思想中价值多元论的维度的巩固，后者强调个人在消极自由的空间中和寻求自主时面对选项的多元性与不可通约性。在这些情形中，“理性”或“道德”都不是自由人必须追求的目标的抽象元素。伯林的多元论确实意味着对选项合法范围的确定限制，正如我将在第六章展示的一样，它们是被共同的“人类视野”和普世认可的“核心”善所确定的限制。但是这些普世的限制和善是被广义地确定的。一般而言，价值多元论的观念对于后现代刻画的许多东西是有吸引力的。伯林自己就展示了后现代可能会同情的特定趋势：他对启蒙中科学谱系的强烈怀疑，以及诸种善、文化和历史阶段之间不可通约的观念。简言之，价值多元论能够满足许多后现代理论家对道德经验多样性的理解，但却没有包含极端的相对主义，这种相对主义使后现代主义者们失去了为某个融贯的政治体系辩护的逻辑基础。[52]

6. 伯林的分析过时了吗？

最后的反驳是，伯林对自由的处理现在已经基本不切题了，因为它导向的是反对极权主义的威胁，而现在这种威胁已经降低了。[53]这个反驳有无理取闹之嫌，因为伯林的文章依然吸引着许多读者，包括一些相当敌视他结论的读者。消极自由与积极自由的区分依然应用于像言论

52　后现代主义被McKinney, “Toward a Postmodern Ethic”拿来与伯林式的多元论做对比，他关注的是它们的重叠。也被Growder and Griffiths, “Postmodernism, Value Pluralism and International Relations”拿来做对比，他们强调的是对立。伯林著作中多元论与伦理相对主义的界限在第二章中提到过，在第五、第六章得到了进一步的讨论。

53　Hunt, “A Note on Woolcock’s Defence of Berlin ,” 469; Etzioni, “Thickening the Soup”.

自由和色情文学，北爱尔兰和非洲那样多元的主题。[54]至于对积极自由的批评，这一反驳同时显示了对我们现存政治环境麻痹大意的自满，和对伯林多维度文本的片面的理解。

让我们回忆下伯林论证的三个层次。首先，逆转的主题依然是有共鸣的。当代国际恐怖主义使一切都很清楚了，自由的观念能够通过完全认同比个人更大的理念而被追求，它被认为是可以通过暴力的集体使用而得到正当行使的，这在我们的世界是活生生的、随处可见的。
92 然而，《两种自由概念》的第二层次和第三层次，即混淆的论点以及相关的价值多元论的主题，或许对我们现在而言是最重要的。伯林对两种自由的区分，以及对自由与其他善在概念上的区分是与彻底的价值多元论及其政治含义相关的大手笔。欣赏人类善的不可通约性的第一步就是把它们看成是完全不同的。一旦承认这一点，我们就能开始看到政治所产生的艰难选择的真正本质，它随之而来的对交易和妥协的需要，以及那些否认不可补偿的道德和政治损失之真实性的肤浅之处，不论它们是左派（这些人试图把所有的善都聚合起来）满怀憧憬的乌托邦，还是右派所钟情的狭隘的盈亏分析。这依然是20世纪政治宝贵的教训。

总　结

在《两种自由概念》中，伯林表达了区分消极自由与积极自由的经典构想，并推动了对积极观念精微的、多层次的批判。综合各种情况来看，他的论证非常坚固地抵抗住了批判的大潮，特别是从他价值多元论的角度出发再做考虑时，就更是如此。一些批判的确揭示了伯

54 Dworkin, "Two Concept of Liberty"; Porter, *Rethinking Unionism*; Siame, "'Two Concepts of Liberty' through African Eyes".

林立场中真实存在的缺陷。这包括他对消极自由过分狭隘的定义，这种定义把贫困从对自由的真正约束中排除出去了，以及他从自由主义的视角出发，对作为个人自主的积极自由的贬低。然而，许多其他的反驳并没有这么牢固。其中一些鉴于它们对文本的长期误解已经相当于某种神话：(1)认为消极、积极的范畴业已穷尽了自由的所有观念；(2)主张伯林混淆了作为自主的积极自由与实质自由和政治参与；(3)声称伯林对积极自由的批评是全盘反对，并且他认为消极自由才是唯一正当的观念；(4)认为他消极—积极的区分仅仅是“免于……”的“去做……”的自由的区分；(5)断言伯林对消极自由的认可意味着自由放任的情形。其他许多的批评论证，尽管并没有基于对伯林文本的神话，但也是错误的。它们包括麦卡勒姆对消极自由—积极自由区分的 93
反驳；泰勒对消极自由必须像承认外在干涉那样承认内在干涉，并且必须导向“重要”目标的论证；共和主义者认为伯林排除了无支配自由的主张，还有佩迪特关于无支配不仅区别于消极自由，而且优越于它的论证；女权主义者和后现代主义者对消极观念和积极观念都诉诸排斥性、压制性的主体观念的论证。所有这些反对都失败了。

不仅如此，《两种自由概念》的积极成就是巨大的。把这篇文章仅仅解释为冷战中的修辞术，甚至是分析自由的重要贡献都低估了它的深度、力度和精微性。最根本的是，《两种自由概念》是对观念的力量、反讽与历史性的探索。在伯林设定的问题中，观念的力量是明显的：自由的两种竞争性观念影响了千百万人的命运。诸多人类思想的黑色反讽在自由的积极观念——它以人类自由真实、重要的表达开始——最终沦为专制主义政治的工具中得到了例证。最后，《两种自由概念》证明了历史维度在恰当理解任何观念中的核心作用。积极自由的堕落只有通过追寻它在遥远而又晦涩隐蔽的道德和政治思想中的发展阶段才能被把握到。最终，伯林认为，现代专制主义的根基确实深藏于西方主要思想的一元论基础之中。 94

第五章

启蒙及其批评者

前面两章所揭示的伯林对现代自由的背叛的解释只是他20世纪极权主义考古学的第一个层次。在《两种自由概念》中，他指出，现代暴政的根基位于欧洲思想的更深层次，归根到底在于被他视作欧洲哲学传统之核心的道德一元论中。伯林把这种一元论与自己的价值多元论做对比。然而，在探究伯林的多元论之前，我应该首先考察伯林考古发现的中间层面，即启蒙及其反对者（反启蒙和浪漫主义）的角色。这个主题在1960和1970年代成为他工作的重点，并且因为两个理由而变得重要。第一，这个主题进一步阐明了伯林在观念史领域的经典方法，即想象移情的实践，确切地说，它不只是一种阐释，也是一种理论上的辩护。第二，更为重要的是，它深化并阐明了伯林对专制主义和自由的分析与他对价值多元论和一元论的理解之间的关系。

伯林对启蒙及其反对者的态度是复杂的。尽管忠于法国启蒙主义者的道德理念与政治理念，但他对其典型的科学主义（伯林将之与马克思，甚至苏联极权主义联系起来）却怀有敌意。另一方面，反启蒙运动和浪漫主义经过迈斯特、哈曼等思想家对理性和人文主义观念的抗拒，
95 导致了另外一种极权主义——法西斯。然而，伯林也看到他们反科学主义的进路可以成为反击启蒙运动中乌托邦主义的危险倾向的武器。

不仅如此，他还认为反启蒙运动的其他重要人物，比如维柯和赫尔德，预示了他自己价值多元论的重要观念。但随之而来的困扰是：在通过维柯和赫尔德的历史、文化特殊主义发展自己的价值多元论时，伯林也引起了多元论是否可以区别于相对主义的问题。如果两者间的区分不能得到维持，那么伯林的多元论就会有腐蚀他对启蒙运动普世理念的自由主义承诺的危险。我认为，伯林成功地从相对主义中区分出了多元论，但多元论与自由主义之间的关系这个更大论题仍然是悬而未决的，并且将会在第六章中继续被探讨。

我的讨论将这样进行。我首先概述伯林在启蒙运动及其主要批判者（维柯、哈曼和赫尔德）之间进行对比的基本轮廓。然后，我将提出伯林对反启蒙继承人（浪漫主义以及他们的主要政治遗产）的民族主义的解释。在最后部分，我将再次回顾伯林对维柯与赫尔德的处理，我关注的是他关于这些人预示了自己多元论观念的主张，还有多元论是否可以区别于相对主义的论题。

启蒙和反启蒙

伯林把18世纪启蒙运动和它随后的反对者之间的相互作用看作是构成当代世界的关键历史进程。

> 在我看来，18世纪后半叶，在我们明确地称之为浪漫主义运动之前，发生了一次价值观的根本转变，它影响了西方世界的思想、情感和行为。对这一转变最生动的表述见于浪漫派最典型的浪漫形式中……我希望表明这次革命是西方生活中最深刻、最持久的变化，比起影响力不曾受到质疑的那三次大革命（英国的工业革命、法国的政治革命、俄国的社会和经济革命）一点都不逊色。确实，我所关心的这次运动已关联到各个层面。（*RR*，pp. xii—xiii） 96

这个价值革命开始于伯林所谓的“反启蒙”，它同时是启蒙运动与浪漫主义之间的桥梁和转折点。

伯林认为启蒙内部有“许多区分”，但他关注的是在法国启蒙主义者中占支配地位的学派和他们在德国启蒙运动中的后继者的主流观点（*TCE*，276—277；*RR*，24—25）。他把这些观点描述为是基于三个“支柱”（*TCE*，278）的。首先，存在一种对人类理性的坚定信仰。不管是在伽利略和笛卡尔的数学模型中，还是在牛顿的机械模型中，17和18世纪早期的科学革命的英雄们都展示了对自然世界运作的理解能够推进到什么地步。第二，有一种信念认为，这种新理解是可能的，因为自然世界拥有潜藏的结构，这个结构就其可以被人类理解而言本身就是理性的。不仅如此，这个普遍原则也必然适用于人类世界：人类本质最终是自然结构的一个部分，并且相应地展示出普世、永恒的规则。人类本质的这种普世性反过来蕴含了一系列普世的人类目标、目的或对象。它们究竟是什么（候选项包括快乐、愉悦、自由），这是有争议的，但启蒙运动的所有支持者都认为存在这样的普世价值。

对伯林而言，最重要的是法国启蒙运动的第三个支柱：科学主义。那种已经揭示出自然世界的隐藏模型的现代科学方法一定会在社会领域产生同样的结果。我们可以从一个牢固的基础（它要么是自明的公理，要么是经验观察的结果）出发，分别依靠逻辑推演或分类归纳的方法，用公式表达出自然的规律。显然，同样的程序也能识别出人类本质的法则。一旦我们拥有了对人类（集体性地或个体性地）运作的恰当、科学的理解，我们便可以使用这些知识改变人类生活，使之变得更加美好。与现在的标准（它只表达了政治精英、宗教精英的无知、迷信和自私）不同，我们到时候就可以按照人类真正的需要和欲求来塑造我们的制度。正是后者使启蒙运动的支持者成为“进步和文明的一方”（*TCE*，277）。事实上，某些像孔多塞这样的思想家向前展望的不仅是进步和
97 改良，而且是人类本质的完美和社会的完美。

人们可能认为，作为自由主义者，伯林会竭力支持启蒙，全心全意地拒绝反启蒙。但事实并非如此。诚然，他说过，“我归根结底是一个自由主义的理性主义者。启蒙的价值，像伏尔泰、爱尔维修、霍尔巴赫、孔多塞讲到的那些事物，是我深有同感的”（*Conv.*，70）。伯林赞许并认同他们对理性和个体自由的支持，对残酷、冷漠、蒙昧和压制的反抗。与此形成对比的是，他也同样明确谴责迈斯特等强烈反对启蒙的思想家，尽管他能十分准确地阐释这些人的观点，好像它们是自己的观点一样。此外，伯林还把积极自由的某些专制主义形式（比如费希特）与作为意志而非理性的真实自我的观念，以及诸如民族、国家这样的集体存在者（而非个体存在者）的意志联系起来。这些观念是典型的反启蒙的态度，而伯林注意到了它们的危险。

然而，伯林也批评启蒙运动中的特定倾向，并且对其批判者的某些回应深有好感。启蒙运动的英雄们在关键方面“是教条主义的和过分简单的”（*Conv.*，70）。伯林特别针对的是启蒙运动中的科学主义。伯林对科学主义的反对在他拒绝逻辑实证主义时和关于马克思的著作中已经有了一些根源，但对启蒙及其批评者的研究确保了他详细地发展自己的批评。尽管伯林承认现代科学在解释自然世界上的权威，但在涉及人类世界时，他坚持认为自然科学的方法是非常有限的。它们可以描述人类的外在行为，但却不能解释他们的内在动机，后者使得这些行为成为人的行为，因此，我们需要历史想象和文化想象的“内部观点”。除此之外，科学主义不仅是误导的，而且是潜在专制的。如果道德领域和物理领域一样，有一系列可以被专家认识和证明的单一、融贯的规则（正如圣西门梦想的那样），那么，专家就会取代民主和自由，正当地拥有政治权威。这里同样存在与专制主义积极自由的某种联系。纵然我们真实的自我是理性的，科学主义依然意味着除了我之外的其他人（专家或者得到专家建议的领袖），可能对我的理性自我的要求知道得更多。因此虽然启蒙运动有解放的使命，但它也是极权主义的一

种来源：科学主义者不受限制的规则的观念在苏联共产主义那里达到
98 了顶峰。

因此，伯林显然被启蒙思想的早期批评者们所吸引，他把他们总结在一个集体名称——“反启蒙”之下。伯林在这个名称下提到了很多思想家，但其中四个人物花费的时间很长。我已经讨论过伯林是如何谈论其中一个人物的了。约瑟夫·德·迈斯特发自内心否认人类理性可以成为称职的向导，他认为人类在本质上是邪恶的和富有侵略性的，他坚持最终需要（由神秘和武力所支持的）绝对、无条件的政治和宗教权威——在伯林看来，所有这些都使他有资格被称作是启蒙和自由最深刻的敌人之一。除了迈斯特之外，还有三位人物也是伯林反启蒙观念的中心：维柯、哈曼和赫尔德。他关于这些思想家的主要研究现在被收入了《启蒙的三个批评者》之中。

詹巴蒂斯塔·维柯被伯林描述为“出生在他时代之前”，命中注定在他自己时代和之后被“广泛误传和误解”，但却也是“一个具有原创性天才的人”（*TCE*，21）。他一开始是笛卡尔科学的“新哲学”的追随者，后来却成为启蒙运动对自然科学的信仰的根本批评者。维柯特别批评启蒙信念的两个方面。第一个方面是，作为所有知识领域之典范的科学在观察和测量中的客观性理念。在《新科学》（1725）中，维柯构想出两个不同种类的知识之间的差异，“外在的”和“内在的”。通过自然科学得以可能的知识是有价值的，但这种知识在它只能“外在地”描述和解释现象的意义上是有限的。正如伯林所指出的，“我们观察，我们学习到相关的事实，但是我们不能理解石头或者甲虫”（*TCE*，48）。然而，在涉及人类行动时，可能（事实上必须）会有另外一种与之不同的、“内在的”知识类型，因为人类行为不仅仅是机械的或本能的，而是有目标的。我们能够理解，也必须理解我们自己的目标，而且能够以一种我们不能理解石头或甲虫的方式扩展到对其他人目标的理解。对维柯而言，人类行动乃是人类的行动，因为它们表达了行动者的世界观。

因此，仅仅通过外在地观察和记录身体在空间中的运动是不能充分理解人类行为的；恰恰相反，这种理解涉及“进入”行为意图服务的目标之中。“理解人类和他们世界的方式是通过试图进入他们的心灵，找出他们的所在，学习他们表达方式——他们的神话，他们的歌曲，他们的 99
舞蹈，他们语言的形式和习语，他们的婚姻和葬礼——的规则和意义进行的。”（*TCE*，11）

这种理解何以可能？维柯的回答是，人类具有一种“想象重构”的能力，它通过想象把我们置身于他人的特殊处境之中（*TCE*，49）。他承认在距离我们较远或较久的例子中，这是很难做到的，需要“极大的努力”，但他坚持认为这种努力虽然受到现实的限制，但却依然是可以施行的。甚至在距离遥远的情形中，通过我们共同的人性，我们依然有能力去“构想人类心灵的改进，知道人类可以做什么、想什么，不可以做什么、想什么”（*TCE*，50）。事实上，与自然科学产生的知识相比，这种“人类研究”不仅以其自身独特的方式而具有同等价值，而且对维柯而言肯定是更优先的。正如伯林所述：“因为我或其他人不仅仅是被动的观察者而且是行动者，能够理解（进入）行动所表达的目标，心灵或意志的状态，诸如此类的知识……比纯粹沉思自然界中事物的持续与存在所能获得的知识……更为‘透明’。”（*TCE*，48）笛卡尔自然—科学主义的知识典范不但不是唯一的，而且也不是知识生产的最稳固形式。

启蒙科学主义被维柯攻击的第二个特点是它静止的、非历史主义的进路。和数学家、物理学家一样，启蒙主义者在人类行为和价值中追寻普世的、不变的原则：一种基于普世、永恒的人类本质的自然法。维柯否认永恒、普世的人类本质和自然法的观念（*TCE*，54，59，106—109）。人类世界不是一个静止物、恒定物或现成品，而是永不停息地变化发展（特别包括人们内在目标和价值的变化和发展）过程的产物。与这些变化相应，各种社会都历经几个连续的历史阶段，其中每个阶段都被它自身的文化系统（包括法律、政治、伦理和美学的标准）所标识。人们在不同历史阶段有着截然不同的思想和行动。理解人类事务因而就是理解他们如何以自身具有的那种方式去发展，即，去寻求一个“演变的”或历史的解释（*TCE*, 55）。历史学远非如笛卡尔的信徒们曾经宣称的那样，是一些使人愉快但却琐碎的故事的集合，它是“所有研究的女
100 王”（*TCE*, 47）。因此，维柯预示了研究人性的历史主义进路，这个进路将在黑格尔和马克思的著作中被发扬光大。[1]

按照年代排列，维柯是伯林反启蒙运动的第一人，但他的著作在自己祖国那不勒斯之外鲜为人知，并且没有对后续思想家产生直接影响（*TCE*, 112—118, 170）。反启蒙运动在约翰·格奥尔格·哈曼的著作中有了新的开端。哈曼的背景是东普鲁士的虔敬派，这是一个以通过内省、情感的进路通达上帝，并且强调信仰之真诚性得以区分的新教分支。在哈曼的时代，对生活的这种观点好像与弗里德里克大帝以及他众多法国智囊团所进行的以启蒙为基础的社会、政治改革不太合拍。对此，伯林写道，哈曼的声音是“那些抵抗弗里德里克建造的围墙的人发自心底的呼声”（*TCE*,350）。

对伯林而言，哈曼是“第一个彻底反对法国启蒙运动的人”（*TCE*, 254）。尽管维柯已经指出科学主义的局限与偏颇，哈曼却更进一步谴责了启蒙的所有方面，把它描述为“对生命和自然力量的侮辱”，“对人和造物主本质的亵渎”，“对自然价值的倒置”（*TCE*, 271, 272—273, 290）。启蒙主义者对客观、完整知识的自负是无礼的、毁灭性的和可怜的：无礼是因为它们意味着对神位置的篡夺；毁灭性是因为它们的抽

1 伯林对维柯知识论的原创性和内容的解释已经引起了争议。比如，可参见 Aarsleff, “Vico and Berlin” 和 Zagorin, “Vico’s Theory of Knowledge”（两人后来都与伯林交流过）。另外一个重要的解释是里拉提供的，他对伯林把维柯描述为现代多元论之先行者提出异议。通过强调维柯思想中的神学要素，里拉把他看作“一个比之前设想的更重要的现代性的批判者”，他的目标不是“启蒙原则的更多人性化的调和”，而是（尽管用的是“现代科学的新语言”）对前现代社会秩序与权威的再主张（Lilla, *G. B. Vico*, 6）。

象规则剥夺了上帝世界不可还原的多样性、色彩缤纷和神秘；可怜是因为这样的系统在任何情况下都不能提供实际的知识。对人类而言，真理是非常特殊的，只有通过专注于经验方能取得（*TCE*，283）。与维柯一样，哈曼强调真正的理解需要内部的观点。真知识是可能的，但只有通过“直觉理解”的方式而非计算或证明才能获得（*AC*，7；*TCE*，295，299）。至于哈曼比维柯的高明之处，那便是他把内部的观点不仅应用于人类事务，而且也应用于自然本身。对哈曼而言，自然也是有目标的，它的目标就是上帝的目标。这个世界是上帝对人的启示，但对这种启示有或好或坏的解读。启蒙主义哲学家提供的方法注定会失败，因为它们致力于事物的表面意义，而非内在意义。对于哈曼，不仅圣经，而且“石头和岩石也体现着上帝”，我们必须准备好去聆听（*TCE*，253）。 101

特殊主义的另一种类型是伯林反启蒙运动中最后一位大师的主要论题，即哈曼的门徒约翰·哥特弗雷德·赫尔德。同维柯、哈曼一样，赫尔德拒绝启蒙运动中被他看作科学主义和粗暴的道德普世主义的东西，他为人类经验的多样性而欢呼。总的来看，赫尔德强调文化多样性的事实和可欲性。每个人类文明都拥有一个特定的身份，一个表达了自己人民独特经验与展望的“集体个性”（*TCE*，225，238）。事实上，在伯林看来，赫尔德把人类文明不仅看成是彼此不同的，而且是彻底“不可通约的”，即，它们之间的差别如此之大，以至于没有对其进行批判性比较的共同标准（*TCE*，176，206，213—218，233—239）。“任何民族都有自身快乐的内在核心，恰如每一个半球有其自身的重心。”（赫尔德，引用于*TCE*，211；*RR*，63）因此每一个文明都拥有自己的有效性和判断的规范。“任何一个集体个性都是独一无二的”，伯林写道：

> 有其自身的目标和标准，它们自身将不可避免地被其他目标和价值——伦理的、社会的和审美的——所取代。这些体系中的每一个在其自身所处的时代都是客观有效的，在席卷万物的“漫长

> 自然史”的进程中是客观有效的。在上帝眼中，所有文明在其时代和位置上都是平等的。(*TCE*,238)

按照伯林的解释，对赫尔德而言，所有的文明都是同等有效的，并且除了它们自己的术语外无法得到恰当的判断。同样，理解一种文明需要使用内部的观点，需要“进入事物内部去感受”(sich hineinfühlen，或者，用伯林的习惯，Einfühlen 或Einfühlung：*TCE*，211，197，236)。只有那些亲身经验过北海暴风雨的人，或者至少是可以在想象中激动万分的人，才有可能真正地理解维京人的史诗(*TCE*，195—196，236；*AC*，11)。

由此可以看出，赫尔德否认了对所有文明进行排序并认为过去文明位于通向现在状态的进步阶梯上的启蒙主义倾向。与这种倾向恰恰相反，每个社会都有其自身特殊的优点。中世纪被伏尔泰批判为“卑劣、错误和荒谬的”，但也拥有“某些团结、凝聚、高贵和庄严的事物”，这是我们这个充满“虚弱冷漠……和人类苦难”的时代几乎不能理解的(*TCE*，216)。对赫尔德来说，不存在从一个文明到另一个文明的线
102 性计划，只存在各个文明间不可通约的主张，每个文明都有其自身不能放弃的一套信念和价值。这个观点被伯林特别挑选出来，作为自己价值多元论的预兆。不难发现，这样做会引起相对主义的问题，对此我会在后面部分回到这个问题。

对伯林来说，反启蒙运动的主要议题基本呈现为它们对启蒙科学主义的反动。针对启蒙科学主义，维柯、哈曼和赫尔德联合在两种主要的倾向之中。第一，与科学主义的理念相反，上帝之眼客观地存在于人类事务之中，这三位思想家都强调内部观点的价值和必要性，强调要把我们自身想象性地置于那些我们试图去理解的个人和社会的处境中。这种方法当然也是伯林自己的方法。第二，维柯、哈曼和赫尔德在敌视科学主义普世性时联合了起来，最终在皈依特殊主义多样性时联合在

一起。内部的观点表明，人类各种目标和价值在许多重要方面是各个不同的。对具体经验之多样性的最彻底解释是由哈曼提出的，在他看来，任何的普遍化都是完全可疑的。伯林正确地观察到这个特殊主义者如此极端以至于走向荒谬，因为“如果没有某些普遍化，那么将不会有符号，不会有词汇，不会有思想”（*TCE*，352）。他更乐于和由维柯、赫尔德分别发展的强调历史与文化非连续性的更为温和的版本为伍。

伯林对启蒙及其批评者的解释并非没有受到过挑战。一个常见的批评是，他对“启蒙运动”普世主义和科学主义观点的解释太过单一，它将无法解释许多启蒙思想家对情感和人类多样性之作用的兴趣。[2]同样，“反启蒙”的单一概念被批评为没有区分启蒙运动的“批评者”和完全的“敌人”，前者接受理性探究的基本框架，后者则拒绝它。[3]再一次地，伯林自由主义的同伴们有时怀疑他对反启蒙运动人物的移情式理解是否过于友善，以至于在更恰当的回应受到这些人的顽固反抗时反而请求宽容他们。[4]

尽管某些批评者可能偶然成功地击中伯林思考的一些细枝末节，他自己观点的主要轮廓依然是合理的、有吸引力的。我们要记住，伯林显然不是通过提供一个关于某个思想家或某个时期的整体解释，而 103
是通过（因为它们之于我们现在信念和处境的意义）选择一种特定的思想线索来呈现自身的。例如，在介绍自己关于维柯和赫尔德的著作时，他写道：“这些研究不是对维柯或赫尔德全部作品的检查：它只与这些作品中对我来说似乎最引人注目的、重要的和建设性的论题有关。”（*TCE*，6）伯林完全知道启蒙运动包括“许多分支”（*TCE*，276），但其中

2　Gay, “Intimations of Partiality”, 3.

3　Hook, “Isaiah Berlin’s Enlightenment”, 64. 伯林很好地认识到了这一区分：见 *TCE*,vii。

4　Lilla, “Wolves and Lambs”, passim. 伊格纳季耶夫为伯林在这方面的进路做了辩护，参见“Understanding Fascism?”。

科学主义的流派有着特殊的重要性。同样，他对反启蒙运动一般特征的强调，并没有妨碍他把迈斯特等人看作是比维柯等人更为极端的思想家。至于他对迈斯特等极端主义者的过分纵容，当伯林穿上这些人的思想外套时，他有时看起来的确很享受这种虚幻的外套。但是，他的观点显然并不是我们应该赞同这样的思想家；恰恰相反，而是我们应该试图去理解他们，更好地了解这些敌人。就像一个演技派，伯林需要认同自己的角色，但他只是在《现代启示录》中马龙·白兰度认同科隆内·库茨的意义上认同迈斯特。对伯林而言，正如对白兰度来说，真诚地理解人类思想和行为需要想象式的移情，这对我们谴责的那些思想和行为来说同样如此。理解并不排除否定的判断；相反，任何判断，不论是积极的或是消极的，都依赖于在先的理解。我将在这一章的最后一节回到这个观点。

假设我们接受伯林解释启蒙与反启蒙之间争论的主要框架，那么随之而来的问题就是：它的道德含义和政治含义是什么？我将在接下来的部分探究这个问题。在前面两节，我将检验启蒙批评者的政治启示，追寻伯林对他们是如何通过浪漫主义的方式影响民族主义的解释。在最后一部分，我将考察伯林对维柯和赫尔德的解释，特别是对他们作为最早的多元论者的解释。

浪漫主义

伯林论证道，对启蒙的反叛从维柯开始，继之于哈曼、赫尔德，和他
104 们的浪漫主义继承人。[5]他在1965年所做的一系列演讲中（现在集合成

5　伯林把反启蒙和浪漫主义区分为攻击启蒙运动的不同的阶段。然而，他对这一联系的评论有些模糊。我们已经看到，他认为18世纪晚期构成了欧洲思想的分水岭，意味着“西方生活所有改变中最深刻的和最持久的”（*RR*, p. xii）。在这一段，在一系列介绍他的讲演《浪漫主义的根源》的注释中，他描述了这个转变“恰好发生在浪漫主义运动（下转）

《浪漫主义的根源》出版)，描述了脱胎于反启蒙运动的浪漫主义是如何出现的，伯林清楚浪漫主义有多种流派，但更强调它们的共同特征。后者包括源于哈曼和赫尔德等先驱的反科学主义和特殊主义，浪漫主义为此还增加了自己对人类意志和创造性天赋力量的独特关注。浪漫主义反过来又催生了民族主义。

按照伯林，反启蒙和浪漫主义源于同样的文化母体，即18世纪晚期的德国。伯林强调了两种社会—历史因素。第一，该时期的德国人承受着一种与法国人相比较而言的集体自卑情绪。与法国相比，德国看起来好像是一个政治和文化脱节的，在三十年战争与拿破仑战争中遭受军事耻辱的“落后的边省”(*RR*，34)。哈曼和赫尔德憎恶被他们看作是举止虚伪、铁血无情的科学的巴黎启蒙主义者。同样，他们浪漫主义的继承人在某种程度上也被对法国知识分子和文化统治的愤恨所激发，把法国式肤浅的机灵与德意志深刻、本真、精神化的情感做对比。

第二，伯林注意到一个事实：许多反启蒙主义者和浪漫主义者不仅来自德国，而且来自德国的一个特定区域——东普鲁士。与前面论述过的虔敬派之于哈曼的重要性一样，这个事实也由于虔敬派在东普鲁士的影响而变得非常重要。这也正是赫尔德和康德的宗教背景。对伯林而言，正统的虔敬派对内在生活的本真性(而不是政治和社会活动)的强调，是他曾在《两种自由概念》中讨论过的“退回内在的城堡”的绝佳范例(*RR*，36—37；比较*L*，181—182)。这与德国人受伤的自尊有关。当他们感到不能以更公共的方式行动或者表达自身时，他们便退回自己内在的城堡：“这是一个非常好的酸葡萄形式……你逐渐依靠一种密闭的壁垒去寻求收缩自己脆弱的外表，紧闭自己——你试图尽可

(上接)之前”(*RR*，p. xii)。然而，在这个讲演的主体部分，他对浪漫主义自身做出了一个同样的主张(*RR*，1)。可能他心里有一个开始于反启蒙思想家而被严格意义上的浪漫主义者所承接的转变过程，一个受到他们极大影响的过程。浪漫主义在这种观点里可以被看作反启蒙运动的一个分支，而反启蒙运动的思想家则是浪漫主义者的先驱。

能少受些伤害。”（*RR*，37）然而，在特定时刻，这个最初偏向防守的战略变成了一种侵略的学说，即本真意志在民族国家中得到有力的集体表
105 达的理念。

人性的全面发展需要充分肯定意志的作用，这个观点被伯林确定为“浪漫主义核心”的两条原则之一（*RR*，118）。另一条与之相关的原则是意志创造实在。根据伯林所说，浪漫主义者认为没有独立存在的、可以被我们视为知识之客体的事物结构。对人类来说，实在不是客观的，而是他们心灵积极的创造，是一个动态的过程或流动，“一个永远向前的自我动力，永不停息的生命的自我创造”（*RR*，119—120）。实在，包括道德实在，也就是我们生活所倚仗的价值，不是被发现而是被发明的。这发明的主体是“自由的、不受束缚的意志”（*RR*，117）。[6]

伯林描述了浪漫主义这两个原则是如何通过两个前后相继的阶段（其中每个阶段都有各自典型的代表人物）出现的。第一个是伊曼纽尔·康德。鉴于康德作为启蒙主义正统代表的形象——他把人类的成熟与理性、宽容联系在一起——这个主张看起来让人非常意外。伯林并没有认为康德本人是一个浪漫主义者，只是认为他对浪漫主义的特定方面起到重要影响，并且在某些方面是浪漫主义者及其反启蒙先驱的中枢人物。虔敬派的背景再次发挥了重要作用。在康德这里，它体现为康德对作为人性本质特征的自由意志理念的忠诚。在康德看来，

6　伯林对“浪漫主义核心”是通过没有阻碍意志创造实在这一原则的主张是他观念史中另外一个被质疑的观点：Gay, “Intimations of Partiality”, 4。伯林自己宣称，试图定义“浪漫主义”是他并不想落入的“陷阱”（*RR*，1）。在文本中，他可能的意思是他关于浪漫主义核心的评论仅仅适用于这个运动的德国流派。即便如此，最近有个评论者依然断定伯林的观点应该仅仅在“严格条件下”被接受，参见 Richards, *The Romantic Conception of Life*, 6n。根据德国浪漫主义者给出的解释，自我和自然之间的关系不仅是创造者和创造物的关系，而且是一种复杂的共生现象。不仅如此，尽管伯林对浪漫主义的解读强调了多元论的多样性和不可调和的观念，浪漫主义者却总是“力求统一，至少就被他们发现是分离、破碎的理想目标而言”（同前，202）。

被激情控制就是被外在于我们的，异之于人之为人（即，我们的意志依据自我施加的理性原则和道德原则而行动）的东西所控制。康德并不反对现代科学，但他的观点包含了哈曼赞同的反科学主义要素：人类并不只是自然界中可以被自然科学工具地理解的客体。理解人类就是要去理解人类行动中意志的重要作用。事实上，对康德来说，自由意志是唯一的内在善，真正的人是自主的存在者。

然而，康德至多不过是原始的浪漫主义者，因为他自由意志的观念被严格限定为接受作为人类心智先天结构的理性律令和道德律令。不受阻碍的意志观念是被剧作家、诗人和哲学家，伯林视为最早的真正浪漫主义者之一的弗里德里希·席勒向前推进的。席勒分享了康德关于意志和自主因为促使我们克服自然奴役而成为人性之标志的基本观点（*RR*, 78）。真正的悲剧就产生自人类反抗这些外在力量（不论成功与 106
否）的企图。但席勒走得更远。自由就体现为成功地肯定反抗习俗的道德义务的意志（*RR*,81—82）。席勒的戏剧介绍了一种新的英雄类型，他们本真的自我表达将自己置身于与日常生活和一般社会标准的冲突之中。伯林在屠格涅夫“多余人”观念的其他方面也发现了这种英雄，对“多余人”来说，他们在社会中没有地位，但他们自己的损失同时也是社会的损失。席勒的英雄可能以世俗标准认为是错误或不道德的方式来行动，但是他主张，真正的自由意志本身就是一种伦理标准，它要么与日常社会规则产生悲剧性冲突，要么甚至优越于后者。

席勒和其他浪漫主义的作家们因此在欧洲思想和文化中引入了一种本真性的伦理。在早先的时代，重要的是我们的行动距离独立于我们意志和欲望的真实有效标准有多远。而按照伯林所说，对席勒这样的浪漫主义者而言，理念不是通过理性或感觉被发现的，因为没有已经预先存在于自然中的理念可以被发现。恰恰相反，理念是被意志积极地创造的，伦理行动的标准不是正确性，而是真诚性或本真性。当我们超越康德作为服从的（即便是自我施加的）道德观，并且把道德重新构想为我们自身完全自由的创造时，真正的自由将会出现，人性的潜能将会被实现（*RR*，87）。

然而，即便是席勒也被伯林认为仅仅是一个适中的或“克制的”浪漫主义者（*RR*，68）。除席勒和类似的作家之外，有一个更为极端的或“不受控制的”浪漫主义类型或阶段，其中的首要人物就是费希特（*RR*，93）。伯林在这里的讨论与他之前在《自由及其背叛》中对费希特的诊断联系起来了。费希特继承了康德主义对个人自主观念的强调，用浪漫主义的方式把它界定为没有阻碍的创造性意志。他的独特之处在于增加了两个修改。第一，他比席勒更高度地强调了意志通过纯粹的行动、信念和自我创造而非理由或规范本真地表达自身（*RR*，88—89，93）。第二，与席勒截然相对的是，费希特把意志看作不仅是个人意志，而且是某些超个人实体的集体意志。这种集体存在者在他思想中有很多形式，但其中最有影响力的是民族，特别是日耳曼民族（*RR*，90—91，95—96）。在此，我们遇到了民族主义，它对伯林而言是“浪漫主义反叛”的
107 一个分支（*AC*，355）。

民族主义

在民族主义中，浪漫主义的意志是集体化的，它被定义为民族，被国家强制推行。极端的民族主义导向了法西斯主义，但伯林在1970年代的晚期著作中认为，民族主义也表达了人类对归属的基本需要。19世纪伟大的社会先知们没有预料到民族主义的持续发酵是启蒙运动诸多弱点（过分抽象和普世主义）的一个症状。启蒙运动及其批评者再次给我们留下一份混合的遗产。

根据伯林所说，民族主义和浪漫主义一样，也是德国人的创造，在某种程度上是他们受伤自尊的一种表达。我们在德国民族主义中也可以看到浪漫主义反启蒙运动的渊源，即德意志性（German-ness）被证明

首先是对被哈曼、赫尔德将之与启蒙主义者联系起来的那些事物的反动。这些有能力去进行“创造性、原初性活动”和“相信精神实体”的德国人截然不同于“那些相信无生气的自然和执掌世界的人”(费希特,引自*RR*,96)。伯林细心地注意到,费希特这里指的不只是德国,而是更为宽泛的“德意志”民族。然而,他认为这种思考播下了民族主义,特别是20世纪极端的民族主义的种子。

民族主义的出现是浪漫主义者与它反启蒙先驱之间对立的产物。前浪漫主义的反启蒙运动可能使德意志民族主义产生了某些灵感,但它代表性的思想家本身并不是民族主义者。维柯没有民族主义的迹象,他讲的是文明和历史时代,哈曼经常关注的是个体内在的经验。赫尔德尽管经常被赞扬为民族主义之父,但根据伯林的解读,他并不是真正的民族主义者(*TCE*,205—206)。赫尔德的“民族”的确有很强的内涵,它意味着民族被认为是一个有自己特性的文化或道德单位。但赫尔德与民族主义者不同的是,他没有承诺民族的政治维度,即民族国家的观念。事实上,赫尔德试图把国家看作整齐划一的或限制的力量,看作对鲜活文化伸出的死亡之手(*TCE*,181—182)。赫尔德最多是一个文化而不是政治上的民族主义者。 108

浪漫主义创造了极端的民族主义(*AC*,343)。在前现代发现的民族归属,或爱国主义,或憎恨外国人的旧情感是不够的。更显著的(尽管不是普世的)是伯林描述的“扭曲的人性之材”现象(*CTH*,246)。[7]

---

7 伯林经常把这个短语归属于席勒,它也曾经被归属于狄德罗。亨利·哈代不能在这两个作家中发现这一短语,尽管他注意到席勒的确表达了“自己拥有的民族主义观点”(*RR*,161n.)。一段曲木被矫直的隐喻事实上出现在Plekhanov, *Essays in the History of Materialism*, vii之中(列于*KM*的附录里面)——这一点我该归功于约书亚·彻尼斯。然而,普列汉诺夫的意思与伯林有所不同。哈代曾经建议我,伯林可能把普列汉诺夫的术语归属于他所发现的席勒民族主义的观点,此后,通常误认为“扭曲的人性之材”是属于席勒的(貌似是真的,实则是假的),但狄德罗从未如此(不能被证明的)。

伤害一个民族的自尊可能会引起像德国人回应法国人统治那样的反应。另一个因素可能是现代化的错位作用（dislocating effects），在其影响之下民族成为许多群体和阶级“忠诚或自我认同的焦点，或者是权力的基础”（*AC*，246）。但根据伯林的解释，民族主义的关键前提是，社会至少在有意愿和能力去支持它的知识阶层的心灵中具有“一个作为民族的自我想象”（*AC*，347）。这个民族想象必定诉诸“某些普遍一致的要素或者众多要素”，它的标准清单包括语言、伦理渊源、共同的历史和祖国。在这里，浪漫主义及时地提供了共同的民族意志、集体目标或命运的观念。这是费希特的特别贡献，只是他关于集体意志及其道德力量的观点是通过刻画整个运动的“浪漫主义意志的神圣化”而成为可能的（*CTH*，207）。

伯林通过把它与纯粹的“民族意识”区分开来发展了自己对民族主义的理解（*AC*，338）。对一个民族集体的归属感可以回溯到古代世界，但是把这种归属作为政治理论的焦点则是在现代才兴起的。在现代意义上，伯林把民族主义（他在心里依然牢记它的极端形式）定义为：“把民族团结和自我决定提升到高阶价值的状态，在它之前所有其他的考虑，如果需要的话，都必须随时被放弃。”（*AC*，338）在这个意义上，他认为民族主义有四个主要特征。第一，民族被认为是认同和归属的首要焦点。第二，民族被认为是有机的，即，它作为一个鲜活的整体有自身的需要、目标和个性。这里的关键含义是，民族目标凌驾于低级团体的目标之上，正如作为整体的身体需要高于特定部分的需要。民族是“人类本质充分实现的基本人类团体”（*AC*，341）。第三，民族目标是道德证明的基础：“之所以追随这些价值，是因为它们是我的群体的价值——对民族主义者而言，它是我的民族的。”（*AC*，342）最后，当
109 民族的价值被阻挠时，如果必要，它们可能通过强力被正当地促进。这与民族的至高价值有关：“任何阻碍被我认可为我的——即，我们民族的——高级价值的东西都不允许有和这些高级价值一样的价值。”

（*AC*,343）

伯林在这里的分析类似于用法西斯主义来标识民族主义，事实上，在他对浪漫主义和反启蒙运动的讨论中，他都强调它们预示了法西斯主义的典型观念。这方面的基本主题是非理性主义。法西斯主义对言论自由、宽容和代议制民主的拒绝在某种程度上是以拒绝理性作为公共政策和人类一般行为的仲裁者的地位为基础的。这种普遍的反理性主义在启蒙运动批评者的极端论述中得到了支持。关于这两者之间的联系，伯林最强的例子是迈斯特，他把迈斯特与法西斯思想明确地联系起来，尽管没有展现两者间任何直接的因果影响。[8]但是哈曼也被伯林在与其相关的重要文章的副标题中描述成“现代非理性主义”的奠基人（*TCE*, 243）。对于哈曼，真正的人类理解是主观的，甚至是神秘的，而非像启蒙主义者认为的那样，是客观的或分析的。不仅如此，启蒙的筹划不仅错误，而且危险，因为它消耗了真正驱动人类存在的天然能量。“知识之树已经剥夺了我们的生命之树”（*CTH*, 229, 232）。人类生活的真正核心不是沉思，而是行动（*TCE*, 355）。类似的思想在浪漫主义诗人伦茨——“行动，行动是世界的灵魂”（*RR*, 55）——和费希特——“积极的、有活力的和想象的自我的荣耀”（*RR*, 93）——中也得到了回应。

重视行动甚于理性是法西斯主义的重要内容之一。[9]也是浪漫主义对行动的正当目标的解释，即，在这里没有伦理的限制，本真性就是全部。哈曼已经暗示了这一点：“每个被造物都有占取周围所有限制它力量的事物的自然权利。”（*TCE*, 336）费希特也一样，“文明的民族是自由的，自由地在和平中生活，但是仍然可以自由地战斗和发动战争：‘文

8 参见“Joseph de Maistre and the Origins of Fascism”, in *CTH*。

9 “非理性主义也依靠对行动的迷信来寻求行动。行动本身就是美丽的，它不需要采取任何前置的反思。思想是阉割的一种形式。”（Eco, “Ur-Fascism”, 80）同样参见Mussolini, “The Doctrine of Fascism”, 329; Griffin, “General Introduction”, 6。

化不是暴力的阻抑，而只是它的工具’”（*TCE*，227）。再一次地，在此之后是浪漫主义“不可预见的意志（它要么是个人的，要么是集体的）的观念，它在某种不可能被组织、预见、理性化的潮流中奋勇前进。这是法西斯主义的全部核心：领袖明天将会说什么，精神将会如何鼓动我们，我们将要到哪里去，我们将要做什么——这些不可能被提前透露”（*RR*，145）。浪漫主义关于艺术家作为创造性的天才和不受限制的意志
110 的高级代表的观念是法西斯迷信有权利按照自己意图塑造人类材质的领袖的来源（*RR*，145—146）。法西斯主义对伦理限制（不论是普世的，还是习俗的）的蔑视就传承自浪漫主义关于生活是一种艺术的观念。

不是所有的民族主义都是法西斯主义，因此，伯林并没有全盘谴责民族主义；他也没有坚持用自己描述民族主义的那种“成熟”形式的术语去描述它们。在《民族主义：过去的忽视和现在的力量》（1978）中，他认为任何现实主义的政治观点都不能无视民族主义是一种有力的且很有可能是永久的人类境况的特征。民族主义是我们所能认识的世界中无可否认的事实。19世纪自由主义和社会主义伟大的先知们把民族主义看作过去的阶段，认为它注定要伴随支持自己的环境一起走向消亡：正如无知、不宽容或者资本主义、帝国主义一样（*AC*，339—340）。这些预言当然是错的；民族主义并没有消失，或者将要消失。理由在于，不管民族主义可能是什么样的，它都回应了人类本质的基本方面，即对归属的需要。伯林以此来强化自己的一个相关论点，即启蒙的单向性。19世纪的自由主义者和社会主义者无视民族主义的持续力量，因为他们分享了偏好普世主义、反对特殊主义的成见。“纯粹民族团体的主张和理念”将会被“理性的胜利或物质的进步或两者共同”扫除（*AC*，340）。伯林可能把忽视民族主义同样也看作启蒙自身的失败，因为按照他的解释，对民族归属的需要自身便是普世的。

无论如何，伯林论证了诸如自由主义、社会主义等启蒙的意识形态必须承认和适应民族主义持续的存在。他没有明确说明应当采取

具体何种适应形式，但他在《民族主义》和其他地方的评论中提出，至少需要谨慎对待民族主义运动的潜藏力量，特别是它在没有自由主义民主制度传统的国家中的力量。1989年苏联共产主义失败后，民族主义种族暴力的爆发有力地支持了伯林的观点。世界主义者信心满满地预言的全球自由主义民主制的“新世界秩序”再一次被证明是幻想。[10]

然而，伯林的评论也隐含了对民族主义更为肯定的观点。至少在某些不够“成熟”的形式中，民族主义不应该被仅仅看作一个野蛮的事 111
实，它也有积极的价值，因为它满足了人们对于归属的需要。在《两种自由概念》里，伯林把“归属”这个观念与被“理解”的经验紧密联系起来，进而与获得“承认”联系起来。他写道，我们的同胞“理解我，正如我理解他们一样；而这种理解为我创造了成为这个世界之成员的意识”（*L*, 203）。这种“相互承认”，他继续写道，对人们是如此重要，以至于他们愿意为了它而付出自己的个人自由，承认专制政权的正当性（只要自己是由本民族所统治的）。对相互理解的价值的强调解释了民族主义运动经常施加给捍卫地区语言的重要性，因为这是他们希望去促进的特定文化理解的必要框架。[11]禁止我的语言，你便禁止了我的整个世界观（伯林注意到，语言之于文化的重要性是所有反启蒙作家的共同主题）。反过来说，文化、相互理解和语言之间的联系有助于解释，为什么在人们自我认同的多种方式中，特定的**民族**认同具有如此强的控制力。正是在民族层面，而非家庭、教堂或私人社团层面，语言得到了发展和维持，进而塑造了我们对自我和他人的理解。如果民族身份是特别重要的归属形式，如果归属是人类幸福的基本成分，那么民族性就是一个基本的人类善。民族主义（将民族性作为政治目标来推进的意识）不仅

10 Ignatieff, *Blood and Belonging*, 4—5.

11 Ibid., 10.

不能根除，而且至少在某种形式上是可欲的。

对伯林来说，民族主义可欲形式的可能性在他后来以《民族主义的两个概念》（1991）出版的访谈录中得到了确立，在那里他把民族主义运动分为两类。一类是侵略性的、扭曲的人性之材的，在德国人和东欧人那里得到了不同例证，它们被源于屈辱的愤恨所激发，被种族认同和种族优越所增强。另一类"非侵略性的民族主义完全是另一个故事"（*TCE*, 19）。它们是纯粹"文化的"或非政治的民族主义，伯林把它们归属于赫尔德，据此，任何文明都有权力让自己"存在于太阳之下"，不受其他文明干扰和不干扰其他文明。综上所述，伯林的观点是"一个外表五颜六色的合理的和平世界，其中每一部分都发展自己独有的、与众不
112 同的文化认同，并对他者保持宽容"（*TCN*, 21）。

伯林的观点主张，（恰当理解的）民族主义和自由主义归根到底无须相互敌对。他自己没有讲过这些具体的主题，但最近几年已经兴起一种独特的"自由主义的民族主义"学派，其中有些人和伯林关系密切，并主张他在这方面富有影响。例如，对伯林的学生耶尔·塔米尔来说，自由主义和民族主义的传统"尽管通常被视为是相互排斥的，但确实可以相互协调"。[12]民族主义者可以削减以前和自己紧密相连的，关于种族怨恨和优越性的观念。另一方面，自由主义能够认可适当加以限制的民族主义的价值，以此作为自己的前提条件，因为它提供了人们认同、信任、安全和合作的纽带，而没有这些，自由主义对个人自由和社会正义的关注就将是不切实际的。[13]

然而，自由主义的民族主义引起一些有力的批评，其中有些明显是

12 Tamir, *Liberal Nationalism*, 6.

13 同样参见 Miller, *On Nationality*。要注意，伯林在《两种自由概念》中的段落，在其中他把归属与理解联系起来（*L*, 203），是被其他自由主义的民族主义者所引用的，参见 Ignatieff, *Blood and Belonging*, 10。

针对伯林的。[14]例如，有人可能质疑伯林关于独立、自主的多元文化的世界观。它在多大程度上依赖于内部单一而外部独立、在整体上不相关联的多元文化这一站不住脚的观念呢？此外，如何划清“侵略性的”和“非侵略性的”民族主义之间的界限？伯林自己就很擅长展示温和的观念如何有可能转化为危险的观念，比如康德对个人意志的捍卫转化为费希特对侵略性集体意志的认可。同样，从赫尔德防御性的文化民族主义滑向费希特沙文主义的政治民族主义的通道，在伯林《浪漫主义的根源》一书中对这些观念的论述看来也确实是可能存在的。如果积极自由的所有的形式都包含专制主义的种子，难道不能说所有的民族主义亦是如此吗？

更根本的仍然是，伯林究竟在多大程度上预示了自由主义的民族主义，他对某些纯粹文化的、非侵略的民族主义者的抱负的描述在多大程度上与自己价值多元论是一致的？一方面，个人自由被自由主义者所强调，而另一方面，群体的归属感被民族主义者所颂扬，两者在伯林的观点中看起来好像是不可通约的价值。在《两种自由概念》中，他观察到归属、承认和地位有时被等同于自由，但如果它们的确算得上一种自由的话，它们将会被视作源于消极自由或积极自由的“混血儿”，而不与两者相等同（*L*，200—208）。如果这些价值截然不同，那么它们将
发生冲突。例如，民族独立构成了对个体公民的压迫。如果自由和归 113
属是截然不同的、不可通约的，并且在彼此冲突时要求做出艰难的选择，那么分别推许自由和归属的两种意识形态是不是也是截然不同、不可通约的呢？自由主义和民族主义是不是严格非此即彼的，自由主义的民族主义是不是一个矛盾呢？

14 伯林被质疑的部分参见Cocks, *Passion and Paradox*, ch. 4。关于对自由主义的民族主义的一般批评，参见Levinson, “Is Liberal Nationalism an Oxymoron?”; Vincent, “Liberal Nationalism: An Irresponsible Compound?”。

最后一个反对理由看起来特别令人困扰，因为它深入伯林思想的核心，即伯林自由主义和他多元论之间的联系。这个问题能否被解决取决于人们如何解释多元论，特别是不可通约性这个概念。在这里，反对的理由做出了一个巨大假设：如果价值是不可通约的，那么它们之间的距离就是永恒的，并且无法得到理性解决。但这个假设真的成立吗？我的回答还需要等到下一节和接下来几章讨论过价值多元论的本质之后才能做出。具体说来，我将在第八章回到自由主义的民族主义这个主题。

多元论和相对主义

根据伯林的解释，反启蒙和浪漫主义的遗产包括非理性主义和法西斯主义，但也包括很多有价值的观念。有两条思路特别重要。正如我方才讨论过的一样，第一条是归属和承认的作用，特别是在民族层面的作用。第二条是价值多元论的观念：基本人类价值具有不可还原的多样性，它们可能是冲突的和不可通约的。对伯林而言，多元论是反对基于道德一元论的专制主义政治思想的一个有力武器。在现代，对知识和文化中一元论主导地位的表达是法国启蒙运动，特别是科学主义面向的启蒙运动。所以，伯林在启蒙的批评者中寻找多元论者对一元论的解药。但这引起了一个问题，他在这些思想家中发现的“多元论”是否其实是一种相对主义。如果是这样，它将干扰伯林自由主义的含义。

让我们回忆一下，价值多元论的观念是伯林在自己早期著作中暗示过以后，在《两种自由概念》中引进的。因此，价值多元论和他对政治专制主义的斗争直接联系在一起。专制主义的证成典型地依赖于某些形式的道德一元论，即一个或少数几个价值凌驾于所有其他价值之
114 上。如果有一个至高的善，那么以其名义所做的任何必要之事都能得

到证成；这是位于20世纪最糟糕暴行背后的理论。道德一元论与价值多元论直接对立。如果基本的人类价值是多元的、不可通约的，那么就没有任何单一的价值或者狭隘范围的价值是绝对或普世地至高无上的。不同的善将在不同环境中各自有强烈的主张。伯林论证说，与一元论允许和鼓励的一意孤行和狂热相反，多元论支持一种妥协和温和的政治，即自由主义的政治。

伯林认为，法国启蒙运动的主流是典型的一元论。从最宽泛意义上讲，一元论是可以追溯到柏拉图的整个西方传统中乌托邦思想的基础，它确实是西方哲学——“长盛不衰的哲学”（philosophia perennis）——的主流，据此，所有的问题，包括道德问题都只有一个单一正确的答案，并且所有正确答案就像智力拼图一样可以组合起来（*RR*，21—23；*CTH*，5—7；*PSM*，5—6；*POI*，5—7）。一元论的更具体表达包括那些将民族目标的价值列于所有其他价值之上的侵略性民族主义。然而，伯林特别强调了启蒙运动独有的，以科学为基础的一元论在现代性中的支配地位。在圣西门、马克思和其他人看来，正如对自然世界的科学考察一样，对人类世界的科学考察将产生一套由专家描述的和谐法则。我们因此也可以期待所有人类善在某个单一道德政治系统内被完美地实现，这同样是由那些专家认可并施行的。在伯林看来，这是斯大林主义遥远的根源之一。

如果启蒙的科学主义表达了一元论的世界观，那么一个可能找到反对一元论的地方就在启蒙的批评者们那里。伯林认为，对一元论的隐秘颠覆最远可以追溯到马基雅维里。[15]但正是启蒙及其反对者之间的斗争刺激了清楚而有力的观念的出场。无论如何，伯林将自己多元论的概念归功于后面这些来源：“我的政治多元论是阅读维柯、赫尔德，

15　关于伯林对马基雅维里预示了价值多元论的立场的论述，参见“The Originality of Machiavelli”, in *AC* and *PSM*。

理解浪漫主义根源的产物。”（*POI*, 13; *CTH*, 8—10，或*PSM*, 7—9）这个陈述诚然太过简单了，因为伯林的多元论可能有许多根源。在他早于1939年完成的《卡尔·马克思》中，我们就能看到多元论的许多观点。
115 即便如此，伯林无疑认为维柯、赫尔德和浪漫主义者是自己立场的特别重要的先驱，并且他认为在这些思想家那里寻找多元论的征兆这一计划非常重要。因此，在《浪漫主义的根源》的结尾，他指出浪漫主义影响中的反讽之处。最极端的浪漫主义者致力于颂扬没有限制的自我表达，拒绝所有的习俗、妥协，“摧毁日常的宽容生活”（*RR*, 146）。但在突破

> 所有问题都有单一答案的古典思想……它们突出强调了人类理念的不可兼容性。然而，如果理念不相兼容，那么人类迟早会明白他们必须去应对，去妥协，假如他们试图毁灭他人，他人将设法毁灭他们；因此，作为这个充满热情的、狂热的、半疯癫的学说的结果，我们最终会赞同有必要容忍他人，有必要在人类事物中保持并非完美的平衡……因此，浪漫主义的结局是自由主义，是宽容，是行为得体以及对于不完美生活的体谅；是理性自我理解的一定程度的增强。（*RR*, 147）

通过反对科学主义，浪漫主义也反对了一元论，暗示了价值多元论，并因此打开了通往自由主义宽容的门户。正如我即将展示的一样，伯林对维柯和赫尔德做出了同样的主张。

在反启蒙运动和浪漫主义中追溯多元论给伯林对多元论观念的解释增加了历史深度，也强烈影响了他描述价值多元论的方式。但这些资源的使用也给伯林的整体思想带来一个主要问题：即他所谓的“多元论”在这些运动中有时很难与更为我们熟知的伦理相对主义的观念区分开来。[16]如果伯林价值多元论真的仅仅是相对主义的一种形式，那

16 Momigliano, “On the Pioneer Trail”.

么它从两方面摧毁了他的立场。首先，这意味着伯林道德思想的核心部分完全不是一种独特的观念。更严重的是，相对主义的出发点本身就会腐蚀伯林的自由主义。如果多元论沦为相对主义，那么伯林对极权主义的抵抗也将随之沦陷，因为纳粹德国和苏联可以作为一种本真的道德文化而得到辩护，这种文化与启蒙文化不同，但却同样有效，并且只能用它自己的术语加以评判。[17]

广义的伦理相对主义认为，不存在客观的或普世的道德原则和道德价值，只存在从特殊立场出发做出的特殊价值判断。在“主观主义” 116
的版本中，这个立场是个体行动者的立场。按照这种观点，道德正确指的是，个体感觉或判断为正确的任何东西。在另外一种主要版本（“文化相对主义”）中，相应的立场是一种特殊的文化或生活方式。此时，道德正确是指被文化标准判断为正确的。对主观主义和文化相对主义而言，相关的立场都无可争辩地是专制的：不存在可以事后批评个人判断或文化规范的外在观点。按照任何一种观点，自由主义都只是特定个体或文化观点（它们恰好高度重视个人自由和宽容）的政治表达。例如，自由主义的典型主张，即特定的基本“人类”权利不仅是地域性有效的，而且是普世的，就只能对自由主义者成立。而纳粹文化和它优先考虑的价值将同样不缺少正当性。简言之，如果伯林的多元论等同于相对主义（它或者是主观主义，或者是文化相对主义），那么他政治思想的两个支柱，即自由主义普世性和价值多元论，可能会面临被撕裂的危险。

伯林从反启蒙运动和浪漫主义中发现的“多元论”可以区别于相对主义吗？在哈曼和浪漫主义者那里，伯林描述的立场看起来比其他

17　沿着这个思路对伯林的批评见Strauss, “Relativism”; Sandel, “Introduction”; Anderson, “The Pluralism of Isaiah Berlin”; Kateb, “Can Cultures be Judged?”; Sandall, “The Book of Isaiah”。对伯林的一个不完全辩护可参见Lukes, *Liberals and Cannibals*, chs 6—8。

立场更类似于主观主义的形式。哈曼被呈现为主张人类知识是由具体、直接和活生生的经验构成的，是会被理性的普遍化或抽象化扭曲的。“这实际上是当代存在主义的原始状态”，伯林写道（*TCE*，283）。同样，当伯林把“浪漫主义的核心”确定为不受束缚的意志创造道德和其他实在的观念时，他把浪漫主义者和彻底的主观主义者（存在主义者和最早的存在主义思想家，比如萨特、施蒂纳和尼采）联系在了一起（*RR*，142—145）。因此，我们就只有主观主义，没有任何独特的“多元论”的立场。

然而，被伯林视为价值多元论最重要先驱的是维柯和赫尔德。也正是在他们的例子中，伯林的很多解释强烈地指向了相对主义——这次是文化相对主义。维柯首先被呈现为一个历史思想家，他拒绝任何永恒的人类本质或自然法则的观念，并且主张文化或文明的任何发展阶段都有自己独特的特征和观点。这个观点包括它自身的一套价值，
117 这些价值是衡量其成就的唯一合适的手段，因此伯林写道，对维柯来说，人类价值“属于人类历史的特殊阶段，并且只在该阶段中才是有效的和可理解的”（*TCE*，61）。同样，“这些阶段都各行其是，只能用自己特有的方式来理解，因此彼此无法比较”（*CTH*，75）。这样的评论看起来就像是一个认可各种文化不可置疑的道德权威的相对主义者的论述。

这种文化相对主义在伯林对赫尔德的解释中表现得更为强烈，对赫尔德来说，文化或国家，而不只是文明或历史阶段，是“不可通约的”。每个文化都拥有自己独特的“重心”，因此不存在排序，甚至批判地比较不同文化的共同尺度。我们因此可以看到伯林为什么会被赫尔德的这种观点所吸引。如果不存在批判地比较不同文化的总体立场，那么就不存在坚持一个文化在道德上高于另一个文化的客观基础。正如伯林所言，不存在**上帝的选民**（*TCE*，186）。这一点有助于从侵略性的民族主义中区分出赫尔德珍视文化归属的理论（这两者有时是结合

在一起的)。然而,在急于从民族优越性的学说中分离出赫尔德式的归属时,伯林好像把它与文化相对主义结合起来了。因此,他关注赫尔德"所有这些生活方式都只能用自己的术语(也是唯一的术语)被理解"的观点(*TCE*,235)。每个文化都获得了"一种毋庸置疑的有效性理念",因此"我们不能判断价值高低,这是在测量不可通约的事物"(*TCE*,234,233)。如果这的确是赫尔德的观点,那么他除了文化相对主义者之外还能是什么呢?

伯林当然承认维柯和赫尔德有一些非相对主义的观点,但他马上把这些观点当作他们作品中最没有说服力的部分给摒弃掉了。以维柯为例,他认为社会发展的阶段与归根到底是进步的"人类历史观念"的普世模式是一致的。维柯把这个进程指向的目的(尽管永远不会被完全达到)称作人性(humanitas),即人类能力的完全实现(*TCE*,91)。看起来,维柯最终还是有一种人类本质的观念,尽管他把它构想为动态的,而不是像启蒙主义者那样构想为静态的。这的确把他和相对主义者区分开了,因为人类目标为排列文化及其实践活动的高低提供了基础。问题在于,维柯的目的论是他思想中被伯林看作最没有说服力的那个成分,伯林认为它纯粹是一些猜测(*TCE*,137;也见于87)。同样,伯林也知道赫尔德有一种人性的观念,它代表那些被所有"不朽灵魂" 118
追求的,包括自由、宽容、互爱等在内的"普世有效目的"(*TCE*,218)。但伯林依然把它当作"众所周知是不清楚的",是德国启蒙运动的老生常谈,不像赫尔德"更常见、更独特的多元论和相对主义"那样独特(*TCE*,240)而摒弃掉了。[18]

18　另外两个普世主义的要素在赫尔德那里受到了相同待遇。第一,伯林直接发问:"那有没有进步?所有的文化都是有价值的吗?"并回答:"这不是赫尔德的观点。"(*TCE*,215)他给出的理由是"存在Fortgang",即赫尔德文化"进步"的概念(*TCE*,215)。但这种观点被很快证明并不意味着普世的或者跨文化的进步(像杜尔哥、孔多塞或伏尔泰那样的),而是"每个社会、每个文化都以自身的方式发展"的观念(下转)

伯林拒绝维柯、赫尔德思想中普世主义成分的观点是站得住脚的。他们的“人性”观念的确是模糊不清的，有选择性的和问题重重的。但摒弃这些观念会给伯林带来相对主义的问题。有时候，在关于这些思想家的文章中（比如上一段引用的那些文章），他似乎承认自己在这些思想家身上发现的是历史相对主义或文化相对主义。但另一些时候，他又坚持“多元论”这个术语是区别于“相对主义”的，尽管没有表明两者究竟有何不同（*TCE*, 198n.）。与此相反，对赫尔德的讨论，尤其是通过把多元论和文化相对主义等同起来（如果不是在名义上也是在实质上），混淆了这个问题。正如前面提到过的，这种混淆的后果便是剔除了价值多元论的独特立场，并陷入了把伯林自由主义贬低为多种文化之一的表达的论证。为了避免这样的后果，伯林需要发展一个与文化相对主义明确区分的价值多元论主张。更确切地说，他需要一个批判性地评价文化实践的基础，使之无须接受各种文化都拥有道德上的权威，都是不可置疑的。

伯林对这个反驳非常敏感，在后来的文章《18世纪欧洲思想中所谓的相对主义》（1980）中回应了它。在那里，他坚持维柯和赫尔德不是相对主义者，而是多元论者，在论证过程中，他给出了自己对大致区分价值多元论和相对主义的最实质的解释。他把伦理相对主义确定为主张“个体与群体的”道德“观念和态度会不可避免地被多种情境因素决定”，这些因素包括文化和阶级的观点（*TCH*, 77）。因此，根据文化相

（上接）（*TCE*, 216）。Fortgang并没有为跨文化批评提供比Humanität更多的基础。第二，伯林也注意到赫尔德诉诸“自然”。这是赫尔德许多想法的隐秘观点，但在他反对国家作为与家庭、朋友和共同文化相反的堕落的人类关系时浮出了水面（*TCE*, 182, 186, 189, 231）。基于这个基础，赫尔德可以确凿不移地指责纳粹德国是一个文化不自然的、歪曲的而非恰当的发展。但伯林正确地看到这个论证所伴随的问题，即其假设“所有自然的事物都是有价值的”，反之亦然（*TCE*, 197）。主张某个实践或建制仅仅因为是“自然的”而是善的，这等于什么都没有解释。伯林总结说：“在这方面，赫尔德是最天真的启蒙之子。”（*TCE*, 197）

对主义，价值是完全取决于文化的。如果这是真的，伯林主张，人们将会仅仅从他们自身的文化观点来看待事物。他们将会是“隔绝的”，被构成自己全部生活的“没有窗户的箱子”或“不可透过的气泡”所占据（*CTH*, 85, 11）。最终，他们将不能欣赏，甚至理解其他文化的价值，而这些价值至少在某些可以与自己文化的价值相比较的方式上是有价值的。在相对主义者的世界里，我们也许可以把其他文化的价值看作其他物种（比如蚂蚁）外在可观察的行为目标。但我们不能把它们看作和 119
我们自己目标一样的东西来认识或同情，因为这需要把它们当作可以与我们的目标相比较的东西而深入其中。

然而，伯林论证道，世界当然不是这样的。维柯和赫尔德的重要性在于，他们都坚持我们可以理解和欣赏其他文化的价值，这种坚持使他们区别于相对主义者（*CTH*, 82）。准确地说，我们是通过想象深入那些我们试图理解的文化、道德世界观内部来理解、欣赏它们的。而使之成为可能的，与相对主义（至少是较强模式的相对主义）相反，是存在足够普世的人类经验使我们能够理解其他文化，这种理解允许我们把这些文化规范设想为我们自己生活的规范来欣赏。因此，我们理解、同情其他文化和历史阶段的价值的确实能力预设了一种特定的“人性界限”，一种共同的“人类的视域”，或道德经验的共享领域（*CTH*, 80, 11）。我们理解其他文化的能力暗示了一系列的普世价值。

有些批评者反对说，理解其他文化的价值并不必然需要分享它们。[19]在提及我们可以同时理解和谴责纳粹的活动时，伯林承认了这个观点（*POI*, 12—13; *Conv.*, 38）。纳粹的行动在道德上是令人厌恶的，但它们依然令人遗憾地处于人类理解（即，我们可以理解这些人类行动，

19　Anderson, “The Pluralism of Isaiah Berlin”, 245; Calipeau, *Isaiah Berlin's Liberalism*, 63; Kateb, “Can Culture be Judged?”, 1030; Lessnoff, *Political Philosophers of the Twentieth Century*, 220.

无论它们多么恐怖)的视域之内。但在这个例子中,人类视域好像被解释为只是理解的公共性,不是道德价值的公共性。它包含所有可以被我们理解为属于人类的那些行动,但唯独没有向我们展示其中哪些行动是所有人都要赞同的。在人类视域中,许多不同的或根本对立的道德命令都同样表现为属于人类的,这些命令包括自由主义的和纳粹的。总之,这个人类视域看起来仅仅排除了理解的极端的相对主义(认知的相对主义),而不是伦理的相对主义。此外,伯林的观点似乎给我们留下一个悖论。我们怎么能够在同情一种活动的同时又强烈谴责它呢?

我主张这些反驳可以通过引进一种区分而被打发,伯林自己没有表达这个区分,但它与伯林自己关于“价值”的两种意义或两个层面的
120 立场是一致的。首先,一种“价值”可能意味着一种具体的行动或实践,诸如纳粹侵略性的国际扩张的实践。我对这种实践的“理解”当然没有承诺我对它的赞同。然而,如果我的理解是伯林意义上的一种真诚、内部的理解,那么我必须欣赏这种实践所服务的深层目的或目标——这种实践依靠或表达的“价值”。正是这些深层的价值是可能被我分享的,即便我强烈地反对它们在当前实践中的表达方式。即使我反感纳粹的扩张主义,我也可以把它理解成对民族或文化归属这一更深目标的扭曲表达。我认同的正是这种潜藏的价值,它不仅是理解的共同视域,而且也是价值的共同视域。这种价值表达了“一般人的真正需求和志向”,尽管具体的表达形式随具体环境和信念的变化而变化,并产生了我们熟悉的(或好或坏的)文化多样性,但根本人类需求和利益的潜在图景却是普世的(*CTH*,84)。

因此,伯林讨论的关键就在于,尽管相对主义把道德经验肢解为没有关联、无法沟通的成分或视角,多元论却认为存在所有人共享的重要道德视域。这就解释了为什么一种文化中的成员可以理解其他文化,并深入其中,与之共鸣,而相对主义无法解释这一点(*CTH*,84)。由此得出,这个共同视域(至少在原则上)也为跨文化批评提供了基础,在

那里根本的人类善被特定文化或意识形态拒绝，或者不充分地实现，或者扭曲。因此，纳粹实践的军事扩张主义行动可以在这个基础上被谴责：尽管它表面上服务于文化归属的有效目标，它的行动主张却基于事关文化和种族优越性的错误信念，并且无视其他文化群体的正当主张。它们的潜在价值可以被认为是人性的和真诚的，但这种实践即便以那些同样基本的术语来看也是被误导的。

因此，不同于相对主义，多元论会在尊重文化差异和承认某些文化实践可以被批评之间取得平衡。当强势的文化相对主义使我们未经批判地接受任何被文化支持的行动时，多元论却拥有质疑这种行动的基础。这种质疑必须是敏感的，但也可能是非常彻底的。它对人类善及 121
其在不同时间、地点被解释和追求的方式的合理多样性来说必须是敏感的。因此，伯林同情维柯、赫尔德对启蒙运动的独特癖好的反驳，这个癖好把整个文化当成通向启蒙主义者世界观路上的“即将被超越的不完美事物”而摒弃掉了（*TCE*，93）。对伯林而言，正如对维柯和赫尔德而言，不同于伏尔泰关于中世纪的看法，“一个文化永远不可能只是另一个文化的手段”（*TCE*，214）。恰恰相反，每个文化都有其自身与众不同的优点和缺点。这是因为，在多元论看来，存在比任何一个人类社会中所能表达的善和美德及其正当解释更多的善和美德，以及对它们的正当解释。所有文化都有代价地强调某些善，在特定方面的长处是以其他方面的不足为代价的。伯林多元论的观点是，我们应该既看到优点，又看到缺点。所有这些文化既不能被全部实现，也不能被当作没有价值的东西而舍弃。

这是否意味着，考虑所有情况，我们将无法判断一个文化优于另一个？伯林评论的主旨是，我们应该警惕做出这些极端的判断，因为它必须考虑到人类善及其解释的巨大范围，因此必须权衡诸多特殊的优点和缺点。然而，不论从伯林本人来说，还是从他所处立场的逻辑来说，从整体上比较各种不同的文化的可能性并没有被完全排除。由于他给出的这些理由，我们的确应该小心做出这样的总体判断。但与承认所有文化都各有优劣一样，从根本人类价值的角度来看，一种文化依然可能会比其他文化在优劣之间展现出更令人赞赏的平衡。因此，自由主义优越于其他文化并非不可被论证的，这与多元论是一致的。我将在后面几章探索这样的论证。[20]

多元论者在跨文化欣赏和批评间保持平衡的一个好例子是伯林在解释维柯时提供的。维柯把自己的“英雄时代”（magnificent times）看作是优先于之前历史阶段的，因为人性在此时得到了更充分的发展（*TCE*，86）。但这不应该阻止我们看到我们为自己的进步已经支付了真
122 实、绝对的代价。荷马时代和18世纪的那不勒斯相比是野蛮的，但只有这样的社会才能产生出像《伊利亚特》那样伟大的作品（*TCE*，93）。一个没有《伊利亚特》的世界可能在整体上是更好的世界，因为它更充分地体现了根本的人类价值。但它依然是缺少《伊利亚特》的世界，后者以一种独特的方式同样表达了深层的人类价值。维柯的这种判断是对多元论何以区别于相对主义的经典阐述。一个文化相对主义者必然会说荷马式的文化孕育了自己的道德，这些道德在其自身的术语中必然有效，并且不能用其他术语来批评。我们对这种社会的道德批评是不恰当的，因为它只表达了我们自身的文化视角，而表达自身的文化视角正是我们唯一能做的事情。与此相反，价值多元论促使我们为了理解、欣赏和评价其他文明的实践而“超越”我们自己的文化（*CTH*，85）。我们有这样做的能力是因为人类共同的道德视域，它为理解和判断提供了基础。不同于相对主义者，多元论者无须承认现存的这些文化在道德上是不可被质疑的。

由此可见，伯林非常成功地表明，维柯与赫尔德是多元论者，不是

20 在第六章，我关注在何种程度上，这个判断能够独自要求普世价值。在第七章，我提出了从多元论观念中派生出的更多规范标准。

相对主义者，并且更为一般地区分了文化相对主义和价值多元论。这个区分取决于多元论者承诺了共同的道德框架，而相对主义者拒绝这个框架。这就解决了前面提出的，如果多元论和相对主义无法区分的话，伯林面对的两个问题中的第一个。现在价值多元论被建构为一种独特的道德观点。但关于第二个问题，伯林的多元论和他自由主义之间的关系是什么，该如何处理呢？我们现在已经认识到，伯林主张必须存在共同的道德框架（因为这是被跨文化的理解预设的），但我们还不曾看到这个框架的实际情形或界限。这个共同的框架对人们究竟提出了什么要求？它又排除了什么？更具体的是，它是如何证成伯林自由主义的政治的？伯林指出的人类需求支持自由主义吗，或者，它与非自由主义的政治形式保持一致吗？甚至，它们是否与自由主义的理念相容？我将在下一章追问这些问题。

总　结

对于伯林，18世纪晚期、19世纪早期见证了一种与法兰西精神革命和工业革命在形成现代世界的意义上相匹敌的知识革命。这就是知识 123
分子对启蒙运动的背叛。我们既是启蒙之子，也是它批评者的继承人，我们的世袭财产是混合在这两者之中的。启蒙运动馈赠给我们自由和宽容，但也给我们留下科学主义和技术专家治国论，以及最终通过对技术专家乌托邦的信念演变而成的苏联极权主义。我们从反启蒙运动和浪漫主义中继承了民族主义的非理性形式和侵略性形式，它在20世纪法西斯的极权主义中登峰造极。但伯林认为，启蒙的批评者也在智力上遗赠给我们所有形式的极权主义的解毒剂，即价值多元论的观念。当多元论被消弭在文化相对主义中时，伯林的主张可能会受到威胁，然而伯林最终成功地区分了这两种观念。只是他对它们二者的区分是否
足以证成他的自由主义呢？这依然是个悬而未决的问题。 124

第六章

多元论与自由主义

伯林的极权主义考古学以现代自由的背叛开始，继而深入到启蒙科学主义和反启蒙运动对理性的拒斥，最后在他对道德一元论的分析中达到了最深刻的层面。在伯林看来，20世纪最恐怖事情的根源，不仅在于自由的积极观念或专家治国的完美主义启蒙梦想，也不仅在于迈斯特、哈曼等思想家的非理性主义，而在于认为所有问题都有唯一的答案，并且所有答案都与对实在的唯一体系化解释相吻合这一西方哲学的主流信念。伯林乐于看到这种一元论的图景能够适用于自然世界，后者是自然科学的恰当领域。然而，在涉及人类价值的世界时，他深信传统的图景是错误的。人类的目标是多元的，它们经常冲突，不能被整合到任何关于人类善的唯一、特定观念之中。这就是伯林价值多元论的概念，它在他著作的许多地方（从战前关于马克思的著作到第一次明确解释过它的《两种自由概念》）都有所表达。到了伯林的晚年，多元论变成了和他对个体自由的自由主义承诺并驾齐驱的另外一个重要的道德主题。

然而多元论与自由主义之间的关系也变成了伯林思想的核心问题。通常，他似乎认为这两者趋于统一。但真是这样吗？一方面，传统
125 自由主义的谋划是普世的，主张诸如个人自由和宽容这样的自由主义

价值适用于任何时间任何地方。另一方面，多元论（至少像我们现在这样表达的多元论）可能被认为主张的是，存在许多同等有效的价值体系或生活方式，自由主义不过是其中一个（或一些）的政治表达，不能合法地主张自己优先于其他价值体系或生活方式。正如我将要展示的那样，认为多元论会削弱普世的自由主义，这种主张经常是通过混淆多元论和上一章讨论过的相对主义做出的。但是，即便多元论不同于相对主义，它与自由主义的关系依然是开放的话题。多元论的核心是价值的不可通约性。即便是普世的价值，也依然有可能是不可通约的，如果它们的确不可通约，那么在它们冲突时我们就可能面临艰难的选择。因此，问题在于，我们对这些选择的回应为什么应该是自由主义的？如果价值最终是多元的，我们有什么理由选择一种明显是自由主义的解决方案，而不是其他呢？

我将要论证伯林并没有足够成功地解释，多元论为什么应该是自由主义的。他在这个问题上的论证缺陷，为对他多元论观念的反自由主义解释打开了大门，而这种解释与伯林观点的整体精神是格格不入的。不仅如此，我还会最终表明，即便伯林自己对多元论和自由主义之间联系的论证并不像他说的那样充分，其中一些仍可以被修正、改善为更严格的自由主义多元论的一个组成部分。不过，我会在下一章采取这一论证思路。在这里，我先回顾下伯林对一元论的批评，他价值多元论概念的要素和基本含义，接着检验下他对多元论和自由主义之间关系的论述。

一元论的问题

价值多元论的观念是伯林的核心思想。有些读者倾向于质疑这一论断，因为伯林从来没有提供任何关于这一概念的体系性的或详细的分析。他总是在讨论其他观念时，比如在《两种自由概念》的最后一章，或研究诸如维柯、赫尔德等特定的思想家时，提到多元论。这可能给人以这样的印象，多元论是伯林思想的一个分支，但也仅此而已。这种解释是错误的。首先，它忽视了多元论的主题尽管经常是沉默的，但
126 却贯穿伯林作品的始终。正如我曾经指出的，对它的暗示和提示出现在伯林对马克思的研究中，出现在伯林关于俄罗斯思想家的论文中，出现在“人类自由的敌人”的广播中。对它更明确的论述在诸如《20世纪的政治观念》、《两种自由概念》等冷战时期的作品，还有关于启蒙和反启蒙的后期作品中都非常突出。其次，当他在他最后的论文和访谈——比如《理想的追求》(1988)和《我的观念之路》(1998)——中反思他自己的著作时，伯林承认多元论是他的核心关切之一。在那里，他清楚地表明多元论是他治疗20世纪极权主义最深根源的道德一元论的药剂。在前面的章节中，我曾经好几次触及一元论和多元论之间的这种对立，现在，在更深入地讨论多元论及其伦理、政治的含义之前，我应该总结一下这些论述的主要线索。

首先，价值多元论必须在与道德一元论的对立中得到理解。伯林把最广义的道德一元论定义为，认为所有伦理问题都有一个唯一正确的答案，所有这些答案都源自一个唯一、融贯的道德体系的观点(*L*, 212—213; *CTH*, 5—6; *PSM*, 5—6; *POI*, 5—7)。对于一元论体系的融贯性，可能存在不同的解释方式。伯林有时候把道德一元论定义为，认为所有被恰当理解的价值和主张最终相容的观念。由此看来，所谓的道德冲突其实只是我们对道德的不完美理解所产生的幻觉。如果我们更好地把握道德善的真正概要，我们将发现它们从来没有真正冲突过，而是像“宇宙拼图”那样和谐(*CTH*,6; *PSM*,5; *RR*,23)。

这并不是对一元论的完全令人满意的解释，因为一元论者不需要坚持价值是最终相容的或道德冲突是不真实的。一元论者可以承认各种价值是深刻地互不相容的，它们之间的冲突是真实的并且不可避免，但是依然主张所有这些冲突都有一个唯一正确的解决方案。这种解决

方案至少可以有三种方式。首先，一元论者可能论证所有善都可以被化约为某种基本货币，最好的决策就是最大化这种货币。这种一元论的经典榜样就是（各种视角的）功利主义，据此，所有人类善都可以被还原为（具有不同定义的）“效用”这一超级价值的单位。正确的行动就是产生最大效用的行动。其次，一元论者可能主张即使善不能被通约， 127
也依然可以被排列，因此更高的善总是凌驾于居下位者。例如，他可以主张自由总是高于平等或效率。[1]第三，一元论者可能论证存在一个唯一得到理性辩护的决策程序，它可以在不求助于基本货币或排列时解决价值之间的冲突。康德的定言令式就可能为这种方式提供案例。[2]

因此，在面对价值之间的不相容时，一元论可能会呈现为许多不同的面貌。最终，我们最好把一元论理解为，不是要求价值之间是相容的，而是要求它们之间的冲突有一个被唯一正确公式指出的唯一正确的解决方案，这个方案或者求助于共同货币，或者求助于排列顺序，或者求助于程序法则。伯林并没有描述这些区分，但这些区分与他的论述是一致的，并且他在把多元论指称为不仅是价值间的不相容，而且是价值间的不可通约时暗示了它们。

伯林认为，一元论的想法是政治专制主义最深刻的基础，最终也是20世纪极权主义最深刻的基础。在前面的章节中，我们已经看到了极权主义与一元论之间的一些联系。其中一种是积极自由的方式。自由的积极观念在把现实的个人隶属于一种理想的或真实的自我观念之下

1　在这里，或许罗尔斯自由高于平等的“词典式排列”作为一种榜样是有吸引力的（*A Theory of Justice*, 42—43）。但这在任何直接的意义上都不足以使罗尔斯成为一个一元论者，因为他并没有论证这一排列适用于所有情境，而只将它用于他正义的“特定观念”的特殊语境（ibid., 62—63,151—152）与一种“宪政民主”的公共政治文化中（idem, *Political Liberalism*, 13—14）。

2　一元论的第三种类型可以被论证为是从属于前面两种类型的，因为任何这种程序法则都依赖于假设的共同货币或排列。例如，可以论证，定言令式依赖于把一种特定的一致性当作道德行动中优先的目标来接受。对于这些问题，我保持开放的态度。

时就变得危险了。伯林认为，积极自由之所以会变得危险，是因为本己的自我被认为是依据唯一、正确的人类善而生活的人。因此，道德一元论应该为积极自由受宠于20世纪的独裁者负责。同样，一元论支持启蒙运动的科学主义流派，从那里发展出圣西门和马克思的专家治国论。道德只有在被认为是与物理世界类似的唯一融贯的规则体系时，我们才能期待关于人类行为的最终客观的科学，这种科学将会产生由专家管理的法律。

更为普遍的是，一元论通过乌托邦主义的方式巩固了极权主义。一元论的吸引力在于，它被期望能给我们提供一套公式，任何道德问题都可以从这套公式里得出唯一正确的答案。一旦我们知道了真正的道德体系，它将确保我们敉平所有政治冲突，建设一个完美的社会，普世
128 地赞成唯一的生活方式。这是柏拉图、卢梭、黑格尔和马克思的共同信念。伯林认为，这一清单应该马上被暂停，因为他们是现代极权主义的主要精神资源。

有一种反驳认为，伯林在《两种自由概念》中对极权主义和一元论的联结可能与他对启蒙及其批评者的分析是不一致的。正如我在最后一章中论证的，伯林的分析试图把一元论与启蒙的科学主义，还有极权主义的苏联共产主义形式联系在一起。然而，在伯林看来，法西斯主义似乎更多地来自反启蒙运动，而他把后者表述为显著的反科学主义，反一元论，和捍卫多元论的。如果法西斯主义来自多元论的反启蒙运动，那么伯林在《两种自由概念》中又是如何把一元论描述为20世纪极权主义的支持者的呢？

伯林可以回答说，他追寻的主要线索不应该被看作是互相排斥的，或严格地单维度的。他确实把苏联共产主义表述为从圣西门到马克思的启蒙科学主义的主要产物，并因而是一元论的产物。但是他也注意到，马克思通过黑格尔继承了反启蒙的历史主义（*KM*, ch.3）。不仅如此，伯林不需要而且也的确没有否认，苏联共产主义在强调意志的力量

和意志被集体化的可能性时，受到了浪漫主义运动的影响。同样，尽管他可能主张，反启蒙运动的非理性成分构成了法西斯主义最主要的来源，但他并没有忽视法西斯主义中现代化、技术性和官僚主义的方面及其对科学专家的吸引力。[3]更重要的是，与苏联共产主义一样，法西斯主义也依赖于认为所有问题都有唯一正确答案（用伯林的话说，“最终解决方案”）的一元论信念，它们在这里显然是有共鸣的（*L*, 212）。主要的不同在于，苏联共产主义的答案是被非人格的历史科学的法则所指明的，而法西斯主义则诉诸拥有超凡魅力的领袖所传达的民族精神的权威。按照赫尔德文化多元主义的观点，法西斯主义的民族精神不只是各种文化中的一种精神，更是一种高级民族的智慧。[4]这表达的不是多元主义的不可通约性，而是一元论的等级制。

对伯林一元论和极权主义联系的一个更严肃的反驳是，这种联系不是逻辑上的联系。显然，存在像洛克、J. S. 密尔这样的一元论思想家，
他们并没有为专制主义国家辩护。对此，伯林可以回应说，这只是说明 129
一元论不是专制主义的充分条件。他几乎是完全按照自己刻画积极自由和专制主义关系的方式来理解一元论和专制主义的。一元论者并非必然是政治专制主义者，但大多数专制主义者事实上是一元论者。一元论导致了向专制主义方向的转移。假设道德是一元的，就是假设在所有情形中存在一种唯一正确的答案，它可以由唯一的道德公式解答出来。假设存在一个唯一的公式，就是期待所有道德与政治问题都将

3　例如，参见意大利拥护法西斯的未来主义者的宣言：Futurist Party, “The Futurist Vision of the New Italy”, 29—31。

4　正如我在第五章所论述的，这并不是说赫尔德的观点（如果伯林的论述是正确的话）在这方面就没有自身的困难。由于他的“文化多元主义”隐含着文化相对主义，以及所有文化在道德上是平等的，并且对于外在批判是不可渗透的，这种观念可能为法西斯政体提供便利。但是我也论证了这种意义上的“文化多元主义”指的是文化的不可通约性，并不是价值多元主义的基本观念的最好解释。在第七和第八章，我将回到这一讨论。

最终被解答，道德与政治体系将因此趋于完美。即便只是在原则上相信道德与政治完美是可能的，也会引发这种完美的实现将证成任何手段的思想。伯林论证道，顺着这个思路，在道德一元论与政治极权主义之间有一种历史上可追寻的独特联系。

这一回应并不能令人完全信服。就像积极自由遭受到的批评一样，从一元论滑向极权主义的容易程度也是可以被质疑的。再一次地，这些关键步骤都只是可能性，不是逻辑的要求。一元论的思想家可能有好的理由不再假设人们能够确定地知道真正的公式，或者不认为它的内容允许通过镇压性的手段来实现。例如，J. S. 密尔就会坚持做出这样的保留。

但是，即便道德一元论并非总是危险的，伯林也可以回应说，它在所有情形中都是错误的。一元论没有正确对待人类道德经验中冲突的深刻性与持久性。而“我们在日常生活中面对的世界，是我们在同样终极的目的之间，在同样绝对的主张之间做出选择的世界，其中任何一个的实现都必然会引起其他的牺牲”（*L*，213—214）。价值多元论的观念更好地描述了我们所了解的道德世界。按照多元论的观点，基本人类善并不总是相容的、可排列的或可通约的，而是不可还原地多元的、频繁冲突的，有时候与其他一些还是不可通约的。这是一个分歧与两难的世界。如果善最终是不相容的，那么即便在原则上它们也不可能同时实现。如果善是不可排列的或不可通约的，那么当它们冲突时就不存在适用于所有情形的唯一正确的决断方式。每一个不可通约的善都
130 是自己的尺度，随着环境的不同，将会存在许多合理的方式来解决它们之间的冲突。最后，在多元论的世界中，不可能有道德或政治完美，也不可能有对所有道德、政治问题的“终极解决方案”。与一元论乌托邦主义沦落为对极权主义专制的标准论证相应的是这种观念：某个目标优先于其他目标，能够证成任何的牺牲。没有任何单一的价值，或者狭隘的价值序列能够支撑起这样的道德分量。

对此，人们或许会说，“日常经验”本身不足以表明道德一元论的错误和价值多元论的正确。的确，道德一元论者可能回应说，我们通常认识的道德世界是被争议和不确定所撕裂的，但这仅仅是因为道德的潜在一元结构还没有得到充分理解。我们可能还没有理解这一结构，并得到我们想要的答案，但即便我们没有，这也不能证明原则上不存在答案。如果日常经验不足以表明一元论是错误的，那么它也不足以表明多元论是正确的。

伯林的确没有讨论这一反驳，事实上，他并没有为多元论的真理提供任何更丰富的辩护。然而，他可以回应说，尽管这一反驳有逻辑上的力量，但也非常空洞。比如，主张将来能够发现一元论的真理：被预测的事件依然是一种逻辑上的可能性，但是让人们徒劳地等待几个世纪更令人无法接受。不仅如此，伯林注意到，通向一元论真理的最有前景的道路，即启蒙的科学主义，都明显失败了（*CC*，7，162；*SR*，42）。

伯林的捍卫者也可能论证说，多元论在解释人们理性地怨恨自己所失去的价值这一现象时，比一元论做得更好。如果一元论是正确的，那么所有真正的价值都会相互契合，以至于任何正确行动都不会涉及绝对的损失，而只有绝对的损失才是可以被怨恨的。例如，基于功利主义基础而被证成的行为会最大化人类善（快乐或偏好的满足），不论这些行为的代价是什么，它们都必然会被可以通约的利益所抵消。但是经验告诉我们，即便在正确地行动时，我们也经常会面临充满了怨恨的损失。比如，维柯认为，综合来看，现代社会是对荷马时代的改进，但与此同时，他却为产生《伊利亚特》的那些独特价值的消失而感到怨恨（*TCE*，93）。在一元论者看来，这种损失仅仅是表面的，是不真实的， 131
因为它们会被其他可通约的增长抵消。只有在多元论的视角中，这些损失才是真实的，是与经验一致的，因为我们最根本的价值是多元的，潜在冲突的，并且“同样终极”的。价值多元论的情形或许不是结论性的，但它却足够有力。[5]

多元论的分析

伯林的多元论可以被认为是包含了四种构成性要素的：(1)普世价值的观念；(2)强调价值的不可还原的多样性；(3)注重价值间冲突的频繁、常见和剧烈性；还有(4)许多人类价值彼此不可通约的关键主张。我将轮流考虑这些要素。

1. 普世价值

伯林论证了至少某些善对所有人而言是普世地有价值的，或者被实际珍视的。我在上一章解释过伯林为什么认为这一点必须成立，否则我们超越自己文化，理解其他文化这一最明显的能力就说不通了。我也展示了，为了区别多元论和相对主义，并最终捍卫自由主义的普世性，他需要这些普世价值的观念。然而，对于这些普世价值的具体内容，伯林没有给出系统的解释。在一篇文章中，他似乎把普世的善定义为"西方世界的习性与观点"(*CTH*, 205)，然而在另外一篇文章中，他又把19世纪自由主义者和社会主义的倡导者批评为"欧洲中心论

5　关于价值多元论真实的情形，见Nussbaum, *The Fragility of Goodness*, ch. 10; idem, *Love's Knowledge*, ch. 2; Raz, *Morality of Freedom*, chs 13—14; Stocker, *Plural and Conflicting Values*; Lukes, "Making Sense of Moral Conflict"; T. Nagel, "The Fragmentation of Value"; Kekes, *The Morality of Pluralism*; Mackenzie, "Berlin's Defence of Value-Pluralism"; Crowder, *Liberalism and Value Pluralism*, 64—73。价值多元论的怀疑者包括J. Griffin, *Well-Being*, ch. 5; idem, "Mixing Values"; Hurka, "Monism, Pluralism and Rational Regret"; R. Dworkin, "Do Liberal Values Conflict?"(其中一个回应可参见Bernard Williams, "Liberalism and Loss")。对多元论的其他讨论，见G. Dworkin, ed., "Symposium on Pluralism and Ethical Theory"，以及Chang, ed., *Incommensurability, Incomparability, and Practical Reason*。

的”(*AC*, 353—355)。他一再提及特定的基本善可能是普世的，比如勇敢，它“在我们已知的所有社会中都得到了尊重”(*Conv.*, 37)。在伯林那里，普世价值最常见的候选者通常是自由、平等和社会福利(*L*, 172; *CTH*, 12)。在广义的“自由”观念中，消极无干涉和积极的自我主宰可能都是普世的。

如果说伯林对普世价值的内容或实质所谈甚少的话，那么他对它们的一般本质或形式却谈得很多。然而，他的评论依旧是非体系的，并且经常不一致。一个值得注意的不一致发生在他最喜欢两种价值普世 132
性的图像之间，它们传递了相当不同的观念。有时候他诉诸对“人性”或“人类视野”的共同“限制”，超出这些限制的行为将无法被归属于人，并且无法被理解(*CTH*, 11, 80; *PSM*, 10)。我在上一章也提到了这种观念。在其他地方，伯林又提到了所有人类共同分享的价值之“核心”(*PSM*, 243; *TCE*, 277)。核心的观念显然更狭隘，并且比人类视野要求得更多。视野只是排除了人类不承认的价值，保留了几乎所有的价值，那些看不到敲击鹅卵石与杀死自己家人之间差异的人超出了人类范围，因为他的价值或目标是完全无法被理解的(*CC*, 166)。但是纳粹的行为，尽管对大多数人而言在道德上是可憎的，却并不是以这种方式无法被理解的。恰恰相反，这些行动，不论在目前情形下是如何被错误表达的，都是在追求我们能够理解并知道它们归属于人类的更遥远目标时发生的。因此，从这个观念来看，甚至纳粹社会也不能被伯林的共同道德视野所排除——他对此相当明确(*POI*, 12—13; *Conv.*, 38)。另一方面，核心更多地与道德要求有关，而不是道德限制，即，所有人或大多数人曾经在历史中接受过的那些价值。由此只能得到人类价值和实践的一个子集，因为并不是所有可以被承认为人类目标的东西都曾经被广泛追求过。纳粹的实践属于共同视野的范围，但却不那么能满足核心的要求。

不论是共同视角还是核心，伯林关于价值普世性的论述都包含了更多的不一致。他曾经在一个地方写道，“多元价值是客观的，是人类本质的一部分而不是人们主观幻想的任意创造”（*POI*, 12）。但是他更有代表性的观点是，普世价值应该被认为是经验的，就像人们碰巧想要的而不是人类本质或目的的成分那样：“存在许多人在大多数情境下，在大部分时间，确实共同持有的价值。”（*Conv.*, 37；同样见 *CTH*, 18；*PSM*, 15）[6]在另外一处，这种经验的观点被描述为“准经验的，因为支配许多（如果不是全部的话）有历史记录的生活的概念和范畴很难被排除，并且在实践中不可能被排除”（*L*, 45）。伯林有时候又主张普世善应
133 达到“没有它社会几乎不能幸存的最小值”（*CTH*, 18；*PSM*, 15），而在别的地方，它们又被表述为不仅仅是生存的要求而且是“最小的体面社会”的要求（*Conv.*, 114）。

所有这些相互竞争的描述在一个地方是相同的：在所有情形中，伯林的普世价值都是极端“薄”的或通用的。它们如此通用或抽象，以至于大多数人类社会都满足了它们，包括许多非常非自由主义的社会。这在人类视野的情形中是最明显的，在那里它只要求与任何被确定为“人性”的东西，包括纳粹，保持一致。但是，价值的核心同样也不可能是实质性的，特别是在与伯林对普世价值经验或“准经验”的解释相结合时，更是这样。根据那种解释，价值只有在长期的历史阶段被人们普世地欲求时才是普世的。但历史记录无法证明，存在任何事实上被所有或大多数人类社会实际欲求或钦佩的东西，除非是在非常一般的层面被描述的善或德性。在伯林提出的例子中，勇敢可能是一个合理的候选者（尽管什么样的特定行为才算勇敢的，这是因文化而异的），而自由和平等则非常可疑，更不用说社会福利。

伯林普世性的观念是薄弱的，这一点非常重要，因为它复活了多元论与自由主义之间关系的话题。在最后一章，我将论证如果他的多元

6　也参见“Reply to Ronald H. McKinney”, 559。

论被证明等同于相对主义，伯林的自由主义将会受到威胁，因为相对主义会削弱他自由主义理念的普世性。当伯林能够从相对主义中区分出多元论时（这是多元论者承诺共同道德视野的关键一步），威胁就被减弱了。但是，伯林的共同视野如此宽广，它的内容如此普遍，以至于它几乎没有排除任何德性。现在看来，伯林对多元论与相对主义的区分更多的是形式的，而不是内容的。他的普世性可能与大量非自由主义的价值和生活方式相一致。对自由主义价值的地方性承诺与价值多元论可能是一致的，对其他价值的地方性承诺也同样可能与价值多元论是一致的。从这个观念来看，自由主义与其他许多道德政治体系处于同样的道德地位。如果这是真的，那么多元论看上去就排除了自由主义的普世性，排除了自由主义价值不仅不与其他平等而且高于它们的主张。按照这种方式来理解伯林，那自由主义不过是共同道德视野内的一个正当阵营而已。 134

2. 价值的多元性

伯林价值多元论的第二个要素是，包括普世价值在内的人类价值是不可还原地多元的观念。存在许多内在的善，即，因其自身而值得欲求并且不能被还原为或隶属于其他善的善。伯林没有讨论这种多元性的精确范围，尽管他说它是有限制的。“在维持我的人性面貌和人性品格的前提下，我所能追求的价值的数目是有限的，它们可能是74、122或者26，但不论是多少总归是有限的。”（*POI*, 12）这种限制与跨文化理解的可能性有关，并因此与共同人类视野有关。这是因为价值的范围植根于“人类的有限性之中”（*CTH*, 80），因此我可以通过想象进入他人所经历的善和实践之中，即便我自己并没有经历这些善和实践。

在这里，一个重要的问题是：“什么是多元的呢？”“价值多元”这个词是含混的，因为“价值”一词能够以不同的方式被理解。约翰·格雷认为，价值多元论在伯林那里有三种不同层次：第一，各种善之间的，比如自由与平等；第二，善内部的，比如消极自由与积极自由；第三是代表一系列善的“文化形式”或生活方式之间的。[7]正如我将要展示的那样，格雷是把最后一个层面的文化多元主义当作他对多元论的反自由主义解释的基础来强调的。如果文化在伯林的意义上是多元的，是不可通约的，那么自由主义就可以被展示为一种不可通约的文化观，不能有效地主张自身的优越性。

我将在后面回到格雷论证的细节之处，但是需要直接指出的是，在他对伯林多元论的文化解读中存在一个问题。我曾经承认过，不仅各种善之间，甚至善的内部，而且文化之间都是不可通约的，这种观念的确在伯林的文本中出现过，特别是在他对维柯和赫尔德的解读中。但这如何与伯林关于共同道德视野的观念相容呢？如果存在普世的价值，即便它们是高度抽象的，各种文化之间的也不会是完全不可通约的。在共同视野的限度内，文化必须重叠，必须至少分享某些共同的人类观点。不论伯林自己有些时候怎么说，他更好的观点主要是诸种善之间的（以及善内部的）多元，而不是文化之间的多元。毋庸置疑，各种
135 善之间的多元也会导向文化多样性，因为不同人类群体以多种方式追求一系列独特的善是合理的。但是，正当的文化多样性应该寄存于更根本的善的多元性之中。如果不是这样，如果价值多元论使人们像接受善的多样性那样接受文化多元主义，那么我们将无法区分多元论和文化相对主义。如果价值多元论是一个独特的观念，那么它必定首先指的是各种善的多元，而不是文化。不仅如此，考虑到伯林对共同道德视野的论证，主张各种善比各种文化更多元，这是有说服力的。跨文化理解的可能性表明，尽管文化间有巨大的差异，但在抽象的人类目标和利益上也有共同的因素。正如我所指出的那样，善优先于文化的多元论观点对捍卫自由主义有着重要的意义，在第七章讨论格雷时，我还会

7 J. Gray, *Isaiah Berlin*, 43—44; Wolf, “Two Levels of Pluralism”.

回到这个问题。

3. 价值间的冲突

伯林价值多元论中的第三个要素是，他强调各种善(包括普世的善)之间存在潜在的冲突。显然，各种善之间并不总是冲突的，但它们经常冲突，因此我们必须做出选择，我们必须“允许大量的善会相互冲突，其中一些不能共存，即使别的可以——简言之就是一个人在原则上和在实践中不能拥有所有事”(*CTH*, 17; *PSM*, 14)。这种冲突和它所蕴含的选择能够在社会或“单一个体心胸”的范围内发生(*CTH*, 12; *PSM*, 10)。很难相信伯林自己对价值冲突的体验(例如，在他对英国的忠诚与对犹太复国运动的忠诚发生对峙时，以及在他对启蒙与反启蒙的立场中)没有像他对维柯、赫尔德的阅读一样影响他对多元论的感受。

“一个人不能拥有所有，不论是在原则上还是实践中”：这是伯林最根本的主题之一，他在许多场合以许多不同方式表明了这一点。要注意，伯林谈论的价值冲突不仅仅是情境性的，也是概念上的，这很重要。存在许多种价值冲突的方式。[8]在有些情形中，冲突是完全被情境引起的，比如我有时间去游泳池或图书馆，但不能同时去两个地方。然而， 136
在伯林心中，价值冲突是“原则性的”，因此这样一种价值的实现必然会忽视或毁坏另外一种：“狼的自由就是羊的末日。”(*CTH*, 12)同样，这在个体与社会两个层面都是正确的。一个选择单身生活的人享受不到拥有家庭生活的好处。产生《伊利亚特》，庆祝英雄德性的荷马社会享受不到基督教的美好品质。人类价值的范围是有限的，受到人类目标的制约。但这个范围很大，其中的要素经常是不相容的。不论是个人

8　参见被Richardson, *Practical Reasoning about Final Ends*, ch. 7, passim提出的价值冲突的类型学。

还是整个社会，没有一种单一的生活能够充分实现这些人类价值。

显然，伯林从各种善的不相容中得出的结论就是，他反对关于道德和政治完美的“理想的”、乌托邦的视角。

> 完美的世界，最后的解决，一切美好事物和谐共存，这样一些概念，对我来说，并不仅仅是无法实现的——这是不言自明的道理——而且它在概念上也不够圆融；我不能够理解，这种和谐究竟意味着什么。有些至善是不能够一起共存的。这是概念上的事实。（*CTH*，13；*PSM*，11）

对伯林来说，政治完美是不可能的，它不仅仅受制于实践的困难，而且也是“原则上的”，因为那么多根本的人类善在概念上就是不相容的。

但是，即使在概念层面，各种善之间的不相容也不能完全解释伯林为什么反对政治乌托邦主义。这是前面提及的观点的必然结果：接受深层次的价值不相容并不必然舍弃道德一元论。即使确定的善在概念上是不相容的，在实践中必须被交易或排列顺序，依然可以论证在所有情形中存在一种唯一正确的交易、排列方式。比如，我们可以论证效用是所有善的共同货币，或者自由总是高于其他善，或者我们应该总是遵循像定言令式那样的程序法则。换句话说，某种形式的完美主义是不能被概念上的不相容所击败的。这种乌托邦主义的体系没有预设所有的善都能同时得到充分实现，而是主张存在一个回答所有道德和政治
137 问题的唯一正确的答案。这也是被伯林视为错误的、危险的观点，但是要证成他的立场，他需要诉诸他多元主义立场的最后一个要素。

4. 不可通约性

这是伯林多元论的最后一个要素，同时也是最独特的要素。同样，

他从来没有认真分析过这个要素，但我们能够从他的论述中梳理出一个合理、融贯的图像。基本的想法是，某些善是如此不同，以至于它们没有共同的尺度。每一个善都是“同等终极”的，拥有它自己的内在价值和独立的道德力量（*L*，213）。例如，如果自由和平等是不可通约的价值，那么每一个都向我们提出了独立的主张。没有一个能够被转换为另外一个，没有一个的重要性可以完全补偿另外一个的重要性。

由此得到的最直接含义就是，当不可通约的价值冲突时，我们面临着艰难的选择。首先，在选择一种善时，我们可能必须放弃另一个，并因此遭受无法被完全补偿的损失。其次，如果每个不可通约的善都以自身为尺度，那么我们将不能通过简单地应用类似功利主义这样的一元论法则在它们之间做出选择。从多元主义者的观点来看，效用只是许多价值中的一个。处于冲突之中的价值必须在不求助这种便利尺度的情况下互相抗衡。这消除了在上一部分提到的，第二种意义上的道德和政治完美的可能，那种道德和政治完美接受善的交易或排列，但却主张在所有情形中只有一种正确的交易、排列方式。如果价值是不可通约的，那么给予许多不同价值以特权就同样是理性的，并且没有任何一种货币、排列或决策程序是有效的。

除了这种一般的图景，伯林对不可通约性的解释，以及随之而来的在彼此冲突的价值间的选择的论述是模糊的、不一致的。有时候他看上去赞同一种非常强的不可通约性观念，认为价值完全是不可比较的，并且它们之间的选择是非理性的。例如，在他关于马基雅维里的论文中，伯林写道：“整个价值体系可能出现冲突，没有理性决断的可能。”（*PSM*，320）在一个广播谈话中，他坚持“你不可能说爱比荣誉低级，你 138
也不想说荣誉低于爱。它们都是终极的价值，不存在解决这一主题的方式：你必须以某种方式做出决断”。[9]如果这是他的观点，那么看起来

9　Berlin, “The End of the Ideal of a Perfect Society”.

他对解决道德、政治问题的自由主义方案的承诺就是独断的。的确，从这种对不可通约性的强解读来看，任何政治立场都是无法得到理性证成的，因为它们非理性地选择一种价值系列而非另一种。

然而，对不可通约性的强解读既不是伯林的唯一观点，也不是最好的。他在后来的文章中明确否认这一解读，在那里他声称，如果不是在抽象层面的话，那么至少在一些特殊情形中，在不可通约的各种善之间的合理选择是可能的。[10]他没有为此举出例子，但是思考一下公正与个人成就之间的冲突可能会有帮助。功利主义者威廉·葛德文认为，“政治正义”应该总是先于任何别的事，而正义又被理解为非个人的人类幸福的最大化。在他著名的例子中，如果面对一场大火我必须选择救我的父亲或者费奈隆主教，一个人类的恩主，葛德文主张我应该选择主教。[11]大多数人将会说这种判断是错误的，因为它忽视了父母与子女之间的特殊关系。确实存在我们应该把自己个人的亲属关系让位于不偏不倚的正义的情形，就像法官在进行审判时或官员签订公共契约时一样。但是人性中不偏不倚的公正并非总是第一位的，就像费奈隆主教的例子展示给几乎除葛德文之外的所有人那样。偏袒优先还是公正优先，这不仅依赖于任何绝对的一元论排序或决策程序，而且取决于发生冲突的特殊语境。这种不可通约性不可能在抽象的层面得到排列，但在特殊情形中有许多好的理由排列它们。

因此，那个至少允许某种理性选择空间的，更加温和的观点是伯林对不可通约性以及价值多元论的更好观点。尽管不可通约性可能会给理性决策制造麻烦，但它并没有排除特殊语境下的理性选择。在上面提到的两种意义上，在不可通约的选项之间的选择总是困难的：它不能被任何简单的一元论标准所引导，它总是引起令人怨恨的损失。不仅

10 Berlin and Williams, “Pluralism and Liberalism: A Reply”.

11 Godwin, *Enquiry Concerning Political Justice*, 169—170.

如此，还可能会出现真正两难的情形，在那里没有决定性的理由喜欢一个选项胜过另一个。但是在其他情形中，不可通约性之间的选择尽管 139
困难，但却无须是非理性的或独断的。恰恰相反，选择这一个而非那一个的决定性理由将从语境中产生。正如伯林所指出的，“具体的情境就是一切”（*CTH*，15）。

这种观点在《政治判断力》（*SR*）中得到了加强。在那里，伯林论证了成功的政治决策并不是对植根于假定的“政治科学”的一系列抽象法则的遵循。恰恰相反，“重要的是理解一种完全独特的特殊情景，特殊的人、事还有危险，特殊的希望和恐惧，它们在特定时间特定地点积极地运转着：在1791年的巴黎，在1917年的彼得格勒”（*SR*，44—45）。最成功的政治家，像俾斯麦和奥古斯都大帝那样的领袖，是那些有能力通过把不同的、变化的数据整合、综合到一个融贯的类型中来“把握”情境的人。与诉诸理论知识相比，他们是通过更接近于直觉的过程来做到这一点的。“在这种意义上把握情境，一个人需要获得一种对相关数据的直接的，几乎感性的把握。”（*SR*，46）这些段落表明，首先，在竞争的不可通约的价值之间的选择并不只是独断地选择一个选项而非另一个，恰恰相反，这种选择能够被或好或坏地做出或多或少的成功。更确切地说，在这些领域中，好的选择总是涉及对特殊情境的密切关注。

更确切的是，伯林有些时候通过遵循“我们相信的一般生活类型”（*L*，47）或“一个人所属社会的生活形式”（*CTH*，18；*PSM*，15）理性地解决这些问题。换言之，某种价值冲突的情形的特殊性总是包含了特定的背景承诺，它们或者是由相关的个体做出的，或者是由这些个体所属的社会做出的。这种背景承诺，就像那些法官或官员的承诺，或者对自己儿子的爱一样，可以帮助我们理性地解决价值冲突。当然，我们的背景承诺是什么总是不确定的，并且一系列的承诺有时候会与另一系列的承诺相互冲突。在此，我们可以想到萨特举的例子，一个人在参加抵抗组织和留在家里照顾母亲之间犹豫。[12]这恰恰表明，对道德冲突的解决经常是麻烦的，它与“某些逻辑上的凌乱、灵活甚至是含混的妥协”是一致的（*L*，92）。在缺乏有效的一元论决策程序时，我们不应该认为
140 没有决策程序。只是承认对这些选择的理性证成可能是混乱的，并不等于说这样的理性证成是不可能的。

理性的道德决策无须排列或通约就可以做出，这种观念背离了由功利主义者和康德提供的典型的现代智慧，但对伯林来说，却绝不是独特的或原创的。尽管他没有建立这种联系，但这种观点的古典表述就是亚里士多德对明智（phronēsis）或实践理性的解释。[13]按照这种观点，人类道德太复杂，以至于不能还原为一种在现代占支配地位的一元论法则。但恰恰相反，道德决策的唯一正确标准就是，人们应当模仿明智的人，即有实践智慧的人。明智的人通过在应对类似情境时积累的经验决定了在给定情境下应当做什么，应当如何精确地平衡相互竞争的考虑。经验能够使明智在实践推理中发展出一种特定的技能，它是从那些共同促进整体上良善的生活的德性和品性中提炼而来的。稍后，通过论证在不可通约项之间的选择需要一种特定的技艺或德性，我将阐释亚里士多德伦理学和价值多元论条件下的理性选择之间的相似之处。这些德性将为多元论者的实践推理提供更进一步的指导。

显然，多元论者关于道德选择的观点引起了许多关于如何解决特

12 Sartre, *Existentialism and Humanism*, 35—36.

13 伯林用“政治判断”明确地指向他描述为“实践理性”的过程，尽管没有提及亚里士多德（*SR*，47）。伯林通常把亚里士多德与一元论的观点联系起来，比如，亚里士多德关于“沉思的生活是人们能够主导的最高生活”的理论（*L*，295）。对亚里士多德作为一元论者的其他描述，见*POI*，6，65；*PSM*，313；*RR*，27，138；*TCE*，59，145。但是，亚里士多德也被伯林归纳为多元主义的“狐狸”而非一元论的“刺猬”（*RT*，23）。对于亚里士多德实践理性的论述是与柏拉图关于善的统一理论对立的对不可通约价值的承认的论述，见Nussbaum, *Fragility of Goodness*, ch. 10; idem, *Love's Knowledge*, ch. 2。关于纳斯鲍姆对亚里士多德的多元论的解读的争议参见Larmore, *The Morals of Modernity*, ch. 6。

殊的困难情形的问题，但是，所有现实的道德理论都应该面对这些问题。不仅如此，为了促成他的政治观点，即多元论与自由主义之间的亲缘性，伯林不需要解决所有这些问题，甚至其中许多的问题。即使他不得不承认从多元论者的观点来看，许多具体的伦理问题必须被视作不可解决的两难，他也可以坚持主张，多元论者在任何时候都有理由接受包含这些议题的自由主义的政治框架。但是接下来的问题就是：为什么这个框架是自由主义的？自由民主制给了诸如宽容、个人自主和人权这样的善以特殊的分量。就像共产主义拥护平等、团结和社会正义，或者保守主义强调稳定、审慎和传统一样，为什么这种善的特定集合是可选项目中的首选？事实上，伯林对“我们相信的一般生活类型”的诉诸其实反映了保守主义的价值，而不是自由主义的。简单来说，伯林的自由主义如何能在他的多元论面孔中得到证成？ 141

从多元论到自由主义

伯林的确认为自由主义能够与多元论调和，他有时会更进一步主张，多元论给自由主义提供了积极的支持。这里他依然既不清楚又不一致，并且他的文本需要被认真地梳理。

即便像伯林对自由主义的承诺那样根本的事情，在他那里也没有被明确承认过，尽管已经表现在文章的背景之中了。事实上，他在自己全部文集中，几乎没有宣称对自由主义的独特忠诚。正如我所展示的那样，他普世价值的观念没有表达任何具体的自由主义要求。他经常是以“一个起码的体面社会”或“正常活动”或与“野蛮”相对立的“文明”的条件等更一般的术语来谈论问题的（*Conv.*, 114; *POI*, 158; *CTH*, 205）。尽管自由主义的独特情感一次又一次浮出水面，特别是在他反对苏联共产主义的文本中。例如，在《两种自由概念》中，他赞同地写道“自由的门槛”，或者对于任何真正值得欲求的人类存在而言最小程度的消极自由（*L*，52—53，171—174，211）。自由主义理想在这里不仅被呈现为特殊文化的艺术品，而且是普世有效的。伯林在一次访谈中承认了对普世性的承诺，在那里他确认了自己对人权的信念，尽管否认它们可以被理性地奠基（*Conv.*，114）。同样，尽管他偏爱消极自由，他也表达了他对个体形式的积极自由（康德和浪漫主义者倡导的那种自由）的赞赏（*L*，39）。尽管他并没有把个人自主与自由主义的传统明确地联系在一起，那些这样做的自由主义者依然能够得到他的赞同。

假设伯林是一个普世主义的自由主义者，他是如何看待自由主义与价值多元论之间的关系的呢？同样，这里的线索是混乱的。足够清楚的是，他认为自由主义与多元论是相容的，但是他坚持这一立场的理由在面对多元论引起的问题时却远远不够明显。在一篇广为流传的文章中，他写道，认为多元论和自由主义互相冲突的主张依赖于以下错误的假设：多元论条件之下的选择总是非理性的。[14]如果多元论确实排除了在互相竞争的不可通约善之间的理性选择，那么就不可能理性地

142 捍卫自由主义，或者任何一般的政治立场。同样真实的是，多元论事实上并没有排除不可通约的选项之间的理性选择，因为（正如伯林所论证的）理性选择至少在一些具体情境中是可能的。但是，这如何能使伯林证成作为普世谋划的自由主义呢？要证成普世的自由主义，我们就不能声称多元论在某些情形允许自由主义，在另外一些情形中不允许自由主义。伯林可以更宽泛地主张，对自由主义理想的一般追求在“我们认为是一般的生活类型”的广义语境中是得到证成的，但是这依然不足以捍卫自由主义的普世性。它顶多只是在已经存在的自由主义文化中证成了自由主义的制度。从这种对多元论的理解来看，自由主义者无

14 Berlin and Williams, “Pluralism and Liberalism: A Reply”.

法向非自由主义者论证自己的立场。[15]

在多元论的前提下，语境论证在该语境碰巧支持那些自由主义的解决方案时为论证自由主义打开了大门，但它却不适用于其他语境。就此而言，自由主义的普世主义看起来与多元论是偶然巧合的。或许，伯林能够通过论证自由主义的普世主义其实就隐含在价值多元论的观念中而克服这一问题？或许自由主义不仅与多元论相容，而且被多元论所蕴含？伯林在这里摇摆不定。有些时候他否认多元论与自由主义之间任何必然的联系（*Conv.*，44）。但是另外一些时候，他又断言多元论的确意味着自由主义，比如他说“多元论，以及它蕴含的消极自由的尺度”（*L*，216），比如他写道“如果多元论是一个有效的观点……那么随之而来的是宽容和自由主义的结论”（*POI*，13）。

我认为至少在某些地方，伯林的确认为多元论意味着自由主义。无论如何，这是他更引人关注的主张。他是如何论证这一点的？首先，我们应该沿着那些被归属于伯林但却显然不是他的思路，清除掉明显不充分的论证。一个这样的论证是，如果多元论为真，那么任何对善的特殊选择永远不会比其他选择更不理性，人们因此应该给做出选择的人以自由。迈克尔·桑德尔把一些类似的论证归属于伯林，他指出这明显是有缺陷的：从这个观点来看，自由主义对选择自由的承诺本身只代表了一个选择，不比其他的更理性或更不理性，因此一种拒绝选择自由的非自由主义体系也将同样得到证成。[16]事实上，这种论证把多元论还原成了相对主义。然而，正如我前面论证过的，这不是伯林的观点。在伯林的多元论那里，认为所有选择在没有限定的情况下同等有效，这 143

15　这一反驳直接指向罗尔斯在《政治自由主义》中提供的语境主义论证：参见Sheffler, “The Appeal of Political Liberalism”。对自由主义的更宽广的语境主义论证可参见Constant, “The Liberty of the Ancients” 和Raz, *Morality of Freedom*, part V。对这些论证的自由主义—多元论的断言见Crowder, *Liberalism and Value Pluralism*, 112—115。

16　Sandel, “Introduction”, 8.

是不正确的。伯林坚持多元论者尊重普世价值就是这样做的一个理由，尽管他承认这正如他所描述的那样，是一个弱要求。在后面，我将提出多元论隐含着另外一些原则，它能对什么算作一个有效选择施加限制。

从多元论论证自由主义的另外一个尝试是，主张伯林的普世价值意味着一系列“最小人权”，以及一种“最小的自由主义”。[17]从这个观点来看，“共同人类视野”包括免于饥饿、专断地杀戮，还有奴役的自由权利，这些基本权利确立了一种关于人类权利的初步解释。但是伯林并没有承认，共同视野要求任何这种权利。正如前面展示的一样，除了被当作人类行为之外，共同视野没有要求任何东西。即便更为狭隘的价值之“核心”的观念也不足以为这种权利提供实质的支持。不存在这样的权利，或者甚至它们的伦理本质（例如，禁止奴隶制）确实被所有人类社会所承认的情形。诉诸普世价值可能是从多元论走向自由主义的第一步，但是单独把自由主义奠基于普世价值的尝试不可能成功，也没有被伯林所采纳。

事实上，伯林提出了从多元论到自由主义的两个主要论证，第一个关注选择的价值和观念。如果多元论是真的，“在绝对主张之间选择的必然性就是人类情境无法挣脱的一个本质。这给自由以价值”（*L*, 214）。价值多元论的观点关注道德的多元性和冲突。从这种观点来看，选择不可避免地成为道德经验的中心阶段。伯林论证道，如果我们必须选择，我们必须珍视选择自由的价值，这隐含了基于消极自由的自由主义秩序。至少在伯林表达的形式中，这一论证无疑是有缺陷的。[18]它在本质上是自然主义谬误的一个例子，因为它从选择是不可避免的

17 Riley, “Crooked Timber and Liberal Culture” ; idem, “Interpreting Berlin’s Liberalism” ; idem, “Defending Cultural Pluralism: Within Liberal Limits” .

18 Crowder, *Liberalism and Value Pluralism*, 81—82; Galston, *Liberal Pluralism*, 53.

事实中直接得出了选择自由的价值。但是，选择是不可避免的，这种事实本身并不能使选择（或者促成选择的自由）变得有价值。伯林自己观察到，不可通约的选项之间的许多选择是伤害性的，甚至是悲剧的。那么，我们为什么应该珍视这样的选择或者促成它的自由呢？一个更好的解决方案可能是尽量避免这些选择，这样做的方法之一可能是故意减少我们的消极自由。道德选择的必要性本身是与专制主义相容的，就像它与自由主义的政治相容一样。 144

或许伯林对选择的价值的论证还不那么直接。他的意思或许是，道德选择之所以有价值，不仅因为它不可避免，而且因为它表达了独特的人类尊严。这是对道德选择能力是人类独特性的康德主义论证，自由因此作为我们特殊道德地位的标志而被尊重。所以，伯林写道，我们关于人的概念与我们对人“能够通过慎思的选择行为追求自身的目的”（*L*, 337）的设想是分不开的。但是，这一论证思路最终还是犯了自然主义谬误的老毛病。为什么道德选择是人类特质这一事实使它具有了价值？其他人类能力也是独特的，但却既不是有价值的又不是道德中立的——例如，“不分季节的两性交往，或者掠夺环境、破坏自然平衡，或者屠杀事物以享乐”。[19]此外，康德主义珍视选择的情形并不是独属于多元论的。我们期望伯林能表明价值多元论是如何蕴含自由主义的情形的。但价值多元论并没有为康德主义的论证增加任何东西，康德指涉的是一般的道德选择，而不是不可通约的选项之间的道德选择。这种康德式的迂回进路并没有表明，为什么多元论的事实应该使我们支持自由主义对选择的承诺。

伯林从多元论到自由主义的第二个论证思路更不明确，但却更有吸引力。他基本的主张是，多元论意味着政治上的完美是不可能的，因此它意味着需要一种容纳、管理人类生活的不完美性的政治形式，而不

19　Williams, *Morality*, 73.

是无望地超越这种不完美的政治形式。

> 如果他们能够确信在某个完美的，人们在地球上可以实现的状态中，他们所追求的那些目的绝不会相互冲突，那么，选择的必然性与巨大的痛苦就会消失，自由选择的核心重要性也会随之消失。于是，任何一种使这种最终状态接近的方法，似乎都是完全合理的，而不管推进这种状态需要牺牲多少自由。（*L*，214）

如果完美是可能的，那么通过定义，它的实现能够证成任何东西。但是如果多元论为真，那么不论是在价值相容的意义上，还是在价值通约的意义上，都不可能存在道德和政治完美。在多元论中，不存在能够充分实现所有人类价值和卓越的美好生活的观念，强调一种善总是会导致
145 其他善被忽视。同样，如果多元论是真的，就不可能获得解决所有道德冲突的唯一法则或简单的法则体系。不同的一般法则从不同的善观念或一般的价值排列来看是同等合理的。因此，没有任何一种社会能够满足它的所有成员。（事实上，只要意识到还存在其他可以选择的有价值的选项，那么就没有任何一种个体生活能够完全满足生活于其中的人。）在根本的道德问题上必然存在分歧、紧张与冲突：在与其他善交易时，应该选择哪种善和德性，解决冲突的最好的法则是什么？人类多样性将击败任何指向社会与政治完美的尝试。这就是伯林最喜欢引用的康德的那句话的意思，他曾经重复过很多次："扭曲的人性之材造不出任何直的东西。"（*CTH*，19，48；*L*，92，216；*POI*，181；*PSM*，16；*SR*，192）

这种主张的政治含义是两方面的。一方面，这种不可避免的不完美排除了那些乌托邦的政治理论，它们谋划着完全满足的政治社会。这些观点包括了自由主义在历史上的许多对手。另一方面，多元论者的不完美也带来了积极的忠告：只有那些承认并包容这种不完美的效

果（特别是不满足、疏离以及显著的社会冲突）的政治形式才是可行的。在满足这一描述的政治形式中，自由主义是最杰出的，从17世纪洛克讨论宽容的情形开始，它的历史使命就是治理而非消除社会冲突。[20]对自由主义而言，国家的任务，或者更一般的政治机构的任务，不是完善个体生活或调和社会阶级或团体间的关系。恰恰相反，是为个人奋斗书写必要（但不充分）的前提条件，是治理社会冲突以防止它破坏那些前提条件。简言之，多元论通过反乌托邦的形式推荐了自由主义。

第二个论证就其本身而言是有说服力的，并且它也的确很有力。但这个论证是不完整的，因为尽管自由主义回应了多元主义者对乌托邦主义的反驳，但其他政治形式同样也做出了回应。特别是，保守主义看上去也满足了伯林所描述的多元主义的要求。就像自由主义一样，保守主义强调了人类情境的不完美性和包容、疏导不满和冲突的需要。146
但是，与自由主义不同的是，他们用来缓和的框架不是消极自由或个人自主，而是遵循本地传统。正如我将要在下一章讨论格雷的观点时展示的那样，除了自由主义的解读之外，对价值多元论的其他首要解读有很多的保守主义成分，这不是偶然的。[21]

我断言，尽管伯林想要（至少在某些地方）在价值多元论的基础上证成自由主义，但他所推进的论证，就像他所说的那样，并不完全令人信服。从选择开始的论证在逻辑上是有瑕疵的。反乌托邦主义的思路，尽管清除了某些对手，强调了自由主义现实的一面，但却没有把自由主义的立场作为多元论唯一的、最好的政治表达。然而，这并不意味着自由主义的多元论情形不能被比伯林更好的论证所维持。事实上，伯林自己的论证无须被完全抛弃，因为它们可能得到拯救和改进。我

20　Locke, *A Letter Concerning Toleration*; idem, *Two Treatises of Government.*

21　Kekes, *Morality of Pluralism*; idem, *Against Liberalism*; idem, *A Case for Conservatism*.

在下一章将追求这些可能性。

总　结

伯林价值多元论的概念随着他对道德一元论的批判而出现，是他思想的核心。一元论是西方哲学的主流之一，但也是20世纪极权主义结构赖以建造的基石。不仅如此，一元论是错误的，因为它没有公平对待道德经验深刻的多元性，以及日常出现的困境所表明的分歧和对失去价值的合理怨恨（即便我们是在正确地行动）。与一元论可能证成集权主义的政治体系不同，伯林认为，多元论的政治含义主要是自由主义的。至少就其所呈现的方式而言，他为这一政治结论提供的论证是有严重缺陷和不足的。为了改善这些论证，我们必须要超越伯林自己的
147 论述。

第七章

伯林之后

伯林对多元论及其含义的解释在他去世之后依然充满了活力，尽管它花了一些时间来积聚能量。在1960和1970年代，当《两种自由概念》因为与自由观念的相关性而被详细检验时，多元论的主题却很少被注意到。然而，从1980年代开始，伯林多元论的概念成了一个富有活力的争论的焦点。这种情况最早是由亨利·哈代所编辑的伯林文集的出版激发的，并在伯林以多元论为焦点的《理想的追求》(1988)一书中得到了强化，最后又进一步得到了约翰·格雷的作品的鼓舞。[1]尽管与多元论相关的主题已经有很多了，但主要的意见分歧还是在宽泛的自由主义和非自由主义学派之间产生的，前者捍卫或试图去改进伯林在多元论和自由主义原则之间建立的联系，后者则拒绝那些联系，并安排多元论与其他政治选择（特别是保守主义和实用主义）结成联盟。[2]

---

1 Gray, *Liberalisms*; idem, *Post-Liberalism*; idem, *Isaish Berlin*; idem, *Enlightenment's Wake*; idem, "Where Pluralists and Liberals Part Company"; idem, *Two Faces of Liberalism*.

2 按照这样的定义，自由主义—多元论学派包括Hausheer, "Berlin and the Emergence of Liberal Pluralism"; Crowder, "Communication"; idem, "From Value Pluralism to Liberalism"; idem, *Liberalism and Value Pluralism*; idem, "Two Value-Pluralist Arguments for Liberalism"; Dzur, "Value Pluralism versus Political Liberalism?"; Blokland, （下转）

我将在这一章追寻这些批判性文献的主要变迁。我首先考虑格雷提出的论证，他是非自由主义阵营最杰出的代言人。我认为格雷的论证不仅违背了伯林的意图，而且也误解了伯林式多元论的逻辑。对格雷观点的反驳将把我们引向基于多元论的自由主义的积极情形。通过反思多元论自身的性质，我找到了一些基本原则，它们能够从多元论者的观点出发，把自由主义确立为最好的政治体系。在回应了反自由主义的挑战之后，我接着考虑自由主义阵营中的一个分歧：多元论指
148 向了一种基于宽容（包括对自由主义国家中非自由主义生活方式的宽容）的自由主义形式；还是与之相对立的，认为自由主义多元论应该强调个人自主，因此更支持促进自由主义生活方式的国家的观点。我在这里支持后者。我所勾勒的多元论的情形超越了伯林明确给出的论证，但它复兴、拓展了其中一些论点，并且与伯林观点的基本精神是一致的。

格雷竞争主义的解释

对格雷而言，伯林价值多元论的基本概念是正确的，但它拥有伯林

（上接）"Berlin on Pluralism and Liberalism"; Lukes, "Making Sense of Moral Conflict"; idem, *Liberals and Cannibals*, chs 6—8; Galston, "Value Pluralism and Liberal Political Theory"; idem, *Liberal Pluralism*; Riley, "Crooked Timber and Liberal Culture"; idem, "Interpreting Berlin's Liberalism"; idem, "Defending Cultural Pluralism"。除格雷之外，明确倡导反自由主义多元论的是保守主义思想家约翰·凯克斯，参见其著作*Morality of Pluralism, Against Liberalism, A Case for Conservatism*。另外，某些作家曾经主张自由主义应该得到辩护，但却不是在价值多元论的基础上：E. Mack, "Isaiah Berlin and the Quest for Liberal Pluralism"; Crowder, "Pluralism and Liberalism"（这个论证现在被上面列出的作品否定掉了）; Larmore, *Morals of Modernity*, ch.6; Newey, "Value-Pluralism in Contemporary Liberalism"; Gaus, *Contemporary Theories of Liberalism*, ch. 2。相关的讨论，参见A. Mack, ed., "Liberty and Pluralism"。

自己没有充分意识到的“巨大的颠覆性力量”。[3]格雷认为，多元论不仅不支持自由主义，而且确实会削弱自由主义政治思想的大多数形式。按照这种观点，多元论的启示就是，自由主义只是一种“竞争”的政治形式，即它的价值总是与其他价值在相同层次上相互竞争，并没有高于它们。这些价值仅仅是局部有效的，不是普世的。格雷承认，他的解读迈出了“在伯林著作中没有依据的，伯林将会不情愿去追随的一步”。[4]但他坚持伯林多元论的潜藏逻辑背离了自由主义的普世主义，而不是趋向于它。

伯林从来没有公开回应过格雷的解释，但他的确不会乐意接受这种解释。对格雷而言，多元论之下最好的可能世界是一个包含大量生活方式和政治制度的世界，其中有些是自由主义的，有些不是。[5]按照这种观点，没有任何一种像苏联或纳粹德国那样的政体可以从正当的政体中排除出去。格雷主张自己的观点的确排除了那些极端的情形，那些使人民屈从于“普世的恶”（诸如酷刑、虐待、羞辱、种族灭绝、贫困和不健康）的“非法”的政治体系。[6]但他立刻补充说，这些普世的恶并不意味着任何对人类而言的“最小道德”，因为不同社会对什么算是这种恶的具体情形有着不同解释，并且在它们冲突的时候可能以不同方式进行排序或交易。不仅如此，“主张某人的生活方式比那些普世价值更高并没有什么不合理的”。[7]这看起来好像是说，一个真诚的纳粹可以

3　J. Gray, *Isaiah Berlin*, 1.对格雷的批评性讨论，参见Lomasky, “Liberal Obituary?”; Katznelson, “A Properly Defended Liberalism”; Legutko, “On Postmodern Liberal Conservatism”; Colls, “Ethics Man”; Crowder, “John Gary’s Pluralist Critique of Liberalism”; idem, *Liberalism and Value Pluralism*, chs 5 and 6; Weinstock, “The Garying of Berlin”; Galston, *Liberal Pluralism*, ch.5; Talisse, “Two-Faced Liberalism”。

4　J. Gray, *Isaiah Berlin*, 66, 107.

5　Ibid., 152.

6　J. Gray, *Two Faces of Liberalism*, 66, 107.

7　Ibid., 67.

149 为了保护纳粹式的生活方式而继续合理地战斗，把普世的恶强加于他人身上。此外，即便格雷的立场在某种程度上的确从多元论社会的正当范围中排除了纳粹，它显然并没有排除那些以隐蔽的方式贬低消极自由和个人自主的非自由主义政权（奥斯曼帝国和哈布斯堡帝国，以及卡斯特罗的古巴）。[8]

伯林强烈赞同文化多样性，但他不会为这样的政治结论而感到开心。他会同意格雷的这种观点，自由主义不能单独依赖普世价值的观念来证成自身，因为真正的普世价值过于一般，不能表明自由主义是它们唯一最好的政治表达。事实上，伯林走得更远，因为他明确表明人类道德视野与纳粹是相容的（*POI*, 12—13；*Conv.*, 38），而这种姿态恰恰是格雷力图（尽管不够有说服力）避免的。基于上一章讨论过的理由，伯林关于人类价值之"核心"的概念也不会走得太远。虽然，伯林主张的是多元论意味着自由主义。上一章曾经讲过，伯林不仅诉诸价值的普世性，而且也诉诸多元论的其他特征和含义：选择的价值，以及社会和政治的不完美的不可避免性。

我们已经检验过伯林自己所表述的那种情形的不足之处和局限性。格雷通过自己关于伯林式多元论之本质的主张加剧了这些困难，使多元论不仅不支持自由主义，反而削弱了它。为了替代自由主义，他提出了许多更适合多元论者的其他选择。第一个可以被称作他的"主观主义"的观点，这在他关于多元论的早期著作中特别突出，因为它诉诸那些伯林看似在说不可通约项之间的选择必须是非理性的段落。正如格雷所说，多元论强迫我们"决绝地"（而不是理性地）在不可通约项之间进行选择："选择没有标准、基础或原则。"[9]因此，对自由主义价值的选择在根本上也一定是非理性的。自由主义不是通过普世的理性而被

8 J. Gray, *Two Faces of Liberalism*, 109.

9 J. Gray, *Isaiah Berlin*, 61；也见于8，9，61；idem, *Enlightenment's Wake*, 69—70。

证成的，它最多只是一系列偏好或传统的历史偶然。我们无须纠结于这个观点，因为它依赖于对多元论中的选择的非理性解释，而我们之前已经看到了，这种解释没有公正地对待我们实际的道德经验，并且也遭到了伯林的明确否认。至少在某些具体的情形中，在不可通约的选项之间是可以做出理性选择的。

格雷很快就接受了这种对主观主义解读的反驳，并舍弃主观主义，
转而支持一种语境主义的进路："我们的历史和环境，我们的需要和目 150
标，可以针对不同选择给出好的理由。"[10]这类似于伯林对"我们所相信的一般生活图景"（*L*，47）的吁求。但与伯林不同的是，格雷把语境主义变成了多元论者反对自由主义的一条思路。他实际上论证的是，在多元论中，如果对价值的某种理性排序在语境中是可能的，那么它**仅仅**在语境中才是可能的。自由主义的传统方案不是语境的而是普世的：自由主义的经典证成（洛克式的自然权利，边沁式的功利主义，密尔式的自我发展，罗尔斯式的中立性）不仅特许了自由主义目标在特定社会的优越性，而且特许了它们在所有社会的优越性。自由主义的普世主义因此与价值多元论是冲突的，所以必须被拒绝。多元论最多只与有意识地主张地方性权威（local authority）的"竞争性"自由主义相容。[11]多元论没有指向任何类型的普世主义，它指向的是本地传统的权威。只有文化传统才能提供给我们合理解决不可通约善之间的冲突所需要的语境。

我们可以基于三个基础来挑战格雷传统主义的语境主义。第一，在多元论中，我们难道**只能**基于语境所提供的理由在冲突的基本价值之间做出选择吗？难道我们不可能在多元论本身的概念中找到理性选择的原则吗？伯林在基于选择和反乌托邦主义进行论证时，提出了这

10 J. Gray, *Isaiah Berlin*, 154—155; idem, *Two Faces of Liberalism*, 36.

11 J. Gray, *Isaiah Berlin*, 1,6; idem, *Enlightenment's Wake*, ch.6, passim.

种可能，我将在下一节回到这个问题。第二，假设多元论承诺我们可以在语境中进行推理（reasoning），那么为什么我们一定要把语境定义为传统呢？格雷认为，只有在事先存在自由主义传统的语境中，才有赋予自由主义价值优先性的理由：事实上，自由主义只有在它已经存在的地方才能被证成。但这种观点依赖于对“语境”的狭隘理解，事实上语境可以被更广泛地理解为不仅包括现成的文化，而且包括更宽广的社会、经济或文化环境。给定这种关于语境的广义解读，我们可以更好地为自由主义辩护。比如，约瑟夫·拉兹论证了个人自主的自由主义理念不仅对于当前是自由主义的社会，而且对于所有处于“工业时代及其变化不定的技术和自由流动的劳动力的情境中”的社会都是值得欣赏的、不可避免的。[12]在这些情境中，缺乏适应迅速变化的环境的能力将无法拥有美好生活。不管拉兹论证的具体优势是什么，与格雷相比，他确实
151 为自由主义的语境论证提供了更加广阔的前景。[13]

格雷传统主义的第三个问题是，它忽视了不同传统之间及其内部发生冲突的可能性。格雷认为，诉诸本地传统可以解决不可通约的选项之间的冲突。但是，在相关的传统本身就被这些议题所分裂时，或者存在关于这些传统要求什么的更深分歧时，情况又会如何呢？诚然，如果多元论成立，这些将成为普遍蔓延的问题，因为价值的不可通约性自然地倾向于产生关于道德问题的合理分歧，特别是关于人们一般应当如何生活的问题。（我会在下一节回到关于美好生活观念的合理分歧的主题。）不仅如此，即便某个给定的传统对于如何解决特定的不可通约项之间的冲突有着明确答案，多元论者在面对被多种传统所支持的、互相冲突的解决方案时又该何去何从呢？

---

12 Raz, *Morality of Freedom*, 369.

13 另外一个与拉兹范围类似的语境式论证是由本雅明·贡斯当给出的，他在《古代人和现代人自由的比较》中论证了自由主义个人无干涉的自由观念与现代商业文明是相称的。

格雷承认了这种关于分裂的传统或多种传统的问题，在最近的著作中，他离开传统主义，走向一种新的立场。他主张，当各种传统发生碰撞时，这种冲突可以被各方之间的“权宜之计所摆平”，在这种权宜之计中，它们“找到共同拥有的利益和价值，并在发生分歧的地方实现了妥协”。[14]这种切入政治的路径完全不同于格雷“中期”基于文化的保守主义路径。与忠于传统不同，权宜之计表明了一种松散的实用主义，一种只被消弭冲突的一般偏好所指引的，不受任何融贯原则指导的特殊回应。然而，格雷同样认为自己的观点是对自由主义传统主张的批评：“自由主义制度仅仅是一种有效的权宜之计，并不总是最正当的。”[15]根据格雷，对正当的权宜之计的唯一限制是由“体面与正当性的最低标准”这种超薄的观念设定的，而这种观念显然与非自由主义的解决方案是相容的。[16]

权宜之计的观念或许可以被认为是价值多元论的理想的政治表达，因为它看上去如此开放。但是一个短暂的反思就可以揭示它从多元论者的立场来看会产生的问题。按照格雷的定义，1938年的慕尼黑协定将被算作一种正当的权宜之计，但这种通过把捷克人送入纳粹手中而赢得暂时和平的协议无疑是对价值多元论非常糟糕的表达。目前还不清楚的是，格雷想把自己的权宜之计看作是基于自利的权力平衡，还是基于和平共存这一根本承诺的道德协定。但是哪一种情形不会使 152
格雷退回到他所反对的自由主义一元论的立场？在赋予特定价值以一般优先性时（此时权宜之计要么是至高的和平，要么是至高的自利），权宜之计与自由主义相差无几。不仅如此，如果格雷承认权宜之计是

14　J. Gray, “Where Pluralists and Liberals Part Company”, 99; 也见于 idem, *Two Faces of Liberalism*, 5—6。

15　J. Gray, “Where Pluralists and Liberals Part Company”, 101; 也见于 idem, “Pluralism and Toleration in Contemporary Political Philosophy”, 332。

16　J. Gray, *Two Faces of Liberalism*, 109.

普世的规则，那么他事实上是把自己中意的价值当作普世优越的价值来推进了，这种立场本来是被他归属于自由主义，并以多元论的名义反对的。

格雷可能否认他把权宜之计当作一种普世的规则。在某个文本中，他把它表述为一个可能发生变化的，“仅仅因其推进人类利益而值得被追求的”，“偶然善”。[17]但如果权宜之计的应用的确是依赖于变动不居的人类利益的，那么我们应该去问它何时适用，何时不适用。在不适用的情形中，又该怎么办？我们是否要支持传统主义，或者甚至主观主义？格雷没有对这些问题给出指教。事实上，他经常以与永恒而非偶然相关的语言来谈论权宜之计。“所有生活方式都存在某些共同利益”，这些共同利益“给我们追求共存的理由”。[18]但究竟什么是共同利益，除了表明它们是“许多的和多样的”之外，格雷却语焉不详。这与他在同一本书的前面所坚持的（这种坚持或许是正确的）真正普世的善少之又少且高度抽象是相互冲突的。[19]不仅如此，即便他辨别出全人类真正共同拥有的一系列利益，他依然必须解释这些利益如何“给我们以追求共存的理由”。最后，假设某些共同利益赋予了我们追求共存的理由，也很有可能存在其他共同利益，它们至少在某些重要情形中赋予了我们放弃共存的理由。格雷自己也承认“那些利益经常分裂我们”。[20]

因此，我们回到了多元论的观点为什么应该与和平（或利己主义）的善而非其他的善紧密联系在一起的问题。当然，多元论者有时，甚至经常，有好的理由喜欢和平胜过其他，但这并非总是如此。慕尼黑协定就是一个恰当的例子。这不是在否认多元论有时隐含了妥协的重要作用，特别是在理性表明不存在单一解决方案或道德共识是不可能时。

17 J. Gray, *Two Faces of Liberalism*, 135.

18 Ibid., 136.

19 Ibid., 109.

20 Ibid., 136.

但即便在这些例子中，妥协也不能从多元论者的角度得到永恒的证成，并且在它被证成时，得到证成的多元论者的妥协应该受到我马上将会提到的那种原则的指引。[21] 153

格雷分派给伯林多元论以非自由主义政治进路的各种企图是完全不能令人满意的。他早期的主观主义无法允许在冲突的不可通约项之间做出语境中合理选择的可能。中间时期保守的语境主义太过狭隘和死板，无视语境比文化传统更宽泛，忽略了这些传统之间及其内部的冲突。最后，他权宜之计的观念是模糊的和未被发展的，这种观念对和平或自我利益的基本偏向使之很难与一元论区别开来，而这恰恰被格雷认为是自由主义的致命缺陷。

多元论的自由主义

到此为止，格雷可以回应说，尽管他对多元论政治的建构性解释可能需要被澄清或改进，但至少他的主要批评可以成立：如果价值多元论成立，那么包括伯林在内的自由主义的普世主义就是站不住脚的，因为不存在可靠的道德普世主义。自由主义者可以在这一点上反驳格雷，并超越语境主义的论证吗？他们可以从第一步开始挑战格雷，反对语境是排列多元论中的善的唯一**来源**的主张。另外一个来源可能是价值多元论的概念本身。通过反思多元论观念的成分，我们可能找到不仅特殊适用，而且普世适用的原则。这些原则可能发源于上一章分析过的多元论的要素。事实上，这正是伯林从选择和反乌托邦主义开始论证（它诉诸多元论者关于价值多元、冲突和不可通约性的观念）时试图把握的关键。我已经总结过，伯林提供的特殊论证并不像他所表明

21　关于多元论中的妥协问题，见Bellamy, *Liberalism and Pluralism*; Crowder, *Liberalism and Value Pluralism*, 246—255。

的那样完全成功。我们能够通过使用同样基本的策略建构出更好的论证。在这里有四种可能性。

1. 普世价值

人们可能论证说，例如，价值多元论的第一个成分（至少某些价值的普世性）支持尊重最小的普世道德的原则。由此更进一步，自由主义满足了这种最小的道德，其他政治形式则没有。我们已经看到这个论证为什么进展有限，尽管它可能是从多元论到自由主义的第一步。我
154 们可以公正地说，由于自由主义对人权的承诺，它至少与伯林最小的普世道德观念是相容的。但伯林普世的“人类视野”和“核心”概念太单薄，以至于它们无法挑出一种独特的自由主义秩序来作为自己唯一或最好的政治表达。除了自由主义，还有许多其他政治观念与伯林的普世善也是相容的，其中一些是非常反自由主义的。[22]

伯林能够通过把道德普世性的解释“厚实”或苛刻到排除非自由主义社会的方式来做出回应吗？这种改变的典型是由玛莎·纳斯鲍姆和阿玛蒂亚·森关于“人类能力”的进路提供的，据此，人类美好生活要求真正拥有行使特定的根本“人类功能”的能力，这些功能相当详细和丰富。[23]因此可以论证，这些能力可以在自由主义的政治形式中得到最好的实现。这一策略的基本困难在于，一方面要在相当特殊的层面识别出那些把自由主义挑选出来作为必要政治语境的善，另一方面要确保这些善能够以相当一般的术语被描述为对美好生活而言（在必要意义上或可欲意义上）真正普世的，而这两者之间是存在紧张关系的。[24]尽管这样的进路不应该被提前出局，但最好还是对它多个心眼。诉诸

22 J. Gray, *Two Faces of Liberalism*, 109.

23 Nussbaum, “Aristotelian Social Democracy” ; idem, *Women and Human Development*; Nussbaum and Sen, eds, *The Quality of Life*, part I.

24 Fabre and Miller, “Justice and Culture” , 14.

普世价值最好还是被看作是从多元论走向自由主义的第一步，但也仅此而已。

2. 不可通约性

尊重普世价值只是多元论观念的第一个成分，另外一个成分是不可通约性。格雷论证了后者意味着反对自由主义。他认为，如果某些价值是不可通约的，那么实现这些价值的"生活方式"也是不可通约的。[25]如果不可通约性阻止了理性的普世排序，那么它将同等地应用于各种生活方式和各种价值。由于自由主义是特殊生活方式（强调消极自由、个人自主等）的政治表达，因此可以得出，不存在好的理由去支持自由主义普世地优越于基于其他善观念的政治观点。但是，我已经解释过了，主张文化或生活方式完全不可通约是错误的。从多元论者的角度来看，生活方式不可能是不可通约的，因为至少某些价值是普世的。所有生活方式必定在某种程度上会有重叠。不可通约性不会以格 155
雷设想的那种方式削弱自由主义。

非但如此，不可通约性还积极地支持自由主义。我在上一章提到过伯林的这个论证：价值不可通约性的一个关键内涵是一般意义上的人类生活的不完美，特别是政治生活的不完美。承认价值不可通约性的真理，就是要把各种乌托邦主义排除出去，而去接受那些认可、包容不完美和冲突的更加现实主义的立场。自由主义就属于后面这种现实主义的立场。但我也注意到，自由主义并非是唯一与源自价值不可通约性的反乌托邦主义一致的政治形式。还有一个选项是保守主义，格雷的权宜之计则可能是第三个选项。如果自由主义要被挑选出来作为唯一契合于多元论的观点，那么它的支持者还需要更有力的要素。

25　J. Gray, *Isaiah Berlin*, 142—143.

3. 多样性

伯林的多元论能够通过“多样性”的要素给自由主义提供更具有决定性的支持吗？自由主义多元论者可以这样来论证。价值多元论认为，同等条件下，支持更多的价值的社会总是更好的。正如伯纳德·威廉斯所言：“如果存在许多相互竞争的真实价值，那么社会越倾向于某个单一的价值，遭到忽视或压制的真实价值也就越多。就此而言，更多必定意味着更好。”[26]在用这种多样性的善来决定最好的政治载体时，自由主义当然是更加有力的主张。它对个人自由、宽容和个人自主的一贯强调为个人和群体追求更大范围的不同目标开拓了社会空间。

多元论是如何意味着，在某个单一社会中，多比少更加可欲的呢？当格雷在为一个承认价值多元论的真理，但却依旧选择相对狭隘的非自由主义或专制主义文化的社会而辩护时，他似乎否认多元论有这样的内涵。[27]一个社会可以承认其他善和生活方式的价值，但却倾向于保存它自己偏狭、单一的传统。对此，自由主义多元论者可以回应说，这
156 种社会并不真正符合多元论的观点，因为它没有认真对待多元论代表的价值多样性。如果多元论成立，那么会有很多内在善，即，因其自身而有价值的善。（“有价值的”在这里指客观地服务于人类幸福，而不是仅仅被特定个人或社会**实际地**珍视。[28]）表面看来，这些善中的每一个都独立地要求我们的尊重：它们应该被认真对待。在这种意义上，认真对待某个善并不必然意味着在任何情况下都促进它，因为多元论者追随着伯林，承认并非所有善都能被同时实现：强调其中一个可能会忽

26 Williams, “Introduction” to *CC*, p.xvii.

27 J. Gray, *Isaiah Berlin*, 151—152.

28 试比较伯林通常的观点，即价值是实际得到珍视的：例如参见*L*, 45和*Conv.*, 37。我在此处背离了伯林，因为他把价值解释为经验偏好的函数，这（和其他问题一道）使得它们与价值多元论的根本内涵变得不一致了：参见 Crowder, *Liberalism and Value Pluralism*, 73—74, n. 1。

视或怠慢另一个。到底哪些善能够与其他善搭配起来被追求，这依赖于环境。[29]不仅如此，在有些情形中，准确判断两类善中哪一类表达了更多的多样性，这是非常难的。尽管这样，同等条件下，多元论促使我们允许并鼓励追求该环境所允许的尽可能多的善。由此得出，多元论促使我们去促进尽可能多的生活形式——在满足与其他生活方式相容的条件和一个更进一步的限制（我稍后就会提到它）时。承认价值多元论就是有好的理由去认真对待善和生活形式的多样性，并促进这种多样性。

假设多元论以这样的方式隐含着多样性的伦理，自由主义多元论者认为，它将在自由主义所刻画的宽容和个人自由中在政治上得到最好的满足。格雷同样反对这个主张。他同意多元论意味着多样性，但却认为它承诺了整体生活方式的多样，而不是特殊善的多样。因为不同生活方式产生了不同政治制度，多元论者的多样性因此赞同政治制度的多样性。自由主义属于其中一种制度，但却不拥有特殊地位。格雷主张，对多元论者而言，最好的世界不是自由主义普世胜利的世界，而是包含许多不同政治形式的世界，其中有些是自由主义，有些不是。[30]

格雷的这种立场有两个主要问题。第一，他假设珍视生活形式的多样性就是珍视政体的多样性。但是某些政体比其他政体对生活方式的多样性更为友好。不论是在外在地对待其他国家时，还是在内在地对待本国疆域内的其他生活方式时，这种情况都是属实的。总的来说，自由主义的政策，或包含实质自由主义成分的政策，在宽容、促进国内外生活方式的多样性时享有盛誉。这不是说，自由主义的政策在这 157

29　关于把多元论者的“多样性”解释为诸种善和生活方式的多样性且“融贯”的情形，参见Crowder, *Liberalism and Value Pluralism*, 138—145。

30　J. Gray, *Isaiah Berlin*, 152.

些方面是无限宽容的，而是说，它们总体上比非自由主义的政体做得更好。因此，在用非自由主义的政体替代自由主义之后，多元论者的多样性将不可能得到推进。非自由主义政体诚然会增加人类的多样性，但它们带走的却更多。

格雷观点的第二个问题是，他假设多元论者承诺的多样性主要是文化或生活方式的多样性。这个假设的问题在前面章节中已经提到过了，即它模糊了多元论和文化相对主义之间的界限。从多元论者的角度来看，不可通约的是像自由、平等那样的特定善，而非整个文化。事实上，整个文化在多元论看来不可能不可通约，因为多元论认为，至少某些价值（不管它们被描述的多么单薄）是普世的或跨文化的，因此表达了文化间的重叠之处。

这些主张表明，多元论所包含的多样性的理念，首先指向的不是格雷所设想的那些生活方式或政治体制，而是善或价值。不同于珍视并促进政体或文化（不论其内容是什么）的多样性，价值多元论者应该珍视并促进那些其自身就是内在地多样的政体和文化的多样性，即，内在地展示了善和（次要的）生活方式的多样性。基于以上理由，自由主义再次拥有了强烈的主张，要求被承认为最能包容这种多样性的政治形式：它所独特的自由确保了个人和集体在同样的政策下追求各自不同的善。

同样，这不是主张自由主义的政策没有限制地包容或完全中立于所有美好生活的观念。格雷在这方面指责“自由主义社会倾向于驱散非自由主义的生活方式，与之切割，使之边缘化，或者鄙视它们”。[31]事实上，自由主义多元论应该承认，即便最为自由主义的秩序也隐秘地建基于偏好个人自由和宽容的一般价值排序，并在这样做时给其他善施加了限制。然而，类似的排序在任何政治体系中都是不可避免的，正如

31 J. Gray, *Isaiah Berlin*, 154.

这种排序不可避免地会导致其他价值的降格或遗弃。自由主义的排序比已知的其他排序给善的多样性和善观念的多样性留有更大余地。因此，自由主义在这方面无疑优越于格雷偏好的权宜之计（假设它本身不 158
是自由主义的形式的话）。和平有时必须以减少自由为代价，因此会导致人类善的减损。例如，慕尼黑协定代表了捷克人所能追求的目标受到了损失。与格雷设想的相反，多元论要求的多样性种类在伯林那种自由主义的普世主义中得到了更好的促进，而非格雷含糊不清的权宜之计。

4. 合理分歧

在从多样性出发论证自由主义时，也可以增加一个密切相关的、倾向于自由主义的考虑。这就是，价值多元论强烈地意味着关于美好生活之本质的分歧是合理的，而自由主义是我们用以容纳这种合理分歧的最好载体。

善观念被认为是在普遍情形中排列基本人类善的体系。例如，基督徒强调，在所有或大多数环境中，谦卑和爱自己的邻居对所有人来说都是特别重要的价值。古代异教徒（他们在某种程度上以军事和运动为生）的伦理学则以同样一般的措辞庆祝个人力量和自我肯定。[32]如果至少某些基本价值不是不可通约的，那么许多这种一般的排序首先就是合理的，并且是同等合理的。这并不是说多元论支持所有善观念，因为在按照尊重普世的道德、政治现实主义和善的多样性的多元论标准进行判断时，某些善观念比另外一些做得更好。只是在这种限定之下，依然有许多正当的情形。最终，很多关于相互竞争的不同善观念之好处的分歧也是合理的。在这些分歧是合理的意义上，它们也是永恒的。

32 关于伯林对基督徒和异教徒文明之间的碰撞的解释，参见“The Originality of Machiavelli”, in *AC* and *PSM*。

现实主义的、审慎的政治形式将因此承认并包容合理的分歧，而不是克服合理的分歧。自由主义的捍卫者可以公正地主张，自由主义正是这种现实、审慎的政治形式。

自由主义多元论的这种情形与约翰·罗尔斯在《政治自由主义》（1993）中的立场有一些重叠，在那里他恰好论证了自由主义能够作为
159 关于美好生活的合理分歧的最好包容者而被证成。然而，多元论者和罗尔斯式的观点并没有在这四方面都产生重叠。[33]罗尔斯主张自由主义应该是一个严格的"政治"协议，避免诉诸任何"整全的道德学说"，或对道德真理的有争议的解释。然而，伯林式的多元论可能恰恰就是这种整全的学说，因为它包括关于道德价值之真正特质的有争议的解释。罗尔斯式的理论家查尔斯·拉莫尔基于这种区别来批评自由主义多元论，认为它依赖的道德理论争议太大，不能服务于自由主义中立性的目标。[34]对拉莫尔来说，多元论不能成为旨在相互竞争的善观念之间保持中立的自由主义的基础，因为多元论本身就是一种有争议的善观念。

伯林式的自由主义者可能这样来回应。[35]第一，伯林式的多元论是否算作罗尔斯意义上的整全道德学说，这是可以被质疑的。多元论本身是关于价值之状态的元理论，不是关于何种行动正当，何种生活美好的实质道德观点。第二，即使多元论是整全的道德学说，它也不是和最吸引罗尔斯注意力的那些善观念（特别是宗教观念）一样"有争议的"。尽管多元论拥有伦理的意义，它们却并没有指向任何狭隘的、排他的生活方式。恰恰相反，他们意味着很多生活方式是正当的、合理的和有价值的。第三，在任何情形中，多元论作为自由主义的基础都不比罗尔斯

33 关于伯林对罗尔斯的评论，参见第八章。

34 Larmore, *Morals of Modernity*, ch. 6.

35 Crowder, *Liberalism and Value Pluralism*, ch. 7; Galston, *Liberal Pluralism*, ch. 4.

的理论更有争议。比如,罗尔斯为了维持假定中立的国家,要求人们把自己的整全学说限制在私人领域,这种观点是有争议的。[36]这个要求本身不是中立于善观念的,因为它已经假设了自由主义相安无事、各自生活的取向。不仅如此,至少可以论证罗尔斯设想的基础(善观念之间存在合理分歧的事实)本身预设了对道德的多元论解释。罗尔斯关注的道德分歧的合理性和永恒性本身就依赖于(在处理特殊政治问题时的)特定的"判断的负担",或者共识的障碍。这些主张中最重要的部分看起来非常像伯林的多元论:例如,它注意到,"同一个议题的正反两面经常存在具有不同力量的不同类型的规范考虑,并且难以对其做出整体判断"。[37]

请注意,从合理分歧出发的论证(在某种程度上也是从多样性出发的论证)在本质上是对伯林反乌托邦主义的重复和扩展。伯林把多元 160
论与道德、政治的不完美联系起来,我已经论证过这与自由主义是一致的,并且没有使之优越于其他非乌托邦主义的形式,比如保守主义。源于合理分歧的论证实际上通过更明确地说出隐含在伯林论述中的固有冲突而更进了一步。因此,正是合理且永恒的道德冲突推荐了自由主义,而不是保守主义。在面对价值多元论所产生的冲突时,保守主义的回应诉诸本地传统或独特的善观念的权威,自由主义却进一步认识到,在多元论中人们对特定传统的价值也会产生广泛的合理分歧,因为他们对许多竞争性的善观念的价值存在广泛的合理分歧。当然,自由主义多元论者也必须论证,这种合理分歧不会扩展到自由主义本身所需要的善观念。但他们可以基于前面的解释而论证这一点:所有政治社会的制度必须建立在某些善的一般排序的基础之上,自由主义的建制

36 Kymlicka, *Multicultural Citizenship*, 162; Mulhall and Swift, *Liberals and Communitarians*, ch. 7.

37 Rawls, *Political Liberalism*, 57.

虽然不是没有成本的，但却比其他制度拥有更大空间。

由此得出，伯林式的多元论者有许多好的理由成为自由主义者。多元论尊重普世价值的原则表明，在多元论中，各种政体和生活方式不仅不能免于外在批评，还可以基于好的理由被评估，并以此开启了通向自由主义之路。这个应该被我们看作价值不可通约性所隐含的原则使我们更进了一步。如果重要的人类善不可通约，那么道德完美和政治完美必须被当作乌托邦而排除出去，同样要被排除的还有这种乌托邦的反自由主义的意识形态。不仅如此，自由主义被认定为能够对不可避免的道德损失和社会冲突有现实感的政治形式之一。更重要的依然是，多元论者对促进善的多样性，尊重合理分歧的承诺使他们把自由主义挑选出来，看作是能够最好地表达价值多元论的政治的有力主张，因
161 为自由主义能够容纳大量的价值多样性和生活方式多样性。

宗教改良抑或启蒙？

我已经展示了自由主义多元论的情形，它超越了伯林实际做出的论证，却以伯林的论证作为基础，并保持了他主要立场的精髓。假设这一情形到此为止是可以被接受的，下一个问题就是：它属于哪一种自由主义？当然，这是个非常大的论题，我在这里仅仅强调它的主要维度之一。（其他维度会在下一章得到一些讨论。）正如威廉·高尔斯顿所说，这是发生在“宗教改良”版本的自由主义和“启蒙”版本的自由主义之间的争论。[38]宗教改良的自由主义基于宽容，把自由主义国家看作包括许多不同善观念（包括某些非自由主义的反自由主义的善观念）的政治容器。“启蒙的”自由主义把个人自主作为自己的指导理念，并支持愿

38 Galston, *Liberal Pluralism*, ch. 2. 使用不同术语做出类似区分的可参见Kymlicka, *Multicultural Citizenship*, 154。

意积极促进自由主义典型善观念的国家。这两种观点在实践中的关键之处在于，自由主义对待非自由主义少数群体的合适态度是什么？宗教改良的观点更偏向放手，启蒙的观点更偏向干预。

高尔斯顿在这种争论中站在宗教改良派的一边，并且在最近的著作中，他试图以伯林式的多元论给改良的立场奠基。在这种思路中，高尔斯顿最强的论证源自多样性。[39]站在多元论的立场，我们应该珍视并促进善的多样性，因此也应该珍视并促进善观念的多样性，对这一目标而言，最好的政治载体就是基于宽容的自由主义。与此相比，康德和密尔基于自主的自由主义的宗派性色彩太强，它们表达了一种对人类善的特殊理解，但却排除了其他的正当信念。[40]然而，自由主义国家应该给域内所有生活方式提供“最大可能的包容”。[41]国家应该尊重所有公民的“言论自由”，或者他们选择“在诸多正当形式中，依据自己对生活之意义、价值的理解而认为恰当的生活”的权利。[42]即便某种理解是明显非自由主义的，比如宗教极端主义，这个团体成员的言论自由也依然应该得到尊重。[43]

伯林是否赞同高尔斯顿是可以存疑的。在他更接近赫尔德的作品中，伯林倾向于认为所有生活方式都是不可通约的，并因此内在地拥有价值。他的这个思路看上去会支持高尔斯顿宗教改良的观点，强调在 162
实践中实现族群宽容(即便它们是非自由主义的)。然而，不加批判地接受非自由主义文化实践，比如家长制和审查制度，看起来好像又与伯

39　Galston, *Liberal Pluralism*, 59—60.

40　Ibid., 25—26.

41　Ibid., 20.

42　Ibid., 3.

43　高尔斯顿用一些支持传统个人自由权利的标准来回避他的“表达自由”，这些标准可能限制被容纳的非自由主义实践的范围：*Liberal Pluralism*, 29, 50, 102, 106, 126—127。但可能至少某些非自由主义的活动是被准许的，因为这是改良式自由主义区别于启蒙自由主义的关键。

林对个体消极自由的关切是冲突的。[44]此外，我也曾论证过这个主张，即，整个文化之间的不可通约并不是伯林的最好观点，因为它与伯林承认的普世价值的“视野”或“核心”以及移情式理解的观念并不契合。恰恰相反，伯林立场的逻辑允许，甚至要求，所有生活方式都对批判性比较和评价保持开放，不论它们是否偏向这种比较和评价。

正如前面部分所述，在多元论中，评价文化的标准包括价值多样性。这从多元论者的角度给高尔斯顿的立场制造了麻烦，即，多元论者的多样性没有证成宗教改良式的(不问其内容的)族群宽容。高尔斯顿并没有像格雷那样，把价值间的不可通约性等同于政治体制的不可通约性，但他同样倾向于把善的多样性等同于文化多样性。正如我在格雷的情形中论证过的一样，这里的问题在于，当相关文化是内在一元或统一的时，文化多样性并不必然促进价值多样性。只有在文化自身能促进善的多样性时，多元论的多样性才能转换成文化的多样性。当高尔斯顿称赞自由主义是多种善观念的容器时，他实际上赞同的是我前面反对格雷观点的主张：如果要促进价值多样性，那么应该不仅在政治体制之间促进多样性，而且要在政治体制内部促进多样性。[45]从多元论者多样性的观点来看，最好的世界是自由主义的国家，因为它们是内在多样性的，并因此比其他不同生活方式的非自由主义国家更包容。但如果真是这样，那么启蒙自由主义有理由邀请高尔斯顿走出自己的立场。如果价值多样性应该在政治体制内部得到促进，那么它也应该在

44　对此可以回应说，如果某个族群允许异见分子的退出权利的话，那么个人的消极自由并没有被该族群的非自由主义实践减损：参见Kukathas, *The Liberal Archipelago*, 24—25。然而在实践中，退出权倾向于成为非自由主义族群中受到最多威胁的一种自由权。关于退出权被有效阻碍的一种方式，参见Barry, *Culture and Equality*, 150—154。不仅如此，可以论证，退出权如果要真正生效，必然要求思考退出族群的个人是自主的，因此要求族群尊重、促进以个人自主形式表现的个人的自由。参见n. 46以下。

45　Galston, *Liberal Pluralism*, 56：“尽管表达的规范的确拥有实质性的(如果不是无限制的话)道德力量，它却不能被正当地用于豁免政权压制自己公民的控告。”

生活方式或善观念内部得到促进。最好的世界将是由包容许多生活方式的政治体制组成的世界，但是这些体制必须本身就是内在多样性的。

多元论者的多样性不仅没有支持宗教改良主义的虚幻的族群宽容，它还隐含了启蒙主义促进个人自主的情形。多元论者的多样性一视同仁地适用于族群之间和族群内部。一个族群的生活方式要是内在 163
多样化的，它就必须确保自己成员的个人自主。因为内在多样化的生活方式，必须允许其成员以不同方式向自己解释该族群的一般价值，并遵循他们按照自己的理由所选择的路径。仅仅拥有退出该族群的权利显然不足以促进该族群的内在多样性，因为它通过排除而非包容来解决分歧。[46]一般地承诺消极自由对内在多样性而言也是不够的。伯林承认，消极自由与空洞、庸俗的“选择”（比如在缺乏必要物质资源的情形中）是一致的。甚至“自由的物质条件”在伯林看来也是不够的，因为人们可以拥有资源但却缺乏任何关于以不同于习俗的方式使用资源的观念。这并不是说退出的权利，更为一般的消极自由，还有自由的物质条件都不重要，事实上，它们对内在多样的生活方式来说是根本性的。但另外一个必要条件是个人自主。由于人们要想追求真正与众不同的而非熟悉的目标，就必须能够退出自己社会或族群的习惯、风俗，并批判性地省视它们。也就是说，内在多样的生活方式涉及强意义上的自己抉择的能力，而这恰恰是个人自主的定义。[47]

因此，高尔斯顿对多元论的多样性的关切应当导向对珍视个人自主的生活方式的促进，而不是对各种生活方式的宽容（不论其内容是

46　可以论证的是，一种有效的退出权利预设了个人自主，因为只有自主的人才能处于真正决定何去何从的位置。参见高尔斯顿对真正的退出权利涉及排除“服从”他人（包括父母）愿望的教育方式的推崇（*Liberal Pluralism*, 104—105）。这看起来很难与要求儿童应该被教育学会自我思考，也就是自主区别开来。

47　Mill, *On Liberty*, ch.3; Raz, *Morality of Freedom*, part V; Taylor, “What is Human Agency?” ; Benn, *A Theory of Freedom*; Macedo, *Liberal Virtues*, ch. 6.

什么样的）。对这种多元论的更好表达不是宗教改良的自由主义，而是启蒙的自由主义。这个结论也可以通过另外一条思路而被确立，这条思路可以被看作是对伯林从选择出发进行的论证的修正和发展。[48]回想一下伯林从选择在多元论中的必然性直接论证自由主义对选择的珍视时的失败。为了避免自然主义的谬误，我们可以这样修改这个论证。多元论向我们施加了艰难的选择，为了做好这些选择，我们需要发展特定的品性或美德。这些美德与自由主义政治形式促进的典型特质，特别是个人自主，是重叠的。简言之，自由主义促进的美德，是被成功应对相互冲突的不可通约项之间的紧迫选择所要求的美德。这个论证避免了自然主义谬误，因为它不是从必然性中产生了价值，而是从必然性
164 产生了必然性。如果多元论成立，我们将无法避免艰难的选择，如果我们要做好这些艰难的选择，我们需要成为自主的。

我应该坦率地承认，这个论证依赖于一个重要假设。如果“做好”多元论中的这些选择意味着基于好的理由而做出选择，那么自由主义的美德就是必要的。只有当我们致力于多元论中的理性选择之后，我们才需要实践推理必需的美德。但是，在这里我们为什么要理性呢？为什么不说从多元论的观点来看，理性选择本身仅仅是诸多价值之中的一种，人们同样可能纯粹武断地做好多元论中的选择？纳斯鲍姆提出了一种回答，她论证了实践推理在“组织、安排所有其他功能，赋予其人性的典型特征”的意义上是（由她确定的）基本人类功能之间的“构造体系”。[49]同样，在多元论中，实践理性是进行不可通约善之间的选择所需要的。没有实践推理，我们的选择将是武断的、不自洽的和自败的。除非我们想好自己推行的目标是如何契合的，否则我们将处于创

48　关于此处讨论的一个更为丰富的版本，参见Crowder, *Liberalism and Value Pluralism*, ch. 8。

49　Nussbaum, “Aristotelian Social Democracy” , 226; idem, *Women and Human Development*, 82.

造凯克斯所谓的那种生活的危险中，它"非常散漫……在其中存在许多价值，但它们的评价和实现之间出现了其他价值的干扰，后者的实现由于同样的理由也被削弱了"。[50]这样的生活在多元论者看来是不可欲的，因为它未能公正、认真地对待它珍视的那些善。认真对待这些善的观念在前面与多样性相关的部分中已经被介绍过了，稍后我还会回到这里。

我的论证是，多元论中的理性选择需要行使特定的自由主义美德。我现在要更详细地考虑下这个论证的步骤。第一，多元论给我们施加了艰难的选择。我们前面已经看到这一点在两个意义上是真实的：这些选择涉及绝对的损失，并且它们不能依赖任何像功利主义那样简单的独断规则被做出。第二，为了做好这些艰难的选择（出于好的理由而选择），我们需要发展特定的品性或美德。这个主张让我们回想起上一章做出的，与亚里士多德式的实践推理的联系。亚里士多德式的、拥有实践智慧的人能够明白在给定情境下该如何行事，因为他通过类似情境的经验发展出一种实践判断的技能。根据亚里士多德，这个技能或美德被其他美德所支撑，特别是勇敢、正义和节制。同样，面临不可通 165
约项之间艰难选择的人如果促使自己反思特定的心智态度（这同样有可能被称作美德）的话，他将会在选择中获得帮助。

那么什么是多元论的美德呢？我依然认为我们能够通过反思多元论本身的特质来回答这个问题。按照这种方式，我提出四个选项。第一个是大方或开明，它与认真对待多元的价值密切相关。成为一个多元论者，部分地就是承认许多善和生活方式是客观有价值的。最终，承认多元论的真理使我们尊重充分范围的正当的善和美好生活，即初步去支持这些善和生活。这并不意味着多元论者在所有特殊情形中都要同等地推行那些善和生活方式，因为在个人生活，甚至社会生活中显

50　Kekes, *Morality of Pluralism*, 97—98.

然并不存在足够的“社会空间”去这样做。[51]但多元论者应该承认，所有这些善和生活都拥有真正的价值，即便有时候他们在具体情形中必须选择违背它们。这也是我在说多元论者被要求认真对待善时的意思。如果某种善是真实的，那我们必须在可以促进它的时候促进它，而在我们无法促进它时，我们只能带着怨恨选择背离它。这意味着我们应该以特定态度看待多元论者的选择，即尊重充分范围的人类善和生活，包括那些我们无法将之融入自己决策中的善和生活。在面对其他人的文化和价值时，这可以被称作是高度的开放。正如迈克尔·沃尔泽所说：“要理解伯林式的多元论，你必须以慷慨大方的方式看待这个世界。”[52]

出于同样的理由，多元论者应该以伯林所谓的“现实感”来做出自己的选择，即感受到道德和政治决策的真实成本，特别是在不可通约性内涵下的成本。[53]这是多元论者的第二个美德，我们把它叫作“现实主义”。第三种美德可以被叫作“专注”（attentiveness）。多元论者拒绝简洁抽象的原则，坚持道德方案的特殊性，这应该会使他们专注于选择所处情境的相关细节，包括受选择影响的人的主张和环境。[54]第四个美德是“灵活”。在缺乏决定性的一元论规则时，多元论者需要灵活地调整自己的判断，使之适合于它们出现的情境。

多元论者的这些美德也是自由主义的典型美德。众所周知，从容
166 面对人类善和生活的范围是自由主义的最佳品质。[55]例如，人们可以在

51 Rawls, *Political Liberalism*, 57.

52 Walzer, “Are There Limits to Liberalism?”, 31.

53 我这里提到的“现实感”指的是伯林描述赫尔岑时的意思（*RT*, 111, 207）。试比较伯林在其他地方对这个术语的其他使用（*SR*, 4；*CC*, 141—142）。我在第三章认为在这两个用法之间有一个可能的联系。

54 Nussbaum, *Love's Knowledge*, 101.

55 Galston, *Liberal Pluralism*, 61—62.

密尔对个体性和社会多样性的珍视中看到这一点。[56]我已经按照伯林的方式论证过，以不可避免的成本和冲突的面目出现的现实主义，是把自由主义与那些更乌托邦主义的反对者区别开来的主题。专注则体现为自由主义者对个人命运的核心关切，比如，康德尊重个人的学说。

最重要的是，多元论的灵活性与自由主义对个人自主的承诺是重叠的。在多元论者的实践推理与自由主义的联系中，这一条最重要，因为在所有启蒙的观点中，个人自主都是自由主义最独特的美德。根据价值多元论来灵活判断，就是在强意义上依据个人自己的理由，即自主，来做判断。这部分是因为，不可通约项之间的选择不可能基于通过机械地应用一元论规则而得到的好理由做出。例如，如果功利主义只是代表了对不可通约的选项的一种可能排序，那么功利主义的计算不过只是各种多元论判断中的一种考虑而已。理性的多元论者不可能依赖功利主义，或任何其他现成的一元论程序解决深层次的道德冲突，他必须深入这些观点背后，权衡它们体现的那些价值。

多元论者也不能只是诉诸本地传统的权威来回答这些问题。在被善观念的广泛分歧所刻画的现代社会中，传统主义是特别没有帮助的。但在多元论看来，这个问题不仅是现代性的某个维度，而且是根植于人类道德经验之中的。对多元论而言，给定人类价值的深层结构，关于美好生活的合理分歧在所有人类社会中都永远可能会出现。正如我在前面提出过的一样，传统和其他的美好生活观念代表了对不可通约价值的一般排列。尽管我曾经论证过多元论者不应该承认所有这些观念都自动处于同一个道德层面，然而大量真实的人类善却隐含了这些善的许多正当序列，即合理的排序。就此而言，总是存在人们基于合理基础而产生分歧的空间。多元论者不可能仅仅通过援引本地的或个人的善

56　Mill, *On Liberty*, ch.3; 也参见伯林在 "John Stuart Mill and the Ends of Life"（*L*, 218—251）, ch. 8 中对密尔的讨论。

观念来解决最深层的价值冲突，因为在多元论中，它们都会引起合理的
167 分歧。

关于善的合理分歧不仅体现在文化族群或信念体系之间，而且也体现在它们内部。不仅如此，个人非但可以在人际间，而且也可以在自身内部体会到不可通约的善的离心力。伯林自己的内在冲突（这诚然属于他多元论的最深层来源之一）就是一个例证。在这里，多元论和个人自主之间同样存在某种联系。由于美好生活的本质会引起合理分歧，善观念因此不能成为决策的永恒基础，它们反而要服从于对自身的修正。这种类型的决策只有通过行使个人自主才是可能的。

简言之，价值多元论施加给我们的选择，在只能通过自主的行动者被有效做出的意义上是要求很高的。如果多元论成立，那么最好的生活，在各种有效选项中通过批判性的选择得到的生活，将是个人自主的生活。这根本不是说他主（heteronomous）的生活没有价值。他主的生活也可能展示很多多元论者应该认真对待并珍视的善。事实上，那样的生活可能在某些方面比自主的生活更好。但是，如果我的论证是正确的话，那种生活不可能位居整体上可能最好的生活之列，因为它们缺少在面对不可避免的价值冲突时，做出良好决策所需的关键能力。

如果是这样，那么多元论意味的不仅是自由主义，而且是启蒙的自由主义，在那里，促进个人自主是公共政策的正当目标。由于至少对许多人来说，个人自主的文化条件和经济条件在缺少某些慎重的国家干预时是不可能维持的，所以这个结论是顺理成章的。我将在最后一章给它以更多的支持。

请注意，尽管这个序列恢复了伯林从选择出发的论证，它也极大地改变了这个论证。不同于伯林把多元论者的选择与消极形式的自由（选择自由）联系起来，我的重构支持了个人自主，而后者属于积极自由的范畴。这支持了我们在第四章考察过的观点，伯林《两种自由概念》应该关心个人自主形式的积极自由在自由主义观念中的中心地位。对

自由主义多元论的重申依旧是基于伯林的观点的，但同时也超越了他的观点。

我倾向于启蒙主义的结论看上去非常奇怪地以伯林式的多元论作为出发点。价值多元论的基本主张是，人类生活中存在许多独特、正当 168
的善，并且没有任何一个超越于其他之上。启蒙自由主义普世地推崇某个单一的善，即个人自主，是否和多元论产生了冲突？启蒙自由主义可以回应说，他们并不要求自主在所有语境中的特权。多元论—启蒙的观点并不否认会有这种情形，(私人领域或公共领域的)个人自主将恰当地产生诸如紧迫性、安全或对人际关系的要求等相互竞争的考虑。关键只是在于，所有这些道德决策都必然是在某些价值的一般排序所确立的政治框架中做出的。伯林式的多元论者除了坚持这类排序应该尽可能地回应多元论的根本关切之外不能做得更多。这种关切包括价值多样性和合理分歧，它们捍卫了一种能够包容许多善和生活方式的政治。就此而言，多元论看上去似乎支持一种“宽容的自由主义”。但同样是这些多样性和合理分歧的多元论原则，要求相关生活方式自身就是内在多样化的。生活方式在允许其成员遵循自己选择的不同生活路径时是内在多样化的，这意味着对个人自主作为重要价值的承认。这种思路被多元论者的进一步洞见——做好不可通约项之间的选择要求个人自主——增强了。最后，多元论超越了宽容，走向更强的启蒙形式的自由主义。在这种架构中，将会存在更大的多样善，其中个人自主尤为突出，但却并不总是凌驾于其他善之上的。许多生活方式的多样性也将存在，但它们都将尊重个人自主。

总　结

伯林对多元论政治含义的自由主义解读近些年遭到了严重的挑战，特别是由格雷提出的，甚嚣尘上的反自由主义的解释。但这些挑战

在面对一些回应时非常脆弱，而这些回应提出了把多元论恢复、扩展为
与伯林意图一致的自由主义的普世主义。至于这种自由主义究竟是什
169 么样子的，则存在强调消极自由和宽容的宗教改良观念与注重个人自
主价值的启蒙版本之间的分歧。我已经论证了，尽管伯林的立场与宗
教改良式的观念存在许多共契，但启蒙的版本更适合伯林多元论承诺
的逻辑。这些论证与伯林明确的表述相隔甚远，但它们吸收了伯林留
170 给我们的线索。

第八章

伯林的成就

在这最后一章，我来评价一下伯林在自由主义传统中的位置，以及他作为一个道德、政治思想家的重要性。我首先论证他代表了自由主义——其雄心壮志遭到了启蒙乌托邦主义的失败（实际上是不融贯的）和20世纪极权主义的经验的缓和——的一种独特的“现实主义”形式。然而，由此产生了一个问题：伯林的观点同样是完全消极的，只是对自由主义和其他主义放弃乌托邦幻想的告诫呢，还是除此之外也提供了一些积极的方案。在这里，我检验了伯林在两种公共政治领域（社会正义和文化权利）中的立场。在社会正义的情形中，我论证了伯林嘴上说的比他应该去做的要少，但是他的多元论能够为他实际赞成的福利分配提供辩护的基础。在涉及各种文化的政治地位时，伯林倾向于支持只赋予某个单一民族文化以政治承认的国家，但是他自己更深刻的原则却支持了与自由主义限度内的多元文化主义相近的立场。最后，我处理了这样的问题：综合考虑所有因素，应该如何评价伯林的思想？并回答说，他将继续发挥应有的影响。他思想中的缺陷将会被他对极权主义的深刻分析、对价值多元论及其含义的原创性阐释和他独特的移情式理解方法的生命力所弥补。 171

伯林的现实主义

以赛亚·伯林是什么样的自由主义者呢？对此我已做出一些回答。尽管同情历史主义的思想，伯林自由主义的信念归根结底是普世主义的，而非“竞争性的”（约翰·格雷的用语）或仅仅本地有效的。他竭力主张，人权（包括对个体最小范围的消极自由的保障）是任何真正令人满意的人类生活的条件之一（*L*, 52—53, 171—174, 211; *Conv.*, 114）。不仅如此，我还论证过伯林自由主义普世性与他的价值多元论是一致的，甚至被后者所要求。多元论不是相对主义，它蕴含着一系列跨越文化边界的原则，这些原则能够以跨文化的措辞证成自由主义制度。我也论证了在自由主义的宗教改良版本与启蒙版本的争论中，尽管伯林对消极自由的公开偏好（以及对多元论的承诺）使他看上去加入了宗教改良的阵营，但实际上他更深的承诺却指向了后面那个基于自主的版本。在古典或放任的自由主义与社会自由主义或福利国家自由主义的对峙中，伯林对消极自由的痴迷并没有使他承诺最小国家的政治。恰恰相反，他明确表明自己拥护以自由和正义之名的再分配政策。我将在下一节回到伯林的这个维度。

自由主义思想家的另外一个可能划分是乐观主义者和悲观主义者。所有自由主义者都认为人类至少在某种程度上要受到理性论辩和教育的影响，而这意味着人类事务是可以被改善的。但显然某些自由主义者比其他人对这一目标在何种范围内、以何种速度实现或推进更有信心。对有些人而言，自由主义是启蒙运动的继承人，启蒙运动“普世地相信世界主义和理性主义的文明”。[1]历史上，这种观点的拥护者包括某些法国百科全书派及其继承人，其中最突出的代表是孔多塞和

1 J. Gray, *Enlightenment's Wake*, 121.

威廉·葛德文。[2]在当代世界，这种更有雄心的自由主义的最杰出代表是弗朗西斯·福山。[3]与此相反，不那么乐观的自由主义者并不把自己的传统看作是胜利者的凯旋，而是看作一种牵制行动，其中一种单薄但却多少独特的政治界限区分开了人类生活的可欲形式和不可欲形式。自由主义的这条思想路线从洛克针对宗教独裁和政治绝对主义，为宽 172
容和自然权利辩护开始，一直延续到朱迪丝·施克莱描述的“恐惧的自由主义”。[4]

从这些表述来看，伯林显然更接近悲观主义者或现实主义者的阵营。正如他在用“扭曲的人性之材”描述完美主义者的雄心壮志面临的局限性时表现的那样，反乌托邦主义是伯林作品中不变的主题。对伯林来说，这个洞见就像适用于马克思主义者的理念那样，也适用于自由主义者的雄心壮志。我曾经多次提到伯林劝诫人们要提防抽象的理念和方案，以及主张核算各种政策真实的人类成本。例如，这强烈地表现在他讨论19世纪俄罗斯思想家时，特别是他在面对下一代青年激进分子的革命热情时对赫尔岑的“现实感”和屠格涅夫乏味的渐进主义的辩护。同样，在《20世纪的政治观念》中，伯林为了缓和那个时代的“弥赛亚式狂热”，不惜引用“邪恶的塔列朗的话，‘先生们，少安毋躁’”（*L*,92）。[5]在这些情形中，当伯林要求节制时，他铭记于心的经常是社会主义者和社会民主党人的社会工程，但他也把它应用于自由主义的政策。正如他在《两种自由概念》一文中论证的一样，即便是对消极自由的要求也可能被夸大并转变为毁灭性的狂热，正如19世纪崇拜放任自

2　Condorcet, *Sketch for a Historical Picture of the Progress of the Human Mind*; Godwin, *Enquiry Concerning Political Justice*.

3　Fukuyama, *The End of History and the Last Man*.

4　Locke, *A Letter Concerning Toleration*; idem, *Two Treatises of Government*; Shklar, “The Liberalism of Fear”.

5　“Above all, gentlemen, no zeal whatsoever”（*L*,92, n. 2）.

流的人所做的一样（L,37—38）。现实感同样应该限制自由主义。

现实主义主题的另外一个情形是伯林关于J.S.密尔的文章。和讨论屠格涅夫的文章一样，这一篇同样在整体上展示了伯林自由主义的本质。在约翰·格雷的解读中，伯林的自由主义被呈现为与密尔“完全”不同的面相。[6]格雷把密尔看作是启蒙方案的典型代表，认为所有道德问题都有一个从特定公式得出的正确答案（这种一元论的乌托邦观点恰恰与伯林的价值多元论相对立）的思想家。但是伯林关于密尔的观点其实更微妙，它实际上展示了一种强烈的矛盾，这对关注伯林自己观点中的紧张关系也很有启发。[7]

伯林首先反驳了密尔作为严肃的道学先生、“维多利亚时代的教师”（L,247）的刻板形象。他论证说，密尔的《自传》向我们展示了另外
173 一幅图像：一个慷慨、热心的思想家，在年轻的时候反叛了自己父亲詹姆斯·密尔和杰里米·边沁的科学、冷淡的理性功利主义。J. S.密尔试图通过他在浪漫主义哲学家、诗人那里发现的对品性和情感之内在生活的关注来调和边沁式功利主义，使之更人性化。最重要的是，伯林断言，密尔的主导价值是“多样性、灵活性和生活的丰富性”，他所憎恶的是“狭隘、整齐划一，迫害造成的严重后果，权威、习俗或公共意见对个人的碾压”（L, 221）。总之，他是宽容个人、少数族群和异见分子的“最大支持者”，是“信奉这种邪恶原则——‘每一个都有绝对的社会权利要求所有其他人在所有方面严格跟他保持一致’——的阴暗、墨守成规的人”（L,218,224,244）的敌人。这与伯林的相似是显而易见的。

然而，伯林是有所保留的。密尔极力支持个人自由，但他的论证却软弱、缺乏说服力。这部分是由于密尔没有完全摆脱他父亲边沁主义的影响。例如，密尔试图保留功利主义的这个学说：“快乐”是人类道德

6 J. Gray, *Isaiah Berlin*, 59.

7 公正地说，格雷并没有注意到这些紧张关系（ibid.,59—61）。

的唯一目的，但同时却承认人类需求及其满足是多样的。伯林论证道，这导致了一种令人无法信服的妥协，其不充分性在密尔坦承功利"是太复杂、不确定的目标，除了通过各种次要目标的中介外无法被追求"(*L*, 226)时被揭示了出来。伯林论证说，"次要"目标事实上就是"人们因其自身之故而实际追求的各种多样(并且并不总是相容)目标"(*L*, 226)。在密尔功利主义的一元论中，有一种被压抑的多元论正在破土而出。

伯林认为，功利主义的外表同样要为密尔在作为预言家方面的失败负责。理性享乐主义这一"过时的心理学"(据此，人类被设想为总是欲求作为愉悦之"快乐"的最有效手段)阻止了密尔像马克思、弗洛伊德等人那样把握"人类行为中非理性、无意识因素的力量"(*L*, 219, 227—228)。同样，潜藏在这种狭隘心理学背后的是启蒙运动的科学主义，是认为人类行动可以被还原为一系列法则的信念。这是边沁和詹姆斯·密尔共同的梦想，后者被伯林描述为"18世纪最后一个伟大的理性主义者"(*L*, 219)。这种梦想最早被爱尔维修(伯林所宣称的"人 174
类自由的六个敌人"之一)体系化为功利主义的形式。在密尔那里，功利主义并没有那么危险。它潜藏的科学主义信念在那个时代依然盛极一时，注定要在见证了极端民族主义和全球世俗宗教的兴起的20世纪才会遭到动摇。伯林的自由主义在这里当然背离了密尔：尽管密尔依然对理性本身就可以促进道德、政治改良的潜能充满信心，伯林的观点却受到了极权主义和世界大战的挫败。对伯林来说，自由主义不再依赖于进步的浪潮，它是文明和野蛮的分界线。

然而伯林并没有把密尔看作是简单的乐观主义者。尽管密尔不是先知，他却清楚地看到了自己社会的不足：令人窒息的顺从，缺乏教养的大众，经济剥削和性别歧视。面对这样的背景，即将到来的民主时代的前景却含糊不清。正是为了缓和误入歧途的民主制带来的最坏效果，密尔提出了《论自由》中最伟大的原则：个人自由只能为了防止伤害他人而被限制。归根到底，这是一种更适于恐惧的自由主义而非完美主义的防御界限。密尔认为，沿着理性道路的改良是可能的，但它不可能是革命性的，只能是渐进的。不仅如此，就像前面提到过的一样，伯林在追踪密尔著作时察觉到了价值多元论的萌芽，以及道德、政治问题即使在原则上也不存在“最终答案”的多元论内涵。

伯林在密尔的现实主义、对多样性的喜爱和他功利至上的科学主义遗产之间发现了一种强大的、不可克服的张力。和托尔斯泰一样，密尔努力坚持某种一元论的体系，但他自己更深刻的直觉和经验却否认这种体系，他智识上的诚实也使他不断限制、破坏这种体系。密尔和托尔斯泰都是穿着刺猬衣服的狐狸。在另外一个层面，密尔的冲突是他思想中启蒙要素和反启蒙要素之间的冲突，前者受到边沁和他父亲的支持，后者被柯尔律治和浪漫主义者所支持（*L*，219，248）。但启蒙和反启蒙、一元多和多元论之间的冲突不仅表现在密尔身上，也表现在伯林身上，事实上更一般地表现在自由主义传统和现代思想之中。伯林同样体会到启蒙运动的个人自由和客观探究理念向一个方向的推动力，以及反启蒙运动未经选择的认同和“内在观点”向另外一个方向的推动力。不仅如此，我们都知道，他还提醒说我们是“这两个世界的孩子”
175 （*RR*，141）。

这对自由主义的启示在于，尽管密尔倡导的自由和理性改良在某种程度上的确是可欲和可能的，但自由主义者的期望应该克制一点。我们生活在一个既没有被理性完全掌握（或者理性能够掌握），又不在道德上（甚至是潜在地）和谐统一的世界中。这并不意味着我们应当放弃理性：伯林依然是一个“自由主义的理性主义者”（*Conv.*，70）。但我们应当承认理性的力量是有限的。非理性、无意识的力量可能挫败最好的论证，即便我们的理念实现了，这些理念也会经常发生冲突。在这样的世界中，一种自由主义的秩序是我们最好的希望，并且这种秩序必须是现实主义的。它必须给多种善和生活方式最大的行使空间，并且同时承认并协调多样性带来的摩擦和挫折。道德和政治完美不仅难以实现，而且在概念上是不融贯的，这对完美主义的自由主义版本和其他版本来说，都是真理。

社会正义

伯林警告自由主义注意自己乌托邦分支的危险性，推崇现实主义和克制。但除此之外，他真的给自由主义传统贡献了一些有价值的东西吗？接下来的批判是由克里斯托弗·希钦斯提出的：

> 伯林提出的警告严格说来都是消极的，其中大多数都警告自由主义小心一元论的危险和错误。但是谁还记得他提出的任何关于自由主义或自由主义者可能实现的东西呢？罗尔斯、德沃金还有加尔布雷斯都展示了政治改良主义的康庄大道。伯林的设想忽视了这些丰富的特点。[8]

伯林真的缺乏积极的政治方案吗？如果这一点成立的话，它很关键吗？我认为这个主张在很大程度上是成立的，并且的确非常关键。伯林相对忽视公共政策的问题，是他整体立场的真实缺陷。但我也认为伯林对我们的告诫在指导政策方面有丰富的内涵。这些内涵没有被伯林表述出来，但是依旧可以从他的立场中生发出指导自由主义国家政策的原则和论证。我将在它们与两个重要政策领域（社会正义和各种文化的政治地位）的关系中讨论这些内容。 176

关于社会正义的主题，我曾经在第四章指出，尽管伯林偏好消极自由、反对积极自由使一些读者认为他是古典或放任自由主义的辩护

8 Hitchens, "Moderation or Death", 7.

者，但这种解读是错误的。他的确坚持相对狭隘地区分消极自由和行使（或珍视行使）消极自由的条件。按照这种观点，严格说来，人们能够消极地自由，即便贫困使他不能使用这种自由并且减损了自由对他的价值。这种立场被哈耶克、诺齐克等支持放任自流的作者们用来论证反对国家消除贫困的正当性。[9]但我也论证了，尽管伯林在此承认了狭隘的消极自由观，但他并没有也无须承认经常建立在这种自由观之上的对自由放任政策的论证。对伯林来说，自由主义者可能合理地认为自由的条件和自由一样重要，并且主张国家应该积极地保障这些条件。因此，“对于社会立法与计划、福利国家与社会主义，无论是从消极自由的主张考虑还是从积极自由的主张考虑，都可以做出有效的辩护”（*L*，38—39）。另外，福利国家干预的目标可以既不被构想为自由，又不被构想为自由的条件，而是“平等、公正或正义”这些单独的善，它们同样产生了对政府行动的要求（*L*，172）。

事实上，伯林相当明确地反对放任的自由主义，支持“社会”或“平等”的自由主义，福利再分配的自由主义。最终，他把放任自流政策对消极自由的痴迷（经济个人主义和不受限制的资本竞争的悲惨故事）与道德一元论的其他极权主义表达做对比，并宣布“在这种情况下，国家或其他有效的机构的干涉，既保证个人的积极自由，也保证他们最低限度的消极自由，它也就具有压倒一切的重要性”（*L*，38）。他经常发声支持罗斯福新政，后者被他描述为“伟大的自由主义事业”，“我们时代目睹的个人自由与经济安全之间最具建构性的妥协”（*L*，84）。伊格纳季耶夫报道说，伯林在1945年支持艾德礼的工党政府（尽管他在1950年转而把选票投给了自由党），并把自己描述为“自由主义的社会民主党的信徒”（*Life*，196，197）。

然而，除了这些倾向于社会正义的一般表述之外，伯林从来没有在

9 Hayek, *The Constitution of Liberty*; Nozick, *Anarchy, State, and Utopia*.

这方面施展自己的才华。除了对消极自由之条件的简要评论，他没有 177
为福利国家再提供过辩护。他也没有显示出对其他人提供的辩护的太多兴趣。比如，他似乎没怎么关注过约翰·罗尔斯的创造性工作，后者的《正义论》(1971)不仅设定了此后多年关于分配正义的讨论议程，而且更一般地设定了为自由主义辩护的议程。在出版于1998年的一个访谈中，伯林表达了对罗尔斯的尊重，但却怀疑罗尔斯从虚拟、无偏私的“原初状态”中推导正义原则的方法(*Sal.*, 30)。伯林观察到，正义仅仅是诸多拥有自己独特要求的“终极价值”中的一个，此外，罗尔斯也没有充分注意“非理性冲动”的影响(*Sal.*, 30)。与此类似，伯林从来没有公开谈论过罗纳德·德沃金富有影响力的工作，即便德沃金是他牛津的同事和对三个伯林纪念文集都有过贡献的个人朋友。至于更早的社会自由主义者，伯林说他对T. H.格林或L. T.霍布豪斯都没有“深刻印象”(*Sal.*, 20)。在《两种自由概念》中，格林被描述为“好心”的自由主义者，他的积极自由观念不知不觉地为独裁专制的牢笼提供了帮助(*L*, 41—42n.)。

为什么会相对忽视关于社会正义的自由主义理论呢？伯林的证明并没有说服力。其中之一是他发现来自敌人的批评比来自战友的批评在智力上更令人兴奋。“你看，正是那些敌对者对我有兴趣，是聪明的反对者亮出了自己的武器，他们长驱直入，发现了缺陷所在。”(*Sal.*, 20)同样，“我对敌对方的观点有兴趣，因为我认为理解这些观念能够塑造我自己的观念……我对批判性的攻击更感兴趣，它们通向了知识而不仅仅是重复捍卫关于启蒙运动的老生常谈……”(*Conv.*, 70)。聪明的反对者能够测试出战友测试不出的信念。但是，为什么伯林对福利国家的聪明敌人(比如和他同时代的哈耶克)没有兴趣呢？[10]

他的回答可能是，在他所处的时代，福利国家看上去是安全的，哈

10 伯林说他“没有受到哈耶克的影响”(*Sal.*, 23)。

耶克等思想家的观点几乎没有影响力。在《自由四论》的导言中，他写道，“我以前认为，关于个人自由在不受羁束的经济个人主义统治下的命运，这个主题已经被现代几乎所有严肃的著作家说得够多了”，并总结说“自由主义的极端个人主义目前不可能被称作上升的力量”（*L*，38，39）。但是，尽管这能解释他在1950、1960年代的优先性，却解释不
178 了他在1970年代对正义问题的沉默，那时候福利国家面临严峻、持续的攻击。诚然，那时候伯林从自己主要的学术岗位中退休下来了，但他依然是个公共人物，并且还在写作。不仅如此，有证据表明，直到1997年他去世时，伯林私下一直对英国玛格丽特·撒切尔自由市场的革命感到沮丧。[11]

更重要的依然是，伯林自己的原则，特别是他的价值多元论，比他自己实际做出的更需要密切关注对福利国家的辩护。伯林自己也承认某些反对社会自由主义或社会民主党人的自由主义是有力的。在1945年支持工党后，他开始厌恶艾德礼政府，把它看作促进了道德上狭隘的平均主义，为“可悲的欺骗者”而粉饰（*Life*，197）。1949年，在《20世纪的政治观念》中，他担心，把苏联变成一场噩梦的同一种技术统治正在西方福利国家中小范围地活动着。这两个世界的技术统治都依赖于只有公共政策的手段才可以被质疑（因为目标是给定的）的假设。更深刻的假设依然是一元论的信念：这些目标最终可以被调和在一个单一体系之中。伯林认为社会民主党人太过倾向于假设，所有善都可以被一起实现，道德冲突可以被克服，艰难的选择能够被避免。

社会正义主题中涉及的艰难选择是《两种自由概念》的中心。T. H. 格林在那里被描述为“特别开明”，“温和、仁慈的”，一个“真正的

11　G. A. 柯亨在去世时再次简短地说，伯林“坦承自己无法看到为什么我们时代会抛弃国家基于进步目标的行使，即便是由工党政府做出的。他彻底地反对国家完全控制，社会党人的计划主张在他看来是一种幻觉，但是他也积极反对撒切尔主义：他知道‘自由’市场摧毁了人们的生活”（Cohen, “Freedom and Money”, 7, n.14）。

自由主义者”，他正确地抨击了一个“荒谬的假设”，即处于不加调节的劳动市场的劳动人民“（在任何与自己相关的重大事务上）是可以与雇主谈判的自由行动者”（*L*, 41n., 53, 180n., 196）。但是格林把所有社会目标放置在一个单一、含混自由观念中的企图是误导性的。他的积极自由观（在其中，真正的自由必然是“做最好的自己”）包含了“致命的混淆”，即，把自由和道德上正当的行动混为一谈（*L*, 41—42n.）。一般而言，社会正义的追求者同时也是自由的仰慕者，他们受到把这两者结合起来的诱惑，好像二者是等同的，或者一个必然导致另外一个（*L*, 172—173）。因此，伯林恳求自由必须区别于它所不是的东西。如果自由为了正义的目标而被交易出去，我们应当清楚发生了什么事情，而不是尝试认为更多的正义必然意味着更多的自由。我们绝对不能使自己 179
无视艰难选择这一事实。

现在，如果福利国家不可避免地使我们在诸如自由、正义等根本价值之间进行艰难的选择，那么就会产生何种选择能够得到证成的问题。考虑到伯林认为这些价值是多元且不可通约的，我们为什么应该承认福利国家特有的那些解决方案或交易、妥协方案呢？为什么要同意，比如说，拿纳税人的自由换取福利接受者的更多平等呢？对于像哈耶克和诺齐克那样自由市场的思想家而言，这些交易都是不正当的。如果这样，为什么这些思想家错了？考虑到从伯林自己多元论的观念中产生的对道德证成的挑战，他不可能像自己表现出的那样简单地把福利国家看作是理所当然的。

伯林的确没有以多元论的形式证成自己对福利国家的承诺，但这并不意味着他无法做到。他可以沿着上一章提出的思路进行论证。在那里，我主张对伯林多元论本质的反思至少为这些选择指明了自由主义政治架构的原则，纵然它们不可能解决不可通约项之间的所有艰难选择。不仅如此，我还论证了这里出场的自由主义类型可能采取强“启蒙”形式，在那里，国家将有促进个人自主的权利，这种个人自主是多元论中那些最好生活方式的必要成分。我现在提出的是，多元论的这种论证思路同样可以整合起来，为福利国家建构出一种伯林的情形。

这种论证大概可以这样展开。[12]在放任自流、反对再分配的社会，市场不仅作为分配和管理的机制而成为主导性的，并且在文化的意义上，也作为价值的来源和仲裁者成为主导性的。市场的价值（个人选择、契约自由、自我独立、效率）将成为该社会的中心价值。从伯林多元论的角度来看，这将带来真实的损失，因为市场价值的支配性将排除或冷落其他善。当然，没有任何社会能够同等地实现所有人类价值，强调某些价值不可避免地要以其他价值为代价。但是相比再分配的情形而言，自由放任的社会强调的善可能在范围上太狭隘了。

自由放任社会的相对狭隘性可以基于上一章讨论过的自由主义多元论原则中的任何一个被证明：普世性、现实主义、多样性、合理分歧和个人
180 自主。第一，被自由放任社会排除或忽视的善显然包括一些多元论者认为是普世的、非常基本的价值，比如对充足的食物、房屋和医疗关怀的需要，甚至是对（除了契约规定的之外）满意的人际关系和社会关系的享有。

第二，市场的文化倾向于把所有善都看作是可以化约为金钱的商品，认为价值交易几乎完全可以被成本收益分析所解决。但这种看待事物和市场决策的方式侵犯了多元论者对善的不可通约性的坚持。因为对不可通约性的承认承诺了关于价值冲突会产生绝对（有时候甚至是悲剧性）损失的现实主义。成本收益核算掩盖了这种现实感，它给出一副净收益的幻象，但却是以化约不可通约的东西为前提的。[13]

第三，市场文化可能与多元论者对促进价值多样性的承诺相冲突。

12　关于这一论证更充分的表达，参见Crowder, *Liberalism and Value Pluralism*, 226—236。

13　对于市场倾向于减损诸种善之间差异的类似论证，见Walzer, *Spheres of Justice*, ch. 4。多元论者对成本收益分析的批评见Sen, “The Discipline of Cost-Benefit Analysis”; Nussbaum, “The Costs of Tragedy”; Richardson, “The Stupidity of Cost-Benefit Analysis”。

诚然，市场的确通过鼓励个人选择而支持了多样性。但是，尽管自由放任的社会比计划经济产生了更大的多样性，它依然应该和更加均衡的体系做比较。对多元论者而言，选择是一种特别重要的价值，但是还有其他可能被市场边缘化，被国家干预恢复的重要善。这些善包括（最明显的）市场机制提供不了的“公共善”或公共设施、服务，也包括诸如各种意义上的平等，以及社会团结，或者说伯林强调的、与之相关的“归属”等更为一般的理念。由此看来，自由主义多元论应当准备向社会主义、共产主义和共和主义的政治思想传统学习其洞见。

第四，所有强调非市场的善和德性的生活方式将发现自己在自由放任社会中承受着压力。其结果将导致表达关于美好生活之合理分歧的机会受到减损。最终，自由放任社会的文化将成为多元论选择所要求的个人自主的不可靠环境。个人自主的行使要求经济资源。即便是自主的获得也预设了提供教育这一必需的资源。因为市场回报本身是不平等分配的，自由放任的社会就可能成为只有某些人而非所有人在其中真正自主的社会，或者只有某些人而非所有人能够从自己的自主
中获益的社会。 181

简言之，从多元论的角度来看，反对再分配和单纯依赖市场分配自己善的社会是不可取的。基本的问题在于，这种社会将是偏袒的，它以其他善和德性为代价来强调市场的善和德性。最后，更值得欲求的社会是诉诸市场的善和非市场的善之间平衡的社会，这种社会大概是再分配的而非自由放任的。更进一步的问题则是，多元论者的再分配应当采取何种形式，是传统的新政还是伯林设想的福利国家，抑或被“第三条道路”或其他思路修正的“新社会民主党”道路。但对于这个问题，我将保持开放的态度。[14]

14　参见 Giddens, *Third Way*; idem, *Third Way and its Critics*; Gamble and Wright, eds, *The New Social Democracy*。

文化的要求

当代另外一个被关注的政策领域是与个人或国家相对立的“诸文化”的正当要求。各种文化应当被尊重、保护到什么地步？特别是，自由主义民主制应当在何种程度内宽容那些其实践和价值是非自由主义的少数族群（比如基于宗教极端主义的族群）或将之纳入国家之中？与对社会正义的沉默不同，伯林关于文化显然有很多讨论。这里的问题在于，从他诸多评论中抽取出一个融贯且可信的立场。我将论证伯林对文化的实际评论整体上倾向于支持单一文化的民族国家这个理想，但是他评论的潜在逻辑主张多元文化主义的政策或者在自由主义界限内支持文化族群的国家。

一般说来，伯林认为人类文化是有价值的，文化多样性是可欲的。他给出两个主要理由：首先，他有时候声称各种文化是不可通约的，因为每个文化都支持了一套道德主张，不可能与其他文化比较并排序。他在维柯和赫尔德那里发现了这种主张，但是我已经论证过这并不是他的最佳观点。这种观点可以说是文化相对主义，因此与他对人权和自由主义的承诺相冲突，并且与他关于普世道德和跨越文化的移情观念也不能相容。总之，尽管这些解释被伯林相对主义的维度所利用，他
182 却不应该被理解为不经批判地支持了各种文化的要求。[15]

伯林对文化价值的第二个主要解释是，一个繁荣昌盛的文化的成员权回应了人们对归属的需要。这要回溯到他对犹太人离散经历和犹太复国运动的认同。对伯林而言，归属感，周遭尽是理解自己的熟人的居家感是所有人的基本善。与文化间不可通约的观念相比，这种珍视

15　这些考虑也反对了认为伯林首先是基于“审美”而珍视文化的观点：Kateb, “Can Cultures be Judged?”。

文化的方式看上去更有可能与自由主义的架构相调和。如果各种文化是不可通约的，那么每一种文化都必须用其自身的术语来判断，而这些术语可能是非自由主义的。但是，如果文化仅仅由于促进了人类的归属感而有价值，那么它可能不仅为确认某些文化的价值提供了基础，而且为批判某些侵略性文化也提供了基础，那些文化对于其他文化来说是摧毁性的，因此对于其他被构想为普世善的归属形式来说也是摧毁性的。

然而，这里依然存在一些问题。首先，即便归属是一种普世的善，它在伯林多元论的观点中也只是多种善之一。当归属与其他善（比如个人自由）发生冲突时该怎么办呢？我们将因此面临自由主义和家长主义文化两者非此即彼，而不是同时享有的选择吗？这是那个在第五章被提出的，尚未被回答的问题的一个表现形式，它关注自由民族主义的构成性价值之间的冲突，即，自由和归属之间的冲突。我会在稍后部分回到这个问题。第二个问题是，归属如果只是文化的归属，即，如果某人所处文化没有在政治上得到保护（不论是国家，还是在国家内部宣称致力于保护文化自主的其他机构），那么它可能无法得到保障。伯林对文化的支持意味着对（以民族主义形式的或多元文化主义形式的）文化政治化的支持吗？

伯林对第二个问题的回应是自相矛盾的，特别是在他讨论民族主义时。毋庸置疑，他把民族认同看作文化认同的最重要形式之一（如果不是最重要的话）。但是民族也应该成为国家吗？要知道，伯林赞成他所谓的赫尔德“文化民族主义”或支持以非政治的方式保存民族认同，而不是“政治民族主义”及其对国家地位的要求（*TCE*，179—183；*TCN*，19）。他似乎被赫尔德的观念所吸引：不论是对被保护的文化而言，还是对其他国家的文化而言，国家都是文化的死亡之手，以此作为目标将导致侵略性的行动。尽管伯林也坚持，我们应该承认19、20世纪充分发展的政治民族主义是自由主义不应该奢求超越的持续事实。不 183

仅如此，他有时候暗示说，即便从自由主义的观点来看，某些适当形式的政治民族主义也是积极可欲的。例如，在《两种自由概念》中，他表达了对那些经由个人自主观念走向集体自决的人的同情，即便这些观念在概念上应当彼此区分，并区别于消极自由（*L*，208—212）。这种赞成民族主义的路线最近被伊格纳季耶夫、塔米尔和戴维·米勒等理论家采纳，他们论证了民族认同的政治表达是稳固、可行的自由民主制的必要条件。[16]

总的来说，尽管赞成赫尔德，伯林还是可能认为在现实世界中，民族文化必须得到政治的保护。对伯林来说，赫尔德关于多元民族和平共存，无须政治保护的观点不过只是一种理念而已，并不是现实的政策目标。各民族文化一般需要自己的国家来保护自己。然而，在谈到民族国家中的少数文化族群时，伯林不太倾向于承认这种政治地位的情形。在被问及美国学界多元文化主义运动时，伯林厌恶地回应道：

> 是的，我知道。黑人研究、波多黎各的研究以及其他。我认为这也是少数族群扭曲之材的反弹，它们在美国多民族语境中感到自己的不利之处。但是我认为，基于种族或其他少数族群共同身份的过分的自我肯定只会分裂共同的文化，而这种共同的文化是所有社会都尤其需要的。（*TCN*，21）

“适当程度的自我肯定”，这个限制似乎意味着排除许多现在被包括在多元文化主义标题之下的内容：以政治的方式做出的对文化族群的公共承认和支持，从通过平权运动的各种措施实行的法律豁免，到设置政治代表和自治政府。

即便在面对那些他可以被期望最感到同情的文化族群（即犹太族

16　参见第五章。

群)时,伯林也持有同样的观点。

> 我们依旧会看到古代部落和依地语令人唏嘘的衰落,对“流
> 亡的民族主义”的现代倡导的衰落,后者基于把现代民族看作高度 184
> 多样和准自主的共同体的混杂的观念,在这种民族中,说依地语的犹太团体与许多肤色各异的本地人,以及民族歌舞、古代工艺和精致的古代习俗生活在一起,形成了丰富的成分。(*POI*,180)

对伯林而言,“这些令人遗憾的荒谬”提供了“关于现代社会完全不真实的版本”(*POI*,80)。这并不是说,人们不可能或不应该像非犹太民族国家中的犹太人那样生活;恰恰相反,伯林极力为这种选项的正当性而论辩。但是他认为,犹太人不应该被肯定为国家公共领域中独立的政治单位。伯林对待对文化族群的模式既不是要同化它们,也不是多元文化主义(除非是弱意义上的)。相反,它是一种可以被称作是“整合”的中间立场,在那里,族群成员拥有自己在家庭中和自愿联合体中的独特身份,但却与其他公民接受一样的公共权利和义务。[17]

假设这是伯林的立场,那么它能否得到证成?事实上,他区分了被国家正确保护的“民族”文化和国家内部缺乏这种保护的少数文化。对此有两个问题。首先,如果一个少数文化也是民族的,那该怎么办呢?这种可能性在自由主义多元文化主义者威尔·金里卡那里尤为突出,他把以前自我管理、疆域集中,现在被容纳到更大国家之中的“民族”文化团体定义为独特的社会。[18]典型的例子包括土著居民。金里卡观察到,在容纳不止一个这种类型的民族团体的意义上,“许多西方

17 Kymlicka, *Multicultural Citizenship*, 10—11, 14—16.

18 Ibid., 10.

民主制是多元民族的”。[19]伯林不应该至少赋予这些民族族群以政治地位吗？其次，伯林的基本原则依旧不要求他更进一步吗？他珍视文化的强大理由是，它们回应了人类对归属的需要。如果这样，那么这不仅对民族文化成立（不论它们是多数还是少数），而且对其他文化也成立。移民文化同样给其成员提供了一种归属感。如果文化归属的善在民族文化的情形中值得政治保护，为什么在移民文化的情形中就不值得了？这种保护不需要采取只适用于民族团体的民族自决的形式，前面
185 列出的其他特殊的调节方式就可以提供这种保护。

简言之，伯林对民族归属的承诺似乎比他明确承认的更接近多元文化主义。然而，伯林式的多元文化主义将受到两个彼此对抗的价值的限制。第一个是社会统一。正如前面讨论过的那样，伯林现实主义的维度之一就是，他相信自由主义政治的实际行使不能只被理性保障，而且也要求合宜的社会条件。自由主义不可能在被严重内在冲突撕裂的社会中得到发展，魏玛共和国的命运或许就是一个例子。最后，一种成功的自由主义需要以相对高程度的信任和合作为特征，为了实现这一目标，它需要承认社会中的共同文化身份是有工具价值的，并且事实上是根本性的。因此，伯林不喜欢更具侵略性的多元文化主义形式，后者倾向于以削弱自由制度必需的文化基础的方式割裂社会。

伯林多元文化主义的第二个限制来自他对个人自由的承诺。一方面，归属的善应当促使伯林支持国家在自己管辖范围内，通过积极干预来保护所有有效的文化。由此可以把伯林的观点与其他承认“善意忽视”少数族群政策的自由主义区分开来。[20]另一方面，个人自由的善反对国家不经批判地促进减损个人自由的文化和实践。伯林在这方面的观点必须区别于那些几乎没有限制地保存任何、所有文化的多元文化

19 Kymlicka, *Multicultural Citizenship*, 11.

20 Ibid., 3—4, 49—50.

主义者，以及把自由主义原则本身看作在文化上是相对的人。[21]

伯林应当在归属与自由之间维持什么样的平衡呢？我的建议是，自由应当在发生冲突时优先。我的理由依然要诉诸上一章支持自由主义启蒙形式时表述过的情形。在那里，我论证了伯林式的多元论，只有在文化本身促进善的多样性时才意味着文化多样性的可欲性。文化的这种内在多样性，反过来要求其成员拥有行使个人自主的能力。因此个人自主形式的自由必须足以对抗文化政策中的归属。在这些权衡中，自主要在发生冲突时占据更重要的位置，因为正是自主位于最好地满足多元论洞见的自由主义政治的核心。特别是，这将是最大限度 186
地容纳充分范围人类善，并且在这些善发生冲突时帮助人们做出好决策的政治形式。一个归属优先于自由的体系将不能通过这个测试，因为它倾向于已经确立的本地传统，不论它们有多么珍视多样性或个人自主。

请注意，这个论证同样也解决了第五章提到过的自由民族主义概念中的内在紧张。在那里我提到了这种反驳：如果个人自由和团体归属在伯林的意义上是不可通约的，那么它们在自由主义民族主义中的联合就是不融贯的、矛盾的。这种批评的缺陷现在一目了然：它假设仅仅把互相竞争的价值认定为不可通约的，就已经表明它们在冲突时是没有理性解决方案的。正如我在前面章节论证过的一样，更好的观点是，在互相竞争的不可通约项之间的理性选择在语境中是可能的。不仅如此，就像我刚才概括过一样，多元论的概念本身就隐含了富有政治含义的特定普遍原则。伯林的立场因此可以被看作一种自由主义民族主义的形式，其中自由的价值在发生冲突时有好的理由高于归属。

总之，伯林最深刻的承诺支持的立场比他所允许的更接近多元文

21　伯林的立场与E. Mack, “The Limits of Diversity” 中多元文化主义的极端形式有所区别。

化主义，尽管这是被对社会统一的关切所限制的文化多元主义，并且是自由主义限度内的文化多元主义。更确切地说，我认为它是类似于金里卡的文化多元主义。[22]根据这种观点，自由主义国家有权利和义务在文化成员权是所有公民幸福之部分的基础上为了保护文化而行动，特别是保护民族文化。但是这种政策要被社会团结的需要所平衡，并且在所有情形中都要服从对个人自主的促进。文化保存和民族认同是重要的，但它们要低于自由主义多元论者对个体自由的根本关切。同样，这个论证超出了伯林的实际论述，但是我认为，这没有超出他自由主义多元论的观点。[23]

评价伯林

如何在整体上评价作为思想者的伯林？这是一个困难的问题，特
187 别是用伯林自己多元论者的术语来看，因为使用这些术语涉及不可通约项之间的排列和比较。我们如何比较伯林的原创性与罗尔斯严谨的论证，或比较他的现实主义与马克思的影响？与此类似，这个问题就像给伟大的艺术家们排列高低一样，伯林宣称是无法解决的（*PSM*, 8, 567）。基于伯林自己更好的观点，我已经论证过把价值冲突认定为不可通约项之间的冲突并不必然舍弃合理解决方案的希望。这种解决方案或者可以诉诸语境，或者可以诉诸多元论本身的内涵。我论证了多元论本身表明自由主义政治架构之于其他已知选项的优先性。因此，在多元论的基础上，我们能够说作为一个自由主义者，伯林走在正确的道路上。

---

22 Kymlicka, *Multicultural Citizenship*; idem, *Politics in the Vernacular*; idem, *Contemporary Political Philosophy*, ch. 8.

23 关于伯林的原则能够或应当走向多元文化主义的另外一个论证，参见 Tamir, “Whose History? What Ideas?” 和 idem, “A Strange Alliance”。

然而,即便在自由主义传统的语境中,伯林的整体评价也依旧很难被回答。我展示过他在自由主义框架内的优势和缺陷:与像孔多塞那样的乌托邦自由主义者相比更加突出的现实主义立场,被与罗尔斯、金里卡等社会自由主义者相比缺乏对自己观点政策含义的关注所平衡。无论如何,对这一问题的彻底回应依然要求价值之间许多独特、或许不可通约维度的比较,这甚至是不可能的。因此,为了论证的需要,我提出一个非多元论的捷径,它把所有这些都还原成一个问题:伯林还有继续被阅读的可能吗?即便如此,这个问题也依然太大了,任何回答都将是猜测性的。但是我认为答案将会是"是的",因为他在以下三个领域的成就:他对极权主义概念基础的解释,他对价值多元论及其含义的重视,还有他观念史的独特进路。

首先,伯林必须被看作20世纪极权主义最重要的分析者之一。我把追踪极权主义思想的智力起源和道德心理学呈现为伯林的主要方案。在这方面,他解决了他所处时代在道德和政治上面临的最大挑战,伯林的回应是精微、深远和非常独特的。对他而言,极权主义政体可能部分来源于历史环境的偶然事件,来自经济因素和领导者的个性,但是它们最重要的起源是观念的。观念是强大的,它们可能创造或摧毁了千百万人的实际生活。观念也是可以被塑造的,它们可以被塑造为自由社会的原则,或扭曲成压制的意识形态。 188

伯林在极权主义政权深处发现的观念并不是简单或单维度的,毋宁说是复杂的、多层级的,就像考古挖掘一样。在表层或最近层面是18、19世纪知识分子对自由的背叛。这并不是对个人自由的完全反对。恰恰相反,自由在这一时期经常被捧到各种善中较为优越的位置。然而,一旦如此,它就被扭曲为新的形式,最后成为自己真正含义的反面。什么是自由的"真正"含义?对于这个问题,正如其他问题一样,伯林的表述尽管非常丰富,但却很含混。有时候他似乎坚持单独消极无干涉就是自由的"正常"或根本含义,然而,有时候他又认可积极自由观念最常见的基本洞见（掌握自己的生活）也同样是或不可通约地是一种根本的人类善。我已经论证过富有生发性的《两种自由概念》真正的原创之处和重要之处并不在于伯林区分消极自由—积极自由的公式本身，这一点已经有其他人做过了，而（部分）在于他对积极观念的批判，他把它与专制主义联系起来，与西方思想中的概念混淆和更深倾向联系起来。我也论证了在他做出这些联系，并用消极观念定义自由主义时，伯林倾向于低估积极自由的一种版本（即，个人自主）也是自由主义的中心。同样，伯林的立场整体而言依旧激发了此后四十年的批评，并且继续是有争议的。可以确定的是，伯林打开了关于自由主义的批判性讨论，正如罗尔斯后来打开了对社会正义和自由主义基础的讨论一样。仅仅由于这个理由，G. A.柯亨把伯林和罗尔斯一起看作“20世纪英语学界最著名的政治哲学家”就是正确的。[24]

自由概念仅仅是伯林极权主义考古的开始。自由的背叛依赖于更深刻的思想：18世纪的启蒙运动和反启蒙运动。在最极端的形式中，前者使得科学理性成为一种癖好，后者则全盘反对它。这两者都是与他们相关的极权主义形式的首要来源。反启蒙运动对理性和普世性的反对位于法西斯主义的根基之处。而启蒙运动对理性和普世性本身的信念在成为乌托邦思想的基础时变得危险：启蒙运动的科学主义流派
189 是苏联共产主义的首要基础。这些只是伯林观点的主要线索，其细节更精妙。但正是伯林粗线条描绘理智历史的能力赋予其作品以经典的形态和力量。

最后，科学主义依赖于现代一元论：所有道德问题都有唯一的答案，这些答案都体系性地结合在一起。一元论不仅是19世纪乌托邦主义和18世纪理性主义的根本信念，也是整个西方思想的主要线索和永恒哲学。对极权主义概念基础的探求终止于一个几乎没有人注意、质

24 G. A. Cohen, “Freedom and Money”, 6.

疑过的深刻假设。表面看来，一元论的假设似乎是无害的，甚至是有益的，因为同样的假设使我们在理解自然世界时得以进步。的确，即便在道德世界中，一元论的假设在某些思想家手里也是有益的，比如洛克、康德和密尔。但问题在于，一元论同样也服务于那些不太仁慈的人。

伯林用来代替道德一元论的是价值多元论，这为我们继续阅读他提供了第二个理由。他的观念是，人类价值实际上是不可还原地多样的，经常不相容，有时候甚至不可通约，这些价值的冲突经常产生无法被任何简单、抽象规则解决的艰难选择。这是他最独特的贡献之一，或许也是最深远的。在伯林自己的论述中，多元论的观念隐含在几个早期西方思想家那里，包括最有名的维柯、赫尔德和浪漫主义者，至少可以追溯到马基雅维里。[25]在伯林更直接的先驱中，马克斯·韦伯在许多方面开导了伯林的观点，大致类似的观点也能在伯林同时代的迈克尔·欧克肖特和斯图尔特·汉普希尔那里找到。[26]但伯林是第一个把这个观念明确表述为一种长盛不衰的政治哲学的中心的著作家。多元论的观念几乎从一开始就贯穿着他的政治思想，一开始是被体会到的而不是被表述的，但是随后逐渐变得清晰。伯林从来没有仔细分析过这个概念，他对它的处理方式也是模糊、不一致的。但是他的立场是高度原创的、有力的，并且从他对观念史的理解中得到了详细阐释。 190

伯林多元论的精确含义依然是有争议的。伯林把这个观念看作反对基于一元论的专制主义思想模式的武器。有些批评家主张多元论也

25　参见 “Writings about pluralism before/independently of Isaiah Berlin”, in Hardy, ed., *The Isaiah Berlin Virtual Library*。

26　Weber, “Politics as a Vocation”, and “Science as a Vocation”, in *From Max Weber*; Oakeshott, *Rationalism in Politics*; Hampshire, *Morality and Conflict*; idem, *Justice is Conflict*. 也参见 Lamprecht, “The Need for a Pluralistic Emphasis in Ethics”; idem, “Some Political Implications of Ethical Pluralism”; Brogan, “Objective Pluralism in the Theory of Value”。

拥有（伯林似乎不欣赏的）挑战并扰乱他自己自由主义立场的力量。我论证了尽管能够回答这种批评，但他的回答却倾向于滑向对多元论的非理性主义、相对主义的解释，而这是伯林不想意图甚至应该反对的。多元论与语境中不可通约项之间的合理选择是相容的。不仅如此，多元论本身蕴含着一系列推崇自由主义政治架构的原则。这些论证表明，伯林的多元论不仅产生了反一元论的警告和温和行动的忠告，而且有帮助我们建构性地思考政治和公共政策的潜力。在前面两节，我已经概述了它在分配正义和文化要求的领域建构公共政策的方式。

伯林的作品能够存在下去的第三个理由是，他关于观念和产生这些观念的思想家的讨论非常紧迫，并且无比生动。在这个方面，伯林拥有两个要素。第一个是他想象同情的方法，这个方法效仿了维柯的幻想和赫尔德的移情，在其中，伯林"进入"自己想理解的心灵之中，不论它是个人的还是整个社会的。他用这个心灵的声音发话，促使我们做出恰当回应。伯林在这方面获得的杰出成就已经被许多读者证实了。例如，布莱恩·巴利，在其他方面是一个严格的批评者，把伯林"最大的长处"看作"他传递并呈现所有文本——不论其主题如何抽象——都是被人们伴随……自己的激情、偏见、成见和盲点写成的这一事实的能力"。[27]伯林方法的另外一个成分是，他坚持自己讨论的观念不仅因其自身而重要，或者从纯粹文物爱好者的利益来看是重要的，而且因为直接、紧密相关于我们现在的生活而重要，它们使我们成为我们自己，不论是好是坏。

这种探讨观念的进路独特地结合了哲学和历史学。它的根源在于伯林1930年代在牛津思想定型的时代，在那里他目睹了逻辑实证主义与黑格尔主义之间的论争。伯林的心灵足够开放，能够看到这两方各自的优劣：逻辑实证主义粗俗的经验主义受到自身抽象性的限制，脱离

27 Barry, "Isaiah, Israel and Tribal Realism", 7.

了理性，黑格尔主义的过分臆测则被它们具体的历史意识所缓和。伯 191
林试图结合两者的长处。他宣布自己是一个经验主义者，但是把“哲学”定义为逻辑实证主义所忽略的东西：那些既不能被观察也不能被推理演绎解决的“棘手问题”。这是我们得以理解世界的假设、范式，或用伯林自己的话说，“范畴景观”（category-spectacles）的领域。为了理解这些概念与范畴，他论证说，自然科学上帝之眼的方法因为仅仅是外在的，所以不充分。人类理解的基本范畴必须通过人类目标才能知道，并且只能通过采纳“内在观点”的把握，即，尝试用拥有这些范畴的人的眼睛去看。因此，移情具有核心地位。不仅如此，所有这些观点都具体地坐落于时间、空间之中，由于时间、空间总是多样的，它们产生的概念和范畴也是多种多样的。对伯林来说，要做（被恰当理解的）哲学就必然要学习历史。

但是哲学和历史学是完全不同的事业，这使得结合两者变成了一个棘手的任务。哲学问题（什么是真理、正义和自由？）倾向于普世性、抽象和永恒，排除了对具体事件和环境的历史探究。这里的情形之一是伯林在《两种自由概念》中对积极自由的批判，在那里他艰难地摇摆于历史主张和哲学主张之间，前者认为自由的积极观念事实上在过去被用于专制主义的目标，后者认为积极的观念本身就是专制的。我们到底在何种程度上可以说伯林对哲学和历史的联姻是成功的？在这里我们想到了他对自己的先驱追求的类似调和计划的评论：托尔斯泰结合历史的普世哲学与小说特殊性的尝试，密尔统一边沁功利主义和柯尔律治浪漫主义的雄心。伯林对这些事业最终失败的断言表明，关于他自己的事业是否融贯是可以被质疑的。

伯林的方法也由于这样的理由而遭到批评。在哲学这一方，他被多少公正地指控说，在论证与分析上不够严格，在定义上含糊不清。的确，伯林的主张经常是没有证明的和未经审查的。事实上，有时候正是不清楚产生了这些主张，因为这些主张在伯林为之发言的人那里就不

够明显(不论这个人是伯林自己还是他讨论的历史人物)。伯林自己
192 的立场典型地体现在他对待其他人的方式中,并没有被明确表述出来。在那些批判性主张被明确断定的情形中,伯林倾向于不以逻辑展示支持这一断言,而是以“倾向”类型的松散联合来支持它,比如《两种自由概念》中积极自由、道德一元论和专制主义政治之间的联系。

另一方面,历史学家有时候把伯林粗线条的观念史进路看作是无视细节、限制和具体语境的。的确,在某些理论家看来,伯林追踪概念和范畴在不同历史时期发展的观念史是可疑的。由昆廷·斯金纳代表的“剑桥语境史学派”质疑像“自由”这样的概念能否被恰当地理解为是历史性地“发展着的”。对斯金纳来说,“并不存在哲学上永恒的问题”,存在的只是在历史语境中才能被理解的特殊问题及其回答。[28]从这种观点来看,伯林的描述不仅可以在经验上是可疑的,而且是不融贯的。

对于他所面临的那些哲学批评,伯林将回应说,对他而言最重要的不是论证的融贯性,而是整体观点的力量。伟大的思想家中关键的是他们“关于生活,关于生活是什么和应该是什么的核心观点”(*FIB*,3)。他们的详细论证只是

> 内在城堡的壁垒——反对袭击的武器,对反驳的反驳,关于辩驳的辩驳,防止并拒绝对其观点和理论的实际或可能批评的尝试;除非我们穿透包围着核心融贯单一观点(经常是没那么精细、复杂,反而简单、和谐,容易被全盘认识)的壁垒,否则我们永远无法知道他们真正想说什么。(*FIB*,3)

在伯林自己的情形中,核心问题(自由主义多元论)并不这么简单和谐,

28 Skinner, “Meaning and Understanding in the History of Ideas”, 50.

但是其大概可以被把握到。这被伯林的朋友阿维夏伊·玛格利特确认了:“伯林不喜欢牛津哲学家普莱斯所谓的抬杠(argy-bargy)哲学。你应该说出你的立场,它应当是有吸引力的。如果没有,那么再多的论证也无济于事。因此他并不被融贯性的问题所困扰。”[29]再一次,对伯林来说,整体观点的力量比哲学抬杠更有价值的。 193

对于历史主义的批评,伯林可能回应说,他的目标不是准确记录过去的细节,而是使用过去阐明现在。“准确历史知识的重要性”,他写道,经常被研究观念的人忽视,应该获得其恰当的地位,“但这不是全部……过去哲学家的重要性最终依赖于这样的事实:他们提出的主题在当下依然具有生命力”(*TCE*, 8)。出于这样的目标,发展的主要模式比具体、狭隘的语境事实更重要。

> 昆廷·斯金纳正确地声称如果你能理解产生观念的政治环境,那么你就能充分地理解这些观念……但是观念的本质自身不会从昆廷·斯金纳的历史解释中浮现出来。如果他说的是正确的,那我们将无法理解柏拉图或亚里士多德。我们不知道雅典人的看法和感受……但观念本身是持久的。两千多年来,它们鼓舞、改变了人们。如果斯金纳的要求没有达到,这一点又何以可能呢?对观念的充分理解不可能只是依赖于对语境的充分理解。(*Sal.*,22)

伯林的观点被维柯研究专家利昂·庞帕增强了,他写道,伯林研究维柯的进路中特别重要的是,他把这个思想家“更多地通过……类似的间接而不是直接的历史联系”与其他人联系在一起,“在这样做时,他照亮了(维柯思想中)在单独从严格的历史语境和联系出发思考时依旧不为人

29 Margalit, in Dworkin, Lilla and Silvers, eds, *The Legacy of Isaiah Berlin*, 189.

知的方面”。[30]

语境学派对伯林历史哲学的批评在某种程度上是荒唐的，因为伯林本人有时候（特别是在处理维柯和赫尔德时）认为，不同的历史阶段是不可通约的。但是这种观点随后被他主张通过共同人类视野进行跨历史理解的可能性纠正了。人类视野确保我们想象地进入过去世界，比较他们与我们的信念和志向。伯林就是通过这样不仅成功地解释了他所研究的思想家，而且使他们有了生命力。

这些回应并没有平息所有反驳，但是伯林自己多元论的主张意味着，我们不应该期望所有反驳都可以被平息掉。哲学家依然可以合理地抱怨伯林不够严谨。除了彻底地检验某个立场，否则我们何以知道
194 它是“有吸引力”的呢？历史学家依旧可以质疑他的解释不够准确。除非认真考察过语境，否则我们何以确定我们归属于过去思想家的那些观点并不仅仅属于我们自己的方案呢？伯林不会，或者说不应该主张他的方法是没有成本的。但如果他的多元论成立，他就能够正确地提醒我们没有任何方法是无成本的。哲学的严格、历史的精确还有表达的栩栩如生是独特且不可通约的考虑。这并不意味着在试图平衡它们时，我们可以为所欲为，但它的确主张在所有的可能性中，不止一种平衡方式是合理的。伯林实现的平衡不是唯一可能的平衡，但它却是有价值的，它的价值在伯林著作吸引、触动其读者的持久力量中得到了
195 证明。

30 Pompa, “Isaiah Berlin 1909—1997”, 133.

参考文献

（一）伯林文献

以下书单包括了伯林的重要出版物，以及他的一些广播、采访和未出版的论文。想要全面详细地理解伯林的著作，可参见 Henry Hardy, ed., *The Isaiah Berlin Virtual Library*（http://berlin.wolf.ox.ac.uk）。

著　作

伯林的大部分著作都是其论文和演讲的合集，以下书单中各书名下的小标题即相关论文或演讲的标题。详细书单可参见Henry Hardy, *PSM*。

Karl Marx: His Life and Environment (London: Thornton Butterworth; Toronto: Nelson, 1939). Later editions published by Oxford University Press, 1948, 1963, 1978, and by Fontana, 1995, with an introduction by Alan Ryan.

Concepts and Categories: Philosophical Essays, ed. H. Hardy (London: Hogarth, 1978).

Introduction by Bernard Williams
The Purpose of Philosophy
Verification
Empirical Propositions and Hypothetical Statements
Logical Translation
Equality
The Concept of Scientific History
Does Political Theory Still Exist?
'From Hope and Fear Set Free'

Russian Thinkers, ed. H. Hardy and A. Kelly (London: Hogarth, 1978).
Introduction by Aileen Kelly
Russia and 1848
The Hedgehog and the Fox
Herzen and Bakunin on Individual Liberty
A Remarkable Decade [1838–1848]
I The Birth of the Russian Intelligentsia
II German Romanticism in Petersburg and Moscow
III Vissarion Belinsky
IV Alexander Herzen
Russian Populism
Tolstoy and Enlightenment
Fathers and Children: Turgenev and the Liberal Predicament

Against the Current: Essays in the History of Ideas, ed. H. Hardy (London: Hogarth, 1979).
Introduction by Roger Hausheer
The Counter-Enlightenment
The Originality of Machiavelli
The Divorce between the Sciences and the Humanities [Voltaire and Vico]
Vico's Concept of Knowledge
Vico and the Ideal of the Enlightenment
Montesquieu
Hume and the Sources of German Anti-Rationalism [Hume and Hamann]
Herzen and his Memoirs
The Life and Opinions of Moses Hess
Benjamin Disraeli, Karl Marx and the Search for Identity
The '*Naïveté*' of Verdi
Georges Sorel
Nationalism: Past Neglect and Present Power

Personal Impressions, ed. H. Hardy, 2nd edn (London: Pimlico, 1998).
Introduction by Noel Annan
Winston Churchill in 1940
President Franklin Delano Roosevelt
Chaim Weizmann
Einstein and Israel
Yitzhak Sadeh
L. B. Namier
Felix Frankfurter at Oxford
Richard Pares
Hubert Henderson at All Souls
J. L. Austin and the Early Beginnings of Oxford Philosophy
John Petrov Plamenatz

Maurice Bowra
David Cecil
Memories of Virginia Woolf
Edmund Wilson at Oxford
Auberon Herbert
Aldous Huxley
Meetings with Russian Writers in 1945 and 1956
Epilogue: The Three Strands in My Life

The Crooked Timber of Humanity: Chapters in the History of Ideas, ed. H. Hardy (London: John Murray, 1990).
The Pursuit of the Ideal
The Decline of Utopian Ideas in the West
Giambattista Vico and Cultural History
Alleged Relativism in Eighteenth-Century European Thought
Joseph de Maistre and the Origins of Fascism
European Unity and its Vicissitudes
The Apotheosis of the Romantic Will: The Revolt against the Myth of an Ideal World
The Bent Twig: On the Rise of Nationalism

The Sense of Reality: Studies in Ideas and Their History, ed. H. Hardy (London: Chatto & Windus, 1996).
Introduction by Patrick Gardiner
The Sense of Reality
Political Judgement
Philosophy and Government Repression
Socialism and Socialist Theories
Marxism and the International in the Nineteenth Century
The Romantic Revolution: A Crisis in the History of Modern Thought
Artistic Commitment: A Russian Legacy
Kant as an Unfamiliar Source of Nationalism
Rabindranath Tagore and the Consciousness of Nationality

The Proper Study of Mankind: An Anthology of Essays, ed. H. Hardy and R. Hausheer (London: Chatto & Windus, 1997).
Foreword by Noel Annan
Introduction by Roger Hausheer
The Pursuit of the Ideal
The Concept of Scientific History
Does Political Theory Still Exist?
'From Hope and Fear Set Free'
Historical Inevitability
Two Concepts of Liberty
The Counter-Enlightenment

The Originality of Machiavelli
The Divorce between the Sciences and the Humanities
Herder and the Enlightenment
The Hedgehog and the Fox
Herzen and his Memoirs
Conversations with Akhmatova and Pasternak
The Apotheosis of the Romantic Will
Nationalism: Past Neglect and Present Power
Winston Churchill in 1940
President Franklin Delano Roosevelt

The First and the Last, introduced by H. Hardy (New York: New York Review Books, 1999).
'The Purpose Justifies the Ways'
My Intellectual Path
Tributes by Noel Annan, Stuart Hampshire, Avishai Margalit, Bernard Williams, Aileen Kelly

The Roots of Romanticism, ed. H. Hardy (London: Chatto & Windus, 1999).
In Search of a Definition
The First Attack on the Enlightenment
The True Fathers of Romanticism
The Restrained Romantics
Unbridled Romanticism
The Lasting Effects

The Power of Ideas, ed. H. Hardy (London: Chatto & Windus, 2000).
My Intellectual Path
The Purpose of Philosophy
One of the Boldest Innovators in the History of Human Thought [Vico]
Russian Intellectual History
The Man Who Became a Myth [Belinsky]
A Revolutionary without Fanaticism [Herzen]
The Role of the Intelligentsia
Liberty
The Philosophy of Karl Marx
The Father of Russian Marxism [Plekhanov]
Realism in Politics
The Origins of Israel
Jewish Slavery and Emancipation
Chaim Weizmann's leadership
The Search for Status
The Essence of European Romanticism
Meinecke and Historicism
General Education

Three Critics of the Enlightenment: Vico, Hamann, Herder, ed. H. Hardy (London: Pimlico, 2000).
Vico and Herder
Introduction
The Philosophical Ideas of Giambattista Vico
Vico's Theory of Knowledge and its Sources
Herder and the Enlightenment
The Magus of the North: J. G. Hamann and the Origins of Modern Irrationalism

Freedom and its Betrayal: Six Enemies of Human Liberty, ed. H. Hardy (London: Chatto & Windus, 2002).
Introduction
Helvétius
Rousseau
Fichte
Hegel
Saint-Simon
Maistre

Liberty, incorporating *Four Essays on Liberty* (1969), ed. H. Hardy (Oxford: Oxford University Press, 2002).
'The Editor's Tale', by Henry Hardy
Introduction
Political Ideas in the Twentieth Century
Historical Inevitability
Two Concepts of Liberty
John Stuart Mill and the Ends of Life
'From Hope and Fear Set Free'
Liberty
The Birth of Greek Individualism
Final Retrospect
The Purpose Justifies the Ways
A Letter to George Kennan
Notes on Prejudice
'Berlin and His Critics', by Ian Harris
Concordance to *Four Essays on Liberty*

Flourishing: Letters 1928–1946, ed. H. Hardy (London: Chatto & Windus, 2004). Published in the United States as *Letters 1928–1946*, ed. H. Hardy (New York: Cambridge University Press, 2004).

The Soviet Mind: Russian Culture under Communism, ed. H. Hardy (Washington, DC: Brookings Institution Press, 2004).
Foreword by Strobe Talbot
The Arts in Russia under Stalin

A Visit to Leningrad
A Great Russian Writer [Mandel'shtam]
Conversations with Akhmatova and Pasternak
Boris Pasternak
Why the Soviet Union Chooses to Insulate Itself
The Artificial Dialectic: Generalissimo Stalin and the Art of Government
Four Weeks in the Soviet Union
Soviet Russian Culture
The Survival of the Russian Intelligentsia
Glossary of Names by Helen Rappaport

其他出版物

'Reply to Ronald H. McKinney, "Towards a Postmodern Ethics: Sir Isaiah Berlin and John Caputo"', *Journal of Value Inquiry* 26 (1992), 557–60.

[with Bernard Williams] 'Pluralism and Liberalism: A Reply', *Political Studies* 42 (1994), 306–9.

'Israel and the Palestinians', 16 October 1997. See *The Isaiah Berlin Virtual Library* under 'Berlin and Israel'.

广　播

'The End of the Ideal of a Perfect Society' (1975), transcribed in H. Hardy, ed., *The Isaiah Berlin Virtual Library*.

采　访

[with] Nathan Gardels, 'Two Concepts of Nationalism: An Interview with Isaiah Berlin', *New York Review of Books*, 21 November 1991.

[with] Ramin Jahanbegloo, *Conversations with Isaiah Berlin* (New York: Charles Scribner's Sons, 1992).

[with] Steven Lukes, 'Isaiah Berlin: In Conversation with Steven Lukes', *Salmagundi* (Saratoga Springs, Fall 1998).

未出版的伯林论文（牛津大学博德利图书馆）

'Democracy, Communism and the Individual', notes for a lecture at Mount Holyoke College, 1949.

'Political Ideas in the Romantic Age', ed. H. Hardy. This is in active preparation for publication, and will probably appear in 2005, with introductions by Joshua Cherniss and Robert Wokler.

（二）其他著作

Aarsleff, Hans, 'Vico and Berlin', *London Review of Books*, 5–18 November 1981, 6–7 (with a reply by Berlin, 7–8; letters, 3–16 June 1981).

Anderson, Perry, 'The Pluralism of Isaiah Berlin', in *A Zone of Engagement* (London: Verso, 1992), 230–50.

Ayer, A. J., *Language, Truth and Logic* (London: Gollancz, 1936).

Baldwin, Tom, 'MacCallum and the Two Concepts of Freedom', *Ratio* 26 (1984), 125–42.

Barry, Brian, *Culture and Equality* (Cambridge: Polity, 2001).

Barry, Brian, 'Isaiah, Israel and Tribal Realism', *Times Literary Supplement*, 9 November 2001, 7–8.

Bellamy, Richard, 'T. H. Green, J. S. Mill and Isaiah Berlin on the Nature of Liberty and Liberalism', in H. Gross and R. Harrison, eds, *Jurisprudence: Cambridge Essays* (Oxford: Clarendon Press, 1992), 257–85.

Bellamy, Richard, *Liberalism and Pluralism: Towards a Politics of Compromise* (London and New York: Routledge, 1999).

Benn, Stanley I., *A Theory of Freedom* (Cambridge: Cambridge University Press, 1988).

Blokland, Hans, 'Berlin on Pluralism and Liberalism: A Defence', *European Legacy* 4 (1999), 1–23.

Brogan, A. P., 'Objective Pluralism in the Theory of Value', *International Journal of Ethics* 41 (1931), 287–95.

Carr, E. H., *What is History?* [1961], with a new introduction by Richard J. Evans (Basingstoke: Palgrave, 2001).

Carter, Ian, *A Measure of Freedom* (Oxford: Oxford University Press, 1999).

Chang, Ruth, ed., *Incommensurability, Incomparability, and Practical Reason* (Cambridge, Mass.: Harvard University Press, 1997).

Cherniss, Joshua, 'The Road to Liberty: The Development of Isaiah Berlin's Conception of Political Freedom up to "Two Concepts of Liberty"', unpublished M. Stud. thesis, Oxford, 2003. Posted in Hardy, ed., *The Isaiah Berlin Virtual Library*.

Christman, John, 'Liberalism and Individual Positive Freedom', *Ethics* 101 (1991), 343–59.

Cocks, Joan, *Passion and Paradox: Intellectuals Confront the National Question* (Princeton: Princeton University Press, 2002).

Cohen, G. A., 'Isaiah's Marx, and Mine', in E. and A. Margalit, eds, *Isaiah Berlin: A Celebration* (London: Hogarth, 1991), 110–26.

Cohen, G. A., 'Freedom and Money', <http://www.utdt.edu/departmentos/derecho/publicaciones/rtjl/pdf/finalfreedom.PDF> Accessed 26 June 2003.

Cohen, Marshall, 'Berlin and the Liberal Tradition', *Philosophical Quarterly* 10 (1960), 216–27.

Colls, Robert, 'Ethics Man: John Gray's New Moral World', *Political*

Quarterly 69 (1998), 59–71.
Condorcet, Marie Jean Antoine Nicolas Caritat, Marquis de, *Sketch for a Historical Picture of the Progress of the Human Mind* [1793], trans. J. Barraclough (London: Weidenfeld & Nicolson, 1955).
Constant, Benjamin, 'The Liberty of the Ancients Compared with that of the Moderns' [1819], in *Political Writings*, ed. B. Fontana (Cambridge: Cambridge University Press, 1988), 307–28.
Coole, Diana, 'Constructing and Deconstructing Liberty: A Feminist and Poststructuralist Analysis', *Political Studies* 41 (1993), 83–95.
Cracraft, James, 'A Berlin for Historians', *History and Theory* 41 (2002), 277–300.
Crick, Bernard, 'Most Intellectual of Academics', *Guardian Weekly*, 16 November 1997, 25.
Crowder, George, 'Negative and Positive Liberty', *Political Science* 40 (1988), 57–73.
Crowder, George, *Classical Anarchism: The Political Thought of Godwin, Proudhon, Bakunin, and Kropotkin* (Oxford: Clarendon Press, 1991).
Crowder, George, 'Pluralism and Liberalism', *Political Studies* 42 (1994), 293–305 (with a reply by Berlin and Bernard Williams at 306–9).
Crowder, George, 'Communication: Isaiah Berlin and Bernard Williams, "Pluralism and Liberalism: A Reply"', *Political Studies* 44 (1996), 649–50.
Crowder, George, 'John Gray's Pluralist Critique of Liberalism', *Journal of Applied Philosophy* 15 (1998), 287–98.
Crowder, George, 'From Value Pluralism to Liberalism', in R. Bellamy and M. Hollis, eds, *Pluralism and Liberal Neutrality* (London: Frank Cass, 1999), 2–17.
Crowder, George, *Liberalism and Value Pluralism* (London and New York: Continuum, 2002).
Crowder, George, 'Two Value-Pluralist Arguments for Liberalism', *Australian Journal of Political Science* 37 (2002), 457–73.
Crowder, George and Martin Griffiths, 'Postmodernism, Value Pluralism and International Relations', in D. S. L. Jarvis, ed., *International Relations and the "Third Debate": Postmodernism and its Critics* (Westport, Conn.: Praeger, 2002), 127–46.
Dworkin, Gerald, ed., 'Symposium on Pluralism and Ethical Theory' issue, *Ethics* 102 (1999), 707–834.
Dworkin, Ronald, 'Two Concepts of Liberty', in E. and A. Margalit, eds, *Isaiah Berlin: A Celebration* (London: Hogarth, 1991), 100–9.
Dworkin, Ronald, 'Do Liberal Values Conflict?', in R. Dworkin, M. Lilla and R. B. Silvers, eds, *The Legacy of Isaiah Berlin* (New York: New York Review Books, 2001), 73–90.
Dworkin, Ronald, Mark Lilla and Robert B. Silvers, eds, *The Legacy of Isaiah Berlin* (New York: New York Review Books, 2001).
Dzur, A. (1998), 'Value Pluralism versus Political Liberalism?', *Social Theory and Practice* 24, 375–92.

Eco, Umberto, 'Ur-Fascism', in *Five Moral Pieces* (London: Vintage, 2002), 65–88.
Eliot, T. S., *After Strange Gods: A Primer of Modern Heresy* (London: Faber and Faber, 1934).
Etzioni, Amitai, 'Thickening the Soup', *Times Literary Supplement*, 7 June 2002, 8.
Fabre, Cécile and David Miller, 'Justice and Culture: Rawls, Sen, Nussbaum and O'Neill', *Political Studies Review* 1 (2003), 4–17.
Farganis, Sondra, 'Liberty: Two Perspectives on the Women's Movement', *Ethics* 88 (1977–8), 62–73.
Feinberg, Joel, *Social Philosophy* (Englewood Cliffs, NJ: Prentice-Hall, 1973).
Fukuyama, Francis, *The End of History and the Last Man* (Harmondsworth: Penguin, 1992).
Futurist Party, 'The Futurist Vision of the New Italy' [1922], in R. Griffin, ed., *Fascism* (Oxford: Oxford University Press, 1995), 29–31.
Galipeau, Claude, *Isaiah Berlin's Liberalism* (Oxford: Clarendon Press, 1994).
Galston, William, 'Value Pluralism and Liberal Political Theory', *American Political Science Review* 93 (1999), 769–78.
Galston, William, *Liberal Pluralism: The Implications of Value Pluralism for Political Theory and Practice* (Cambridge: Cambridge University Press, 2002).
Gamble, Andrew and Tony Wright, eds, *The New Social Democracy* (Oxford: Blackwell, 1999).
Gaus, Gerald F., *Contemporary Theories of Liberalism* (London: Sage, 2003).
Gay, Peter, 'Intimations of Partiality', *Times Literary Supplement*, 11 June 1999, 3–4.
Geyl, Peter, 'Historical Inevitability', in *Debates with Historians* (The Hague: Martinus Nijhoff, 1955), 236–41.
Giddens, Anthony, *The Third Way: The Renewal of Social Democracy* (Cambridge: Polity, 1998).
Giddens, Anthony, *The Third Way and its Critics* (Cambridge: Polity, 2000).
Godwin, William, *Enquiry Concerning Political Justice* [1793], ed. I. Kramnick (Harmondsworth: Penguin, 1976).
Gray, John, 'On Negative and Positive Liberty', in Z. Pelczynski and J. Gray, eds, *Conceptions of Liberty in Political Philosophy* (London: Athlone, 1984), 321–48.
Gray, John, *Liberalisms: Essays in Political Philosophy* (London: Routledge, 1989).
Gray, John, *Post-Liberalism: Studies in Political Thought* (London: Routledge, 1993).
Gray, John, *Isaiah Berlin* (London: HarperCollins, 1995).
Gray, John, *Enlightenment's Wake: Politics and Culture at the Close of the Modern Age* (London: Routledge, 1995).
Gray, John, 'Pluralism and Toleration in Contemporary Political Philosophy', *Political Studies*, 48 (2000), 323–33.

Gray, John, *Two Faces of Liberalism* (Cambridge: Polity, 2000).

Gray, John, 'Where Pluralists and Liberals Part Company', in M. Baghramian and A. Ingram, eds, *Pluralism: The Philosophy and Politics of Diversity* (London and New York: Routledge, 2000), 85–102.

Gray, Paul, 'The Foxy Philosopher', *Time Magazine*, 17 November 1997.

Gray, Tim, *Freedom* (London: Macmillan, 1990).

Green, T. H., 'Liberal Legislation and Freedom of Contract' [1881], in D. Miller, ed., *Liberty* (Oxford: Oxford University Press, 1991), 21–32.

Griffin, James, *Well-Being: Its Meaning, Measurement, and Moral Importance* (Oxford: Clarendon Press, 1988).

Griffin, James, 'Mixing Values', *Proceedings of the Aristotelian Society*, supp. vol. 65 (1991), 101–18.

Griffin, Roger, 'General Introduction', in R. Griffin, ed., *Fascism* (Oxford: Oxford University Press, 1995), 1–12.

Hampshire, Stuart, *Morality and Conflict* (Cambridge, Mass.: Harvard University Press, 1983).

Hampshire, Stuart, *Justice is Conflict* (Princeton: Princeton University Press, 2000).

Hardy, Henry, ed., *The Isaiah Berlin Virtual Library* <http://berlin.wolf.ox.ac.uk>

Harris, Ian, 'Isaiah Berlin: *Two Concepts of Liberty*', in M. Forsyth and M. Keens-Soper, eds, *The Political Classics: Green to Dworkin* (Oxford: Oxford University Press, 1996), 121–42.

Hausheer, Roger, 'Berlin and the Emergence of Liberal Pluralism', in P. Manent et al., *European Liberty* (The Hague: Nijhoff, 1983), 49–81.

Hayek, Friedrich, *The Road to Serfdom* (London: Routledge, 1944).

Hayek, Friedrich, *The Constitution of Liberty* (London: Routledge, 1960).

Hirschmann, Nancy, 'Toward a Feminist Theory of Freedom', *Political Theory* 24 (1996), 46–67.

Hitchens, Christopher, 'Moderation or Death', *London Review of Books*, 26 November 1998, 3–11.

Hook, Sidney, 'Isaiah Berlin's Enlightenment', *Commentary* 69 (1980), 61–4.

Hunt, Ian, 'Freedom and its Conditions', *Australasian Journal of Philosophy* 69 (1991), 288–301.

Hunt, Ian, 'A Note on Woolcock's Defence of Berlin on Positive and Negative Freedom', *Australasian Journal of Philosophy* 73 (1995), 465–71.

Hurka, Thomas, 'Monism, Pluralism, and Rational Regret', *Ethics* 106 (1996), 555–75.

Ignatieff, Michael, 'Understanding Fascism?', in E. and A. Margalit, eds, *Isaiah Berlin: A Celebration* (London: Hogarth, 1991), 135–45.

Ignatieff, Michael, *Blood and Belonging: Journeys into the New Nationalism* (New York: Farrar, Straus and Giroux, 1993).

Ignatieff, Michael, contribution to 'On Isaiah Berlin (1909–1997)', *New York Review of Books*, 18 December 1997, 10.

Ignatieff, Michael, *Isaiah Berlin: A Life* (London: Chatto & Windus, 1998).

Ignatieff, Michael, *Isaiah Berlin: A Life* (London: Chatto & Windus, 1998).
Kateb, George, 'Can Cultures be Judged? Two Defenses of Cultural Pluralism in Isaiah Berlin's Work', *Social Research* 66 (1999), 1009–38.
Katznelson, Ira, 'A Properly Defended Liberalism: John Gray on the Filling of Political Life', *Social Research* 61 (1994), 611–30.
Kekes, John, *The Morality of Pluralism* (Princeton: Princeton University Press, 1993).
Kekes, John, 'Cruelty and Liberalism', *Ethics* 106 (1996), 834–44.
Kekes, John, *Against Liberalism* (Ithaca, NY: Cornell University Press, 1997).
Kekes, John, *A Case for Conservatism* (Ithaca, NY: Cornell University Press, 1998).
Kelly, Aileen, *Toward Another Shore* (New Haven and London: Yale University Press, 1998).
Kelly, Duncan, 'The Political Thought of Isaiah Berlin', *British Journal of Politics and International Relations* 4 (2002), 25–48.
Kenny, Michael, 'Isaiah Berlin's Contribution to Modern Political Theory', *Political Studies* 48 (2000), 1026–39.
Knowles, David, *Political Philosophy* (London: Routledge, 2001).
Kocis, Robert, *A Critical Appraisal of Sir Isaiah Berlin's Political Philosophy* (Lewiston, NY: Edwin Mellen Press, 1989).
Koestler, Arthur, 'Interview', *Jewish Chronicle*, 5 May 1950.
Koestler, Arthur, 'Judah at the Crossroads', in *The Trail of the Dinosaur and Other Essays* (London: Collins, 1955), 106–41.
Kukathas, Chandran, *The Liberal Archipelago: A Theory of Diversity and Freedom* (Oxford: Oxford University Press, 2003).
Kymlicka, Will, *Liberalism, Community, and Culture* (Oxford: Clarendon Press, 1989).
Kymlicka, Will, *Multicultural Citizenship* (Oxford: Clarendon Press, 1995).
Kymlicka, Will, *Politics in the Vernacular* (Oxford: Clarendon Press, 2001).
Kymlicka, Will, *Contemporary Political Philosophy*, 2nd edn (Oxford: Clarendon Press, 2002).
Lamprecht, Sterling P., 'The Need for a Pluralistic Emphasis in Ethics', *Journal of Philosophy, Psychology and Scientific Methods* 17 (1920), 561–72.
Lamprecht, Sterling P., 'Some Political Implications of Ethical Pluralism', *Journal of Philosophy* 18 (1921), 225–44.
Larmore, Charles, *The Morals of Modernity* (Cambridge: Cambridge University Press, 1996).
Legutko, Ryszard, 'On Postmodern Liberal Conservatism', *Critical Review* 8 (1994), 1–22.
Lessnoff, Michael, *Political Philosophers of the Twentieth Century* (Oxford: Blackwell, 1999).
Levinson, Sanford, 'Is Liberal Nationalism an Oxymoron? An Essay for Judith Shklar', *Ethics* 105 (1995), 626–45.
Lilla, Mark, *G. B. Vico: The Making of an Anti-Modern* (Cambridge, Mass.: Harvard University Press, 1993).
Lilla, Mark, 'Wolves and Lambs', in R. Dworkin, M. Lilla and R. B. Silvers, eds, *The Legacy of Isaiah Berlin* (New York: New York Review Books,

2001), 31–42.
Lilla, Mark, 'Inside the Clockwork', *New York Review of Books*, 25 April 2002, 43–5.
Locke, John, *Two Treatises of Government* [1689], ed. P. Laslett (Cambridge: Cambridge University Press, 1988).
Locke, John, *A Letter Concerning Toleration: In Focus* [1689], ed. J. Horton and S. Mendus (London and New York: Routledge, 1991).
Lomasky, Loren, 'Liberal Obituary?', *Ethics* 102 (1991), 140–54.
Lukes, Steven, *Marxism and Morality* (Oxford: Clarendon Press, 1985).
Lukes, Steven, 'Making Sense of Moral Conflict', in *Moral Conflict and Politics* (Oxford: Clarendon Press, 1991), 127–42.
Lukes, Steven, *Liberals and Cannibals: The Implications of Diversity* (London: Verso, 2003).
MacCallum, Gerald C., Jr., 'Negative and Positive Freedom', in D. Miller, ed., *Liberty* (Oxford: Oxford University Press, 1991), 100–22.
Macedo, Stephen, *Liberal Virtues: Citizenship, Virtue, and Community in Liberal Constitutionalism* (Oxford: Clarendon Press, 1990).
Mack, Arien, ed., 'Liberty and Pluralism' issue, *Social Research* 66 (1999).
Mack, Eric, 'Isaiah Berlin and the Quest for Liberal Pluralism', *Public Affairs Quarterly* 7 (1993), 215–30.
Mack, Eric, 'The Limits of Diversity: The New Counter-Enlightenment and Berlin's Liberal Pluralism', in H. Dickman, ed., *The Imperilled Academy* (New Brunswick: Transaction Books, 1993), 97–126.
MacKenzie, Iain, 'Berlin's Defence of Value-Pluralism: Clarifications and Criticisms', *Contemporary Politics* 5 (1999), 325–37.
McKinney, Ronald H., 'Towards a Postmodern Ethics: Sir Isaiah Berlin and John Caputo', *Journal of Value Inquiry* 26 (1992), 395–407 (with a reply by Berlin at 557–60).
Macpherson, C. B., 'Berlin's Division of Liberty', in *Democratic Theory: Essays in Retrieval* (Oxford: Clarendon Press, 1973), 95–119.
Mali, Joseph, and Robert Wokler, eds, *Isaiah Berlin's Counter-Enlightenment* (Philadelphia: American Philosophical Society, 2003; transactions of the American Philosophical Society, vol. 93, pt. 3).
Margalit, Edna and Avishai Margalit, eds, *Isaiah Berlin: A Celebration* (London: Hogarth, 1991).
Megone, Christopher, 'One Concept of Liberty', *Political Studies* 35 (1987), 611–22.
Mill, John Stuart, *On Liberty* [1859], ed. G. Himmelfarb (Harmondsworth: Penguin, 1974).
Miller, David, 'Constraints on Freedom', *Ethics* 94 (1983), 66–86.
Miller, David, 'Introduction' to D. Miller, ed., *Liberty* (Oxford: Oxford University Press, 1991), 1–20.
Miller, David, *On Nationality* (Oxford: Clarendon Press, 1995).
Momigliano, Arnaldo, 'On the Pioneer Trail', *New York Review of Books*, 11 November 1976, 33–8.
Mulhall, Stephen and Adam Swift, *Liberals and Communitarians*, 2nd edn (Oxford: Blackwell, 1996).

Mussolini, Benito, 'The Doctrine of Fascism' [1932], in C. Cohen, ed., *Communism, Fascism and Democracy*, 2nd edn (New York: Random House, 1972), 328–39.

Nagel, Ernest, 'Determinism in History' [1959–60], in P. Gardiner, ed., *The Philosophy of History* (Oxford: Oxford University Press, 1974), 187–215.

Nagel, Thomas, 'The Fragmentation of Value', in *Mortal Questions* (Cambridge: Canto, 1991), 128–41.

Newey, Glen, 'Value-Pluralism in Contemporary Liberalism', *Dialogue* 37 (1998), 493–522.

Nozick, Robert, *Anarchy, State, and Utopia* (New York: Basic Books, 1974).

Nussbaum, Martha, *The Fragility of Goodness: Luck and Ethics in Greek Tragedy and Philosophy* (Cambridge: Cambridge University Press, 1986).

Nussbaum, Martha, 'Aristotelian Social Democracy', in R. Douglass, G. Mara and H. S. Richardson, eds, *Liberalism and the Good* (New York: Routledge, 1990), 203–52.

Nussbaum, Martha, *Love's Knowledge: Essays on Philosophy and Literature* (Oxford: Oxford University Press, 1992).

Nussbaum, Martha, 'The Costs of Tragedy: Some Moral Limits of Cost–Benefit Analysis', *Journal of Legal Studies* 29 (2000), 1005–36.

Nussbaum, Martha, *Women and Human Development: The Capabilities Approach*, Cambridge: Cambridge University Press, 2000).

Nussbaum, Martha and Amartya Sen, eds, *The Quality of Life* (Oxford: Clarendon Press, 1993).

Oakeshott, Michael, *Rationalism in Politics* (London: Methuen, 1962).

Orwell, George, *Nineteen Eighty-Four* (London: Secker & Warburg, 1949).

Patterson, Orlando, *Freedom*, vol 1: *Freedom in the Making of Western Culture* (New York: Basic Books, 1991).

Pettit, Philip, *Republicanism* (Oxford: Oxford University Press, 1997).

Plekhanov, Georgy Valentinovich, *Essays in the History of Materialism*, trans. R. Fox (London: John Lane, 1934).

Podhoretz, Norman, 'A Dissent on Isaiah Berlin', *Commentary* 107 (1999), 25–37.

Pompa, Leon, 'Isaiah Berlin 1909–1997', *New Vico Studies* 16 (1998), 129–36.

Popper, Karl, *The Open Society and its Enemies* (London: Routledge & Kegan Paul, 1945).

Porter, Norman, *Rethinking Unionism: An Alternative for Northern Ireland*, new updated edn (Belfast: Blackstaff Press, 1998).

Rawls, John, *A Theory of Justice* (Oxford: Oxford University Press, 1971).

Rawls, John, *Political Liberalism* (New York: Columbia University Press, 1993).

Raz, Joseph, *The Morality of Freedom* (Oxford: Clarendon Press, 1986).

Raz, Joseph, 'Multiculturalism: A Liberal Perspective', in *Ethics in the Public Domain: Essays in the Morality of Law and Politics* (Oxford: Clarendon Press, 1995), 170–91.

Richards, Robert J., *The Romantic Conception of Life* (Chicago: University of Chicago Press, 2002).

Richardson, Henry S., *Practical Reasoning about Final Ends* (Cambridge: Cambridge University Press, 1997).
Richardson, Henry S., 'The Stupidity of Cost–Benefit Analysis', *Journal of Legal Studies* 29 (2000), 971–1003.
Riley, Jonathan, 'Crooked Timber and Liberal Culture', in M. Baghramian and A. Ingram, eds, *Pluralism: The Philosophy and Politics of Diversity* (London and New York: Routledge, 2000), 103–19.
Riley, Jonathan, 'Interpreting Berlin's Liberalism', *American Political Science Review* 95 (2001), 283–95.
Riley, Jonathan, 'Defending Cultural Pluralism: Within Liberal Limits', *Political Theory* 30 (2002), 68–96.
Ryan, Alan, ed., *The Idea of Freedom: Essays in Honour of Isaiah Berlin* (Oxford: Clarendon Press, 1979).
Ryan, Alan, 'Wise Man', *New York Review of Books*, 17 December 1998, 29–37.
Ryan, Alan, 'Isaiah Berlin: Political Theory and Liberal Culture', *Annual Review of Political Science* 2 (1999), 345–62.
Sandall, Roger, 'The Book of Isaiah', in *The Culture Cult: Designer Tribalism and Other Essays* (Westport, Conn.: Westview, 2001), 89–109.
Sandel, Michael, 'Introduction', in M. Sandel, ed., *Liberalism and its Critics* (Oxford: Oxford University Press, 1984), 1–11.
Sartre, Jean-Paul, *Existentialism and Humanism*, trans. P. Mairet (London: Methuen, 1948).
Scheffler, Samuel, 'The Appeal of Political Liberalism', in *Boundaries and Allegiances: Problems of Justice and Responsibility in Liberal Thought* (Oxford: Oxford University Press, 2001), 131–48.
Sen, Amartya, 'The Discipline of Cost–Benefit Analysis', *Journal of Legal Studies* 29 (2000), 931–52.
Shklar, Judith, 'The Liberalism of Fear', in N. Rosenblum, ed., *Liberalism and the Moral Life* (Cambridge, Mass.: Harvard University Press, 1989), 21–38.
Siame, Chisanga N., '"Two Concepts of Liberty" through African Eyes', *Journal of Political Philosophy* 8 (2000), 53–67.
Skinner, Quentin, 'Meaning and Understanding in the History of Ideas', *History and Theory* 8 (1969), 3–53.
Skinner, Quentin, 'The Idea of Negative Liberty: Philosophical and Historical Perspectives', in R. Rorty, J. Schneewind and Q. Skinner, eds, *Philosophy in History: Essays on the Historiography of Philosophy* (Cambridge: Cambridge University Press, 1984), 193–221.
Skinner, Quentin, *Liberty before Liberalism* (Cambridge: Cambridge University Press, 1998).
Skinner, Quentin, 'A Third Concept of Liberty' (the Isaiah Berlin Lecture), *Proceedings of the British Academy* 117 (2002), 237–68.
Spencer, Herbert, *The Man versus the State* [1884], ed. with an introduction by Donald Macrae (Harmondsworth: Penguin, 1969).
Stocker, Michael, *Plural and Conflicting Values* (Oxford: Clarendon Press, 1990).
Strauss, Leo, 'Relativism' [1961], in *The Rebirth of Classical Political Ration-*

alism: An Introduction to the Thought of Leo Strauss, selected and introduced by T. Pangle (Chicago: University of Chicago Press, 1989).

Swift, Adam, *Political Philosophy: A Beginners' Guide for Students and Politicians* (Cambridge: Polity, 2001).

Talisse, Robert B., 'Two-Faced Liberalism: John Gray's Pluralist Politics and the Reinstatement of Enlightenment Liberalism', *Critical Review* 14 (2002), 441–58.

Talmon, Jacob, *The Origins of Totalitarian Democracy* (New York: Praeger, 1960).

Tamir, Yael, 'Whose History? What Ideas?', in E. and A. Margalit, eds, *Isaiah Berlin: A Celebration* (London: Hogarth, 1991), 146–59.

Tamir, Yael, *Liberal Nationalism* (Princeton: Princeton University Press, 1993).

Tamir, Yael, 'A Strange Alliance: Isaiah Berlin and the Liberalism of the Fringes', *Ethical Theory and Moral Practice* 1 (1998), 279–89.

Taylor, Charles, 'What is Human Agency?', in *Human Agency and Language: Philosophical Papers*, vol. 1 (Cambridge: Cambridge University Press, 1985), 15–44.

Taylor, Charles, 'What's Wrong with Negative Liberty', in D. Miller, ed., *Liberty* (Oxford: Oxford University Press, 1991), 141–62.

Taylor, Charles, 'The Politics of Recognition', in A. Gutmann, ed., *Multiculturalism: Examining the Politics of Recognition* (Princeton: Princeton University Press, 1994), 25–73.

Vincent, Andrew, 'Liberal Nationalism: An Irresponsible Compound?', *Political Studies* 45 (1997), 275–95.

Wall, Steven, 'Freedom, Interference and Domination', *Political Studies* 49 (2001), 216–30.

Walzer, Michael, *Spheres of Justice: A Defence of Pluralism and Equality* (Oxford: Blackwell, 1983).

Walzer, Michael, 'Are There Limits to Liberalism?', *New York Review of Books*, 19 October 1995 (a review of John Gray, *Berlin*), 28–31.

Weber, Max, *From Max Weber: Essays in Sociology*, ed. H. Gert and C. W. Mills (London: Routledge, 1948).

Weinstock, Daniel, 'The Graying of Berlin', *Critical Review* 11 (1998), 481–501.

West, David, 'Spinoza on Positive Freedom', *Political Studies* 41 (1993), 284–96 (with a reply by Berlin at 297–8).

Williams, Bernard, *Morality: An Introduction to Ethics* (Cambridge: Cambridge University Press, 1976).

Williams, Bernard, 'Introduction', in I. Berlin, *Concepts and Categories*, ed. H. Hardy (London: Hogarth, 1978), pp. xi–xviii.

Williams, Bernard, 'Conflicts of Values', in A. Ryan, ed., *The Idea of Freedom: Essays in Honour of Isaiah Berlin* (Oxford: Clarendon Press, 1979), 221–32.

Williams, Bernard, 'Liberalism and Loss', in R. Dworkin, M. Lilla and R. B. Silvers, eds, *The Legacy of Isaiah Berlin* (New York: New York Review Books, 2001), 91–103.

Wittgenstein, Ludwig, *Philosophical Investigations*, 2nd edn, trans. G. E. M. Anscombe (Oxford: Blackwell, 1968).
Wokler, Robert, 'A Modern Candide', *Times Literary Supplement*, 18 December 1998, 7–8.
Wolf, Susan, 'Two Levels of Pluralism', *Ethics* 102 (1992), 785–98.
Woolcock, Peter, *Power, Impartiality and Justice* (Aldershot: Ashgate, 1998).
Zagorin, Perez, 'Vico's Theory of Knowledge: A Critique', *Philosophical Review* 34 (1984), 15–30 (see also his exchange with Berlin, *Philosophical Review* 35 (1985), 281–96).

索　引

（条目后的数字为原书页码，见本书边码）

译后记

是在2011年春天清华国学院主办的伯林会议前后吧，我应召集会议的“人文与社会译丛”主编刘东教授之邀，接受了克劳德此书的译事。说起来，我与克劳德教授还真是有些“缘分”的，在那次会议上，我还评论了同样与会的他提交给会议的论文，而这大概也是因为此前我曾经为江苏人民出版社主持翻译了他的《自由主义与价值多元论》一著。不过，坦率而论，我当年之所以会接下目前这本书的翻译，相当程度上乃是因为我的两位博士生惠春寿和李哲罕君——多少受了我的影响，他们两位那时都对伯林的思想抱有浓厚的兴趣。我思忖，结合这本小书的翻译，一方面能够给他们一个难得的练笔机会，另一方面这本身也算是一种重要的学习方式——我始终认为，西学研究从业者让自己对研究对象的了解尽可能“客观化”，而不是一上来就汲汲于“化西”的一个有效法门就是先认认真真地做些翻译工作，虽然这样说并不等于要无限制地认为，一个没有怎么认真做过翻译的人就完全没有资格对别人的翻译工作提出严肃的批评意见！

但是，不管怎么样，一个没有怎么经历过翻译工作之煎熬的人最好还是不要随便批评别人对翻译工作的倦怠和拖延。当然，我这样说，丝毫不是要逃避一种严肃的工作伦理的约束，而主要是要表达对译林出版社和“始作俑者”刘东教授（记得在那次会议间歇的闲聊中，他称热衷于编书的自己为“焦裕禄”，而“尊称”有某种类似“热衷”的我为“小焦裕禄”）的歉意和谢意。谢意是因为他们给予的宽容和支持，歉意当然是因为我的“任性”拖延：无疑是因为我的工作效率甚至工作伦理的问题，当时估计不出半年就可以交稿的这个工作竟硬生生地拖了这么久！悠悠六载，正所谓“物是人非”，出版社前后与我联系这项译事的编辑都已经换了三位！而我们三位译者（按照译者署名的顺序），本人如今已经离开任教二十年的浙江大学，转到华东师范大学哲学系任教；惠春寿君，在如期完成五年的直博学习（其中两年在美国亚利桑那大学）后，现于华东师范大学思勉人文高等研究院担任青年研究员；李哲罕君，在三年的普博学习（其中一年在英国格拉斯哥大学）如期毕业并于浙江省社会科学院哲学研究所工作一年后，现在即将在职完成在北京大学哲学系的博士后研究。所幸“往事并不如烟”，行笔至此，我不禁想起春寿君去年暑假中给我的信，于是翻检出来，信中以下数语，也基本可以代表我此刻的心情和心境吧：“最近没干啥活，把《伯林》那本书重新校对了一下，算是有始有终地结束读博生涯了——正好是五年前开学的时候动笔翻译这本书的。这五年，花了很多时间在读罗尔斯和拉兹，却是以伯林开始，以伯林收尾的，大概也应了您的那个判断：以伯林为起点的当代政治哲学要比以罗尔斯为起点的政治哲学更有意味。只是要更具体地展开这个叙事，那就是另外一段更加漫长的道路了。”

按照我最初的“部署”，本书的翻译分工如下：应奇译序言、第一章、第二章，惠春寿译第三至第五章，李哲罕译第六至第八章。惠春寿几度通读全部译稿，反复校对甚至重译，并帮助制作了索引，可谓这部小译稿的大功臣，特附笔以志。

记得从新大陆“皈依”到“日不落”帝国的某外国诗人有句：

四月是最残忍的一个月，在荒地上
长着丁香，把回忆和欲望
掺合在一起，又让春雨
催促那些迟钝的根芽。

又有民国某诗人有句：

我说你是人间的四月天
笑响地点亮了四面风；
轻灵在春的光艳中交舞着变。

是的，“掺合”着“回忆和欲望”，“在春的光艳中交舞着变”，那么，咱们说好，就这样“上路”吧！

应奇

2017年4月18日，千岛新城客居

人文与社会译丛

第一批书目

1.《政治自由主义》(增订版),[美]J. 罗尔斯著,万俊人译　118.00 元
2.《文化的解释》,[美]C. 格尔茨著,韩莉译　89.00 元
3.《技术与时间:1. 爱比米修斯的过失》,[法]B. 斯蒂格勒著,裴程译　62.00 元
4.《依附性积累与不发达》,[德]A. G. 弗兰克著,高铦等译　13.60 元
5.《身处欧美的波兰农民》,[美]F. 兹纳涅茨基、W. I. 托马斯著,张友云译　9.20 元
6.《现代性的后果》,[英]A. 吉登斯著,田禾译　45.00 元
7.《消费文化与后现代主义》,[英]M. 费瑟斯通著,刘精明译　14.20 元
8.《英国工人阶级的形成》(上、下册),[英]E. P. 汤普森著,钱乘旦等译　168.00 元
9.《知识人的社会角色》,[美]F. 兹纳涅茨基著,郏斌祥译　49.00 元

第二批书目

10.《文化生产:媒体与都市艺术》,[美]D. 克兰著,赵国新译　49.00 元
11.《现代社会中的法律》,[美]R. M. 昂格尔著,吴玉章等译　39.00 元
12.《后形而上学思想》,[德]J. 哈贝马斯著,曹卫东等译　58.00 元
13.《自由主义与正义的局限》,[美]M. 桑德尔著,万俊人等译　30.00 元

14.《临床医学的诞生》,[法]M. 福柯著,刘北成译　55.00 元
15.《农民的道义经济学》,[美]J. C. 斯科特著,程立显等译　42.00 元
16.《俄国思想家》,[英]I. 伯林著,彭淮栋译　35.00 元
17.《自我的根源:现代认同的形成》,[加]C. 泰勒著,韩震等译　128.00 元
18.《霍布斯的政治哲学》,[美]L. 施特劳斯著,申彤译　49.00 元
19.《现代性与大屠杀》,[英]Z. 鲍曼著,杨渝东等译　59.00 元

第三批书目

20.《新功能主义及其后》,[美]J. C. 亚历山大著,彭牧等译　15.80 元
21.《自由史论》,[英]J. 阿克顿著,胡传胜等译　89.00 元
22.《伯林谈话录》,[伊朗]R. 贾汉贝格鲁等著,杨祯钦译　48.00 元
23.《阶级斗争》,[法]R. 阿隆著,周以光译　13.50 元
24.《正义诸领域:为多元主义与平等一辩》,[美]M. 沃尔泽著,褚松燕等译　24.80 元
25.《大萧条的孩子们》,[美]G. H. 埃尔德著,田禾等译　27.30 元
26.《黑格尔》,[加]C. 泰勒著,张国清等译　135.00 元
27.《反潮流》,[英]I. 伯林著,冯克利译　48.00 元
28.《统治阶级》,[意]G. 莫斯卡著,贾鹤鹏译　98.00 元
29.《现代性的哲学话语》,[德]J. 哈贝马斯著,曹卫东等译　78.00 元

第四批书目

30.《自由论》(修订版),[英]I. 伯林著,胡传胜译　69.00 元
31.《保守主义》,[德]K. 曼海姆著,李朝晖、牟建君译　58.00 元
32.《科学的反革命》(修订版),[英]F. 哈耶克著,冯克利译　58.00 元

33.《实践感》,[法]P. 布迪厄著,蒋梓骅译 75.00 元
34.《风险社会:新的现代性之路》,[德]U. 贝克著,张文杰等译 58.00 元
35.《社会行动的结构》,[美]T. 帕森斯著,彭刚等译 80.00 元
36.《个体的社会》,[德]N. 埃利亚斯著,翟三江、陆兴华译 15.30 元
37.《传统的发明》,[英]E. 霍布斯鲍姆等著,顾杭、庞冠群译 68.00 元
38.《关于马基雅维里的思考》,[美]L. 施特劳斯著,申彤译 78.00 元
39.《追寻美德》,[美]A. 麦金太尔著,宋继杰译 68.00 元

第五批书目

40.《现实感》,[英]I. 伯林著,潘荣荣、林茂、魏钊凌译 78.00 元
41.《启蒙的时代》,[英]I. 伯林著,孙尚扬、杨深译 35.00 元
42.《元史学》,[美]H. 怀特著,陈新译 89.00 元
43.《意识形态与现代文化》,[英]J. B. 汤普森著,高铦等译 68.00 元
44.《美国大城市的死与生》,[加]J. 雅各布斯著,金衡山译 78.00 元
45.《社会理论和社会结构》,[美]R. K. 默顿著,唐少杰等译 128.00 元
46.《黑皮肤,白面具》,[法]F. 法农著,万冰译 58.00 元
47.《德国的历史观》,[美]G. 伊格尔斯著,彭刚、顾杭译 58.00 元
48.《全世界受苦的人》,[法]F. 法农著,万冰译 17.80 元
49.《知识分子的鸦片》,[法]R. 阿隆著,吕一民、顾杭译 59.00 元

第六批书目

50.《驯化君主》,[美]H. C. 曼斯菲尔德著,冯克利译 68.00 元
51.《黑格尔导读》,[法]A. 科耶夫著,姜志辉译 98.00 元
52.《象征交换与死亡》,[法]J. 波德里亚著,车槿山译 68.00 元
53.《自由及其背叛》,[英]I. 伯林著,赵国新译 48.00 元

54.《启蒙的三个批评者》,[英]I. 伯林著,马寅卯、郑想译　48.00 元
55.《运动中的力量》,[美]S. 塔罗著,吴庆宏译　23.50 元
56.《斗争的动力》,[美]D. 麦克亚当、S. 塔罗、C. 蒂利著,李义中等译　31.50 元
57.《善的脆弱性》,[美]M. 纳斯鲍姆著,徐向东、陆萌译　55.00 元
58.《弱者的武器》,[美]J. C. 斯科特著,郑广怀等译　82.00 元
59.《图绘》,[美]S. 弗里德曼著,陈丽译　49.00 元

第七批书目

60.《现代悲剧》,[英]R. 威廉斯著,丁尔苏译　45.00 元
61.《论革命》,[美]H. 阿伦特著,陈周旺译　59.00 元
62.《美国精神的封闭》,[美]A. 布卢姆著,战旭英译,冯克利校　68.00 元
63.《浪漫主义的根源》,[英]I. 伯林著,吕梁等译　49.00 元
64.《扭曲的人性之材》,[英]I. 伯林著,岳秀坤译　22.00 元
65.《民族主义思想与殖民地世界》,[美]P. 查特吉著,范慕尤、杨曦译　18.00 元
66.《现代性社会学》,[法]D. 马尔图切利著,姜志辉译　32.00 元
67.《社会政治理论的重构》,[美]R. J. 伯恩斯坦著,黄瑞祺译　72.00 元
68.《以色列与启示》,[美]E. 沃格林著,霍伟岸、叶颖译　128.00 元
69.《城邦的世界》,[美]E. 沃格林著,陈周旺译　85.00 元
70.《历史主义的兴起》,[德]F. 梅尼克著,陆月宏译　48.00 元

第八批书目

71.《环境与历史》,[英]W. 贝纳特、P. 科茨著,包茂红译　25.00 元
72.《人类与自然世界》,[英]K. 托马斯著,宋丽丽译　35.00 元

73.《卢梭问题》,[德]E. 卡西勒著,王春华译 39.00 元
74.《男性气概》,[美]H. C. 曼斯菲尔德著,刘玮译 28.00 元
75.《战争与和平的权利》,[美]R. 塔克著,罗炯等译 25.00 元
76.《谁统治美国》,[美]W. 多姆霍夫著,吕鹏、闻翔译 35.00 元
77.《健康与社会》,[法]M. 德吕勒著,王鲲译 35.00 元
78.《读柏拉图》,[德]T. A. 斯勒扎克著,程炜译 68.00 元
79.《苏联的心灵》,[英]I. 伯林著,潘永强、刘北成译 59.00 元
80.《个人印象》,[英]I. 伯林著,覃学岚译 88.00 元

第九批书目

81.《技术与时间:2. 迷失方向》,[法]B. 斯蒂格勒著,
赵和平、印螺译 59.00 元
82.《抗争政治》,[美]C. 蒂利、S. 塔罗著,李义中译 28.00 元
83.《亚当·斯密的政治学》,[英]D. 温奇著,褚平译 21.00 元
84.《怀旧的未来》,[美]S. 博伊姆著,杨德友译 85.00 元
85.《妇女在经济发展中的角色》,[丹]E. 博斯拉普著,陈慧平译 30.00 元
86.《风景与认同》,[美]W. J. 达比著,张箭飞、赵红英译 68.00 元
87.《过去与未来之间》,[美]H. 阿伦特著,王寅丽、张立立译 58.00 元
88.《大西洋的跨越》,[美]D. T. 罗杰斯著,吴万伟译 108.00 元
89.《资本主义的新精神》,[法]L. 博尔坦斯基、E. 希亚佩洛著,
高铦译 58.00 元
90.《比较的幽灵》,[美]B. 安德森著,甘会斌译 79.00 元

第十批书目

91.《灾异手记》,[美]E. 科尔伯特著,何恬译 25.00 元

92.《技术与时间:3. 电影的时间与存在之痛的问题》,
[法]B. 斯蒂格勒著,方尔平译 65.00 元
93.《马克思主义与历史学》,[英]S. H. 里格比著,吴英译 78.00 元
94.《学做工》,[英]P. 威利斯著,秘舒、凌旻华译 68.00 元
95.《哲学与治术:1572—1651》,[美]R. 塔克著,韩潮译 45.00 元
96.《认同伦理学》,[美]K. A. 阿皮亚著,张容南译 45.00 元
97.《风景与记忆》,[英]S. 沙玛著,胡淑陈、冯樨译 78.00 元
98.《马基雅维里时刻》,[英]J. G. A. 波考克著,冯克利、傅乾译 108.00 元
99.《未完的对话》,[英]I. 伯林、[波]B. P. -塞古尔斯卡著,
杨德友译 65.00 元
100.《后殖民理性批判》,[印]G. C. 斯皮瓦克著,严蓓雯译 79.00 元

第十一批书目

101.《现代社会想象》,[加]C. 泰勒著,林曼红译 45.00 元
102.《柏拉图与亚里士多德》,[美]E. 沃格林著,刘曙辉译 78.00 元
103.《论个体主义》,[法]L. 迪蒙著,桂裕芳译 30.00 元
104.《根本恶》,[美]R. J. 伯恩斯坦著,王钦、朱康译 78.00 元
105.《这受难的国度》,[美]D. G. 福斯特著,孙宏哲、张聚国译 39.00 元
106.《公民的激情》,[美]S. 克劳斯著,谭安奎译 49.00 元
107.《美国生活中的同化》,[美]M. M. 戈登著,马戎译 58.00 元
108.《风景与权力》,[美]W. J. T. 米切尔著,杨丽、万信琼译 78.00 元
109.《第二人称观点》,[美]S. 达沃尔著,章晟译 69.00 元
110.《性的起源》,[英] F. 达伯霍瓦拉著,杨朗译 85.00 元

第十二批书目

111.《希腊民主的问题》,[法]J. 罗米伊著,高煜译　48.00 元
112.《论人权》,[英]J. 格里芬著,徐向东、刘明译　75.00 元
113.《柏拉图的伦理学》,[英]T. 埃尔文著,陈玮、刘玮译　118.00 元
114.《自由主义与荣誉》,[美]S. 克劳斯著,林垚译　62.00 元
115.《法国大革命的文化起源》,[法]R. 夏蒂埃著,洪庆明译　38.00 元
116.《对知识的恐惧》,[美]P. 博格西昂著,刘鹏博译　38.00 元
117.《修辞术的诞生》,[英]R. 沃迪著,何博超译　48.00 元
118.《历史表现中的真理、意义和指称》,[荷]F. 安克斯密特著,周建漳译　58.00 元
119.《天下时代》,[美]E. 沃格林著,叶颖译　78.00 元
120.《求索秩序》,[美]E. 沃格林著,徐志跃译　48.00 元

第十三批书目

121.《美德伦理学》,[新西兰]R. 赫斯特豪斯著,李义天译　68.00 元
122.《同情的启蒙》,[美]M. 弗雷泽著,胡靖译　48.00 元
123.《图绘暹罗》,[美]T. 威尼差恭著,袁剑译　58.00 元
124.《道德的演化》,[新西兰]R. 乔伊斯著,刘鹏博、黄素珍译　65.00 元
125.《大屠杀与集体记忆》,[美]P. 诺维克著,王志华译　78.00 元
126.《帝国之眼》,[美]M. L. 普拉特著,方杰、方宸译　68.00 元
127.《帝国之河》,[美]D. 沃斯特著,侯深译　76.00 元
128.《从道德到美德》,[美]M. 斯洛特著,周亮译　58.00 元
129.《源自动机的道德》,[美]M. 斯洛特著,韩辰锴译　58.00 元
130.《理解海德格尔:范式的转变》,[美]T. 希恩著,邓定译　89.00 元

第十四批书目

131.《城邦与灵魂:费拉里〈理想国〉论集》,[美]G. R. F. 费拉里著,刘玮编译 58.00 元
132.《人民主权与德国宪法危机》,[美]P. C. 考威尔著,曹晗蓉、虞维华译 58.00 元
133.《16 和 17 世纪英格兰大众信仰研究》,[英]K. 托马斯著,芮传明、梅剑华译 168.00 元
134.《民族认同》,[英]A. D. 史密斯著,王娟译 55.00 元
135.《世俗主义之乐:我们当下如何生活》,[英]G. 莱文编,赵元译 58.00 元
136.《国王或人民》,[美]R. 本迪克斯著,褚平译(即出)
137.《自由意志、能动性与生命的意义》,[美] D. 佩里布姆著,张可译 68.00 元
138.《自由与多元论:以赛亚·伯林思想研究》,[英]G. 克劳德著,应奇等译 58.00 元
139.《暴力:思无所限》,[美]R. J. 伯恩斯坦著,李元来译 59.00 元
140.《中心与边缘:宏观社会学论集》,[美]E. 希尔斯著,甘会斌、余昕译 88.00 元

第十五批书目

141.《自足的世俗社会》,[美]P. 朱克曼著,杨靖译 58.00 元
142.《历史与记忆》,[英]G. 丘比特著,王晨凤译 59.00 元
143.《媒体、国家与民族》,[英]P. 施莱辛格著,林玮译 68.00 元
144.《道德错误论:历史、批判、辩护》,

[瑞典]J. 奥尔松著，周奕李译 58.00 元

145.《废墟上的未来：联合国教科文组织、世界遗产与和平之梦》，[澳]L. 梅斯克尔著，王丹阳、胡牧译 88.00 元

146.《为历史而战》，[法]L. 费弗尔著，高煜译 98.00 元

147.《语言动物：人类语言能力概览》，[加]C. 泰勒著，赵清丽译（即出）

148.《我们中的我：承认理论研究》，[德]A. 霍耐特著，张曦、孙逸凡译 62.00 元

149.《人文学科与公共生活》，[美]P. 布鲁克斯、H. 杰维特编，余婉卉译 52.00 元

150.《美国生活中的反智主义》，[美]R. 霍夫施塔特著，何博超译 68.00 元

第十六批书目

151.《关怀伦理与移情》，[美]M. 斯洛特著，韩玉胜译 48.00 元

152.《形象与象征》，[罗]M. 伊利亚德著，沈珂译 48.00 元

153.《艾希曼审判》，[美]D. 利普斯塔特著，刘颖洁译 49.00 元

154.《现代主义观念论：黑格尔式变奏》，[美]R. B. 皮平著，郭东辉译（即出）

155.《文化绝望的政治：日耳曼意识形态崛起研究》，[美]F. R. 斯特恩著，杨靖译 98.00 元

156.《作为文化现实的未来：全球现状论集》，[印]A. 阿帕杜拉伊著，周云水、马建福译（即出）

157.《一种思想及其时代：以赛亚·伯林政治思想的发展》，[美]J. L. 彻尼斯著，寿天艺、宋文佳译（即出）

158.《人类的领土性：理论与历史》，[美]R. B. 萨克著，袁剑译（即出）

159.《理想的暴政：多元社会中的正义》，[美]G. 高斯著，范震亚译（即出）
160.《荒原：一部历史》，[美]V. D. 帕尔马著，梅雪芹译（即出）

有关“人文与社会译丛”及本社其他资讯，欢迎点击 www. yilin. com 浏览，对本丛书的意见和建议请反馈至新浪微博@译林人文社科。